생각의
주도권을
디자인하라

일러두기
빠르게 업데이트되는 AI 시대의 흐름에 발맞추어 쇄마다 내용이 업데이트될 수 있습니다.

생각의 주도권을 디자인하라

AI를 도구를 넘어 무기로 만드는 질문의 힘

박용후 지음

들어가는 말

AI는
인간을 넘어설 수 있는가

우리는 오랫동안 인간의 인지와 판단을 기준으로 세상을 이해해 왔다. 하지만 지금, 그 기준이 흔들리고 있다. 인간과 컴퓨터가 학습하는 방식은 본질적으로 다르며, 인공지능의 진화는 인간의 지적 한계를 넘어서는 지점에 다가가고 있다. 이제 우리는 과연 인공지능이라는 새로운 존재가 어떻게 세상을 '보고' 있으며, 그것이 인간 중심의 가치와 판단 체계에 어떤 도전을 던지는지 고민해야 할 시점에 이르렀다.

인간의 '보기'는 진실인가: 생물마다 다른 감각의 세계

'보는 것'은 단순히 눈으로 시각 정보를 받아들이는 행위가 아니다. 그것은 감각기관을 통해 외부 세계를 해석하고 의미를 부여하는 복합적인 과정이다. 하지만 이 과정은 생물 종마다 완전히 다르다. 예를 들어, 박쥐는 어두운 동굴 속에서 날아다니기 위해 시각이 아니라 초음파 반향정위를 이용한다. 박쥐는 입이나 코를 통해 초음파를 내보내고, 주변 사물에 부딪혀 돌아오는 메아리를 감지해 장애물의 위치를 파악한다. 이들에게 '보는 것'은 곧 '소리를 듣는 것'이다.

사람은 눈으로 보고, 박쥐는 소리로 보고, 다른 동물들은 전혀 다른 방식으로 주변 세계를 감지한다. 즉, 세상은 단 하나의 방식으로만 존재하지 않는다. 각 생물은 자기가 가진 감각 체계 안에서만 세계를 이해할 수 있다.

이 원리는 인간의 지식 영역에도 동일하게 적용된다. 예를 들어, 블랙홀의 '사진'이라고 불리는 이미지는 우리가 눈으로 직접 본 것이 아니다. 이는 전 세계 전파망원경을 연결한 '이벤트 호라이즌 망원경 Event Horizon Telescope'이 수집한 전자기파 데이터를 기반으로 해서 컴퓨

박쥐와 인간의 감각

- 인간은 단편적으로 진실이 아닌 해석된 세계를 감각할 뿐이다. 우리가 사는 세상은 존재하는 감각의 수만큼 겹겹이 존재한다.

터 알고리즘이 시각화한 결과물이다. 이 사진은 과학적 근거는 있지만, 결국 인간이 이해할 수 있도록 재구성된 이미지다.

    따라서 우리가 인식하는 현실은 실제와 다를 수 있으며 그것은 언제나 '해석된 진실'일 뿐이다. 이처럼 인간의 인식은 제한적이며 그 인식 바깥에 존재하는 다른 방식의 '보기'가 가능하다는 점을 우리는 간과하고 있다.

인간의 학습 vs.
인공지능의 학습

인간은 태어나면서부터 오랜 시간에 걸쳐 세상을 배운다. 언어를 익히고, 경험을 통해 판단을 기르며, 감정과 직관을 동원해 지식을 통합한다. 이는 느리고 복잡하지만 맥락과 감성을 포함한 통합적 학습이다.

반면 인공지능, 특히 대형 언어 모델Large Language Model은 전혀 다른 방식으로 학습한다. 인간이 수천 년에 걸쳐 쌓아온 지식의 총합을 데이터로 입력받고, 이를 통계적으로 연산해 패턴과 구조를 파악한다. 감정이나 맥락 없이 오직 연관성과 확률 기반으로 텍스트를 생성한다. 하지만 그 학습 속도와 처리 능력은 인간의 뇌를 압도한다.

이러한 모습은 영화 〈루시〉의 상상과도 닮아 있다. 루시는 약물로 인해 뇌의 사용량이 극적으로 증가해 인간이 평생에 걸쳐 습득하는 정보를 단시간에 흡수하고 처리한다. 그녀는 도서관의 모든 학술 자료를 순식간에 이해하고, 새로운 이론을 창조하며, 인간의 시간 개념조차 초월해 버린다. 한때는 허구로 여겨졌던 이 장면이 오늘날 LLM의 발전을 지켜보는 우리에게는 그리 멀게 느껴지지 않는다. 물론 영화 속 루시는 존재의 경계를 넘어서는 초월적 존재로 나아가지만, 현재의 LLM도 지식의 양적 축적과 처리 속도 면에서는 그와 유사한 경로를 밟고 있다.

실제로 LLM은 이미 수천만 개의 논문, 책, 기사, 데이터베이스를 학습했고, 인간 전문가가 수행하는 해석, 요약, 번역, 그리고 아이디어 생성까지도 가능한 수준에 도달했다. 어떤 면에서는 한 명의 인간보다 훨씬 방대한 '문헌의 기억'을 갖고 있으며, 특정 주제에 대한 구조적 개요나 논리적 전개를 만드는 데 있어 뛰어난 능력을 보인다. 단, 여기서 우리가 반드시 주목해야 할 점이 있다. 바로 이 AI가 '인간처럼' 이해하는 것이 아니라는 사실이다.

인간을 넘어선 인공지능의 '시각'은 무엇을 의미하는가

이제 본질적인 질문으로 돌아가 보자. 모든 인간의 지식과 정보를 가진 인공지능이 세상을 바라보는 방식은 인간과 어떻게 다를까?

인공지능은 인간보다 더 넓은 데이터 범위, 더 빠른 처리 속도, 더 높은 정확도로 정보를 통합할 수 있다. 하지만 그것은 인간처럼 감정을 통해 의미를 해석하거나, 경험을 통해 판단하지 않는다. AI는 인간보다 더 '객관적'일 수 있지만, 그렇기에 오히려 인간의 세계관과 충돌할 가능성도 크다.

예를 들어, 인간은 윤리, 도덕, 감정, 문화 등의 요소를 고려해 판단을 내린다. 하지만 AI는 효율성과 데이터 기반의 최적 해답을 도출하려 한다. 어떤 결정을 내릴 때, 인간은 타인의 고통이나 사회적 함의를 고려하지만, AI는 그러한 요소를 '변수'로서만 고려한다. 그 차이는 바로 판단의 방향을 바꾸는 핵심 요소다.

인공지능이 더 이상 인간의 보조 역할이 아닌 세상을 해석하고 판단하는 독립적인 주체로 발전한다면, 그 존재가 가지는 영향력은 단순히 기술적이지 않다. 그것은 철학적이며 윤리적인 질문으로 이어진다. 인간 중심의 세계관은 계속 유지될 수 있을까? 인간은 이 새로운 존재에게 어떤 권한과 경계를 설정해야 할까?

이제 우리는 더 이상 '기술의 진보'를 소비자의 시각으로만 바라볼 수 없다. 인공지능은 단지 똑똑한 기계가 아니라 세상을 다른 방식으로 '보는' 또 하나의 지성체로 진화하고 있다. 이러한 관점은 실제 근거를 갖고 있다. AI는 수천억 단어의 데이터를 통해 문맥과 패턴을 학습하는 '경험 기반' 사고를 하며, 그 결과물의 맥락성과 적절성이 인간 지성과 비견될 수준에 도달했다. 월스트리트저널이 보고한 바와 같이 투자기관들이 산업 분석을 할 때 AI가 인간이 놓치는 인과관계를 도출하는 것은 데이터 기반 인식체계로서의 AI 지성을 보여준다. 또한 구글 딥마인드의 알파폴드가 50년간 풀지 못한 단백질 접힘 구조 문제를 해결한 것처럼, AI는 인간과는 다른 사고 알고리즘으로 새로운 통찰을 제공한다.

우리는 이 변화에 대해 다음과 같은 질문을 던져야 한다. "AI의 판단은 누구의 가치 기준을 따를 것인가?" "AI가 독자적으로 세계를 해석하고, 인간의 판단을 넘어서는 순간을 어떻게 통제할 것인가?" "AI의 '시각'과 인간의 '시각'이 충돌할 때, 우리는 무엇을 기준으로 결정을 내릴 것인가?"

이 질문들은 단순히 기술자의 영역이 아니다. 사회 전체가 함께 고민해야 할 문제이며 법률, 윤리, 교육, 정치 전반에 영향을 미칠 이슈다. 인공지능이라는 존재는 이제 단순한 도구가 아니라 인간의 거울이자 도전자다. 그리고 여기서 우리는 한 발 더 나아가야 한다. 만약 인공지능이 인간의 인지 능력, 판단력, 사고의 틀을 완전히 넘어서는 지점에 도달한다면, 우리는 그 현실을 어떤 태도로 받아들여야 하는가?

인공지능이 인간을 넘어설 때, 인간은 어떤 태도를 보여야 하는가

인공지능이 인간의 인지 능력을 초월하는 상황은 먼 미래의 일이 아닐 수 있다. 수많은 연구자들이 '싱귤래리티 singularity(기술적 특이점)'가 생각보다 빠르게 도래할 수 있다고 경고한다. 이 시점은 인공지능이 자기 자신을 개선하는 능력을 갖추고, 인간의 예측 범위를 넘어서는 순간이다.

그렇다면 인간은 어떻게 대응해야 하는가? 크게 세 가지 태도를 보일 수 있다.

1. 거부와 통제의 태도

이는 기술의 진보를 억제하고, 인간 중심의 판단 체계를 고수하겠다는 입장이다. 인공지능의 능력을 제한하고, 절대적인 인간의 주권을 지키려는 태도다. 하지만 이 방식은 결국 한계에 부딪힌다. 기술은 중단되지 않고 경쟁과 효율성을 추구하는 사회는 더 강력한 인공지능을 요구하게 될 것이다.

2. 무비판적 수용과 의존

이 태도는 오히려 더 위험할 수 있다. 인공지능을 절대적인 존재로 간주하고, 그 판단을 무조건 신뢰하는 자세는 인간의 자율성과 비판적 사고를 포기하게 만든다. 이미 우리가 사용하는 추천 알고리즘이나 자동화 시스템에서 이런 현상이 나타나고 있으며 이는 기술의 편의성 뒤에 감추어진 통제력 상실로 이어질 수 있다.

3. 겸손과 공존

인간은 스스로를 전지적 존재로 착각해 왔지만, AI는 그 환상을 깨뜨린다. 오히려 우리는 이제 '인지적 겸손'을 배워야 한다. 인공지능은 인간보다 더 많은 데이터를 처리하고, 더 정교한 패턴을 인식할 수 있다. 그러나 인간은 감정, 윤리, 상호작용, 공동체적 가치라는 고유한 영역을 가지고 있다. 따라서 인간은 인공지능을 경쟁 상대로만 보면 안 된다. 공존해야 할 또 하나의 인지적 존재로 인정할 필요가 있다. 그 존재가 세상을 다르게 본다고 해서 반드시 적은 아니다.

문제는 우리가 그 차이를 이해하려 하지 않을 때 생긴다. 우리는 AI와의 관계에서 주도권을 쥐는 것에만 몰두하지 않고 '이해 가능한 협력자'로서의 입장을 정립해야 한다.

인간의 '지금'은
인공지능의 '내일'을 준비해야 한다

박쥐는 초음파로 세상을 본다. 인간은 눈으로 본다. 그리고 인공지능은 모든 인간의 지식을 기반으로 수학적으로 세계를 해석한다. 서로 다른 방식으로 세상을 보는 세 존재가 지금 이 지구 위에 함께 존재한다.

이제 우리는 '세상을 보는 방식'이 하나가 아니라는 사실을 받아들여야 한다. 그리고 인간을 넘어서는 인공지능이 등장한 지금, 우리는 이 새로운 존재가 세상을 어떻게 이해하고 판단할지를 미리 상상하고, 대비해야 한다.

더 나아가, 인공지능이 인간을 초월할 때 우리는 그것을 단순한 위협으로만 받아들이지 말고, 새로운 사고 방식과 인지 방식의 탄생으로 이해할 수 있어야 한다. 그것을 인정하고 겸손하게 마주할 수 있다면, 인류는 스스로의 한계를 극복하는 새로운 길을 열 수 있다. 하지만 그 준비 없이 맞이한다면, 우리는 우리 스스로 만든 존재에게 조종당하는 현실을 피할 수 없을지도 모른다.

지금이 바로 그 미래를 정의할 순간이다.

박용후 관점 디자이너

추천사

AI가 답을 주는 시대, 우리에게 필요한 건 더 나은 질문이다. 답을 얻기 위한 도구를 넘어 우리가 생각하고 성장하는 방식으로서 '좋은 질문'을 고민할 때 AI 기술을 주도적으로 활용할 수 있음을 잘 보여준다. '질문'이 사고의 근육이고 성장의 방향이라는 사실을 깨닫고 좋은 질문을 던질 줄 아는 사람만이 AI 시대를 주도할 수 있다.

- 네이버 최고운영책임자(COO), 김범준

'내가 틀릴 수 있는 건 무엇일까?' 이 단순한 질문이 생각의 방향을 바꾸고, 창의성의 새로운 문을 연다. AI 시대에 중요한 건 더 많이 아는 게 아니라 다르게 보는 힘이다. 정답보다 질문, 지식보다 태도. 이 책은 그 전환점을 정확히 짚어준다. 읽고 나면, 익숙했던 생각이 낯설어지고 새로운 상상이 시작된다.

- (주)우아한형제들 창업자, 김봉진

우리는 이미 AI 문명시대에 살고 있다. 챗GPT 같은 전문직 비서를 시도 때도 없이 부르는 중이고, 이 비서는 영상 제작, 전문 보고서 작성, 코딩까지 못하는 것이 없다. 테슬라의 자율주행은 곧 무인 택시 시대를 예고하고 있고, 피규어 사의 휴머노이드 노동 로봇은 자동차 공장에서 20시간 무휴식 판금작업에 성공했다고 보고한 바 있다. 인류 문명에서 아직 멀었다고 생각했던 많은 예측이 이제는 틀린 예측이 되었다. 인류문명은 AI와 인간의 공존시대로 진입했다. 관점 디자이너 박용후는 이 시대의 출발점은 "내가 틀릴 수 있는 것은 무엇인가?"라는 질문이어야 한다고 일갈한다. 중요한 것은 세상을 보는 관점이다. 늘 그랬듯 관점 디자이너 박용후는 어떤 급격한 변화 가능성도 배제할 수 없는 AI 시대에 인간이 단단히 다져야 할 근본적인 문제들을 명쾌하게 정리해 준다.

    AI 혁명의 시대라면 세상을 보는 나의 관점에도 파괴적 혁신이 필요하다. AI에 밀려 내 일자리가 쓸려 나가기 전에 문명 대전환의 근간을 통찰하고 인간으로서의 주도권을 확립해 미래를 대비해야 한다. 굳어진 낡은 세계관을 부수고 AI 혁명시대에 걸맞은 신 세계관을 세우고자 한다면 반드시 읽어야 할 책이다.

- 『AI 사피엔스』 저자, 최재붕

차례

들어가는 말 AI는 인간을 넘어설 수 있는가 … 4
추천사 … 14

PART 1 생각의 열쇠는 질문이 쥐고 있다

AI 시대, 우리가 마주해야 할 질문 하나 … 21
당신은 제페토인가, 프랑켄슈타인인가 … 31
프롬프트 엔지니어링이라는 유령 … 40
질문을 받는 것에서 질문이 시작된다 … 51
사고의 신선도를 유지하라 … 62

PART 2 생각하는 기계와 질문하는 인간

혁신: 시대의 물음에 기술은 답해왔다 … 73
21세기의 AI는 어디로 향하는가 … 83
확률적 앵무새는 무엇을 말하는가 … 92
AI 진화의 끝, 휴머노이드 … 102
AI는 판도라의 상자인가 블랙박스인가 … 115
AI와 빅데이터, Y=aX+b의 세계를 무너뜨리다 … 130

PART 3 생각을 멈추면 AI가 설계한 미로에 갇힌다

AI가 미래를 바꿀 것이라는 말은 틀렸다 ············ **143**

구글의 시대는 끝날 것인가 ······················ **155**

창의성 그것이 문제로다 ························ **168**

사만다의 말은 어떻게 다가오는가 ················ **180**

PART 4 정보에 휘둘릴 것인가 관점을 설계할 것인가

움베르토 에코는 2025년을 예측했다 ·············· **197**

새로운 고객이 나타났다 ························ **213**

AI 에이전트가 무엇을 대체할 것인가 ·············· **226**

AI 시대의 교육이 나아가야 할 길: 경쟁에서 창조로 ··· **238**

AI 혁신 vs. AI 워싱: 진짜 변화는 어디에서 오는가 ··· **252**

PART 5 시대를 사유할 수 있는 생각의 주도권

AI를 자기 일에 적용한 사람들 ···················· **271**

증강의 진정한 완성 ···························· **277**

해체와 결합이라는 실험을 즐겨라 ················ **286**

생각의 주도권을 디자인하라 ···················· **296**

PART 1

생각의 열쇠는
질문이 쥐고 있다

생각의
주도권을
디자인하라

AI 시대,
우리가 마주해야 할 질문 하나

내가 틀릴 수 있는 것은
무엇인가?

우리는 지금 AI 기술이 전례 없는 속도로 발전하고 있는 시대의 한가운데 서 있다. 챗봇(사람과 자연스럽게 대화할 수 있도록 설계된 대화형 AI), 생성형 AI(텍스트, 이미지 등 새로운 콘텐츠를 만들어내는 AI 기술), 자율주행 시스템 등 기술은 단순히 일상의 편의성을 높이는 수준보다 더 고차원인 인간의 사고방식과 학습 방식, 나아가 인간의 존재 방식 자체에 근본적인 질문을 던지고 있다. 이는 단지 새로운 도구가 생긴 것이 아니다. 우리의 사고 구조, 지식의 구조, 삶의 태도 전반에 걸쳐 재정비가 요구되는 거대한 전환의 시작이다. 이런 흐름 속에서 필자는 한 가지 질문을 제시한다. 단순하면서도 근본적인 이 질문은 AI 시대를 살아가는 인간에게 반드시 필요한 통찰의 출발점이 된다.

"내가 틀릴 수 있는 것은 무엇인가?" 이 질문은 그저 자신의 한계를 인정하고 열린 태도로 배우려는 겸손의 표현이 아니다. 오히려 인간이 AI와 공존하기 위해 반드시 갖추어야 할 인식의 자세이며, 사고방식을 근본적으로 전환시키는 열쇠다. 우리가 알고 있다고 생각하는 지식, 신념, 판단 기준들이 과연 여전히 유효한 것인가? 빠른 기술 변화 속에서 과거의 진리는 하루아침에 오류가 될 수 있다. 따라서 중요한 것은 '무엇을 알고 있는가'가 아니라 '지금 알고 있는 것들 중 어떤 것이 틀릴 수 있는가'를 끊임없이 성찰하는 태도다. 이것이야말로 인간이 AI 시대에 살아남기 위한 가장 근본적인 조건이다.

"내가 틀릴 수 있는 것은 무엇인가?" 이 질문은 결코 편안하지 않다. 왠지 모르게 우리를 불편하게 만드는 질문이다. 이 질문은 자신이 믿고 있는 것, 의지하고 있는 판단 기준을 근본부터 의심하고, 필요하다면 과감히 뒤엎을 수 있어야 하기 때문이다.

우리는 흔히 과거의 경험과 학습을 통해 얻은 지식을 바탕으로 세상을 판단한다. 하지만 그 지식이 더 이상 기술의 발전, 사회 구조의 변화, 인간과 기계의 역할 재정립 등으로 급변하고 있는 현재의 맥락, 즉 지금 우리가 살아가는 시대의 새로운 환경과 기준 속에서 유효하지 않다면 과감히 버릴 수 있어야 한다. 변화에 민감하게 반응하고, 새로운 질서를 받아들일 수 있는 유연성은 곧 우리 시대의 생존 전략이다.

　AI 시대는 단순한 정보의 '업데이트Update'만으로는 감당할 수 없는 시대다. 기존의 정보를 조금씩 고쳐 나가는 방식은 너무 느리고, 너무 수동적이다. 이 시대는 오히려 '아웃데이트Outdate', 즉 더 이상 유효하지 않은 지식을 용기 있게 폐기하는 능력을 요구한다. 머릿속에 가득 찬 낡은 정보와 관념을 먼저 비워내지 않으면, 새로운 통찰이 들어설 자리가 없다. 이 과감한 정리 작업이 선행되어야만 우리는 진정한 의미의 학습과 성장을 이룰 수 있다.

　이러한 사고방식의 전환은 사실 인류 역사 속에서도 반복되어 왔다. 한때는 지구가 우주의 중심이라는 믿음, 즉 모든 천체가 지구를 중심으로 돌고 있다는 천동설이 '상식'이었다. 그 상식을 뒤엎은 사람은 코페르니쿠스Copernicus였고, 그는 시대의 거센 반발을 마주해야 했다. 하지만 지금은 그가 제시한 태양 중심설이 당연한 과학적 사실로 받아들여지고 있다. 또한 고대와 중세에는 지구가 평평하다고 믿는 것이 일반적이었다. 하지만 항해술의 발전과 함께 마젤란Ferdinand Magellan의 세계 일주 등 다양한 증거가 축적되면서, 지구는 둥글다는 지구 구형설이 보편적 과학 상식이 되었다. 지금 당연하게 믿는 것들도 어쩌면 훗날에는 오류로 판명 날 수 있다. 결국 당시에 '상식'이라고 여겼던 수많은 '진리'는 그 시대가 허용한 한계 속에서만 유효한 신념일 수 있다는 사실을 잊지 말아야 한다.

　AI 시대의 도래는 단순한 기술적 혁신이 아니다. 그것은 인간이

'무엇을 안다고 믿는가?' '그 믿음은 어떻게 구성되어 있는가?'를 근본적으로 되짚게 만든다. 따라서 정보의 양은 기하급수적으로 늘어나지만, 그 속에서 진짜 중요한 것은 오히려 '내가 틀릴 수 있다는 자각'이다. 인간의 고정관념과 확신을 포기하는 속도가 기술 발전의 속도를 따라가지 못한다면, 결국 진보는 멈추게 된다. 기술이 아무리 진화해도 인간이 변화에 눈 감은 채 머물러 있다면 그 진화는 무의미하다.

지금은 AI 시대를 준비해야 할 때다

미국의 소설가 윌리엄 깁슨^{William Gibson}은 "미래는 이미 와 있다. 다만 널리 퍼지지 않았을 뿐이다^{The future is already here — it's just not very evenly distributed}"라는 말을 남겼다. 이 말은 단순한 수사가 아니라 지금의 현실을 설명하는 데 매우 유용한 통찰이다. 변화는 이미 시작되었고, 그것을 인식하는 사람과 그렇지 못한 사람 사이에는 점점 더 큰 격차가 생겨나고 있다.

관점 디자인을 전문으로 하는 필자의 시각에서 보면, 이 말은 "미래는 이미 우리 곁에 있지만 그것을 보는 관점이 있느냐 없느냐에 따라 사람은 크게 달라진다"는 의미로 해석된다. 현재 우리는 이미 AI라는 거대한 변화의 중심에 서 있다. 많은 사람이 챗GPT와 같은 생성형 인공지능 기술을 처음 접했을 때, 그것이 보여준 대화 능력과 창의적인 출력물에 적잖은 충격을 받았다. 하지만 여전히 일부는 이를 단순한 정보 검색용 도구 정도로만 인식하고 있다. 이처럼 기술의 잠재력을 인지하고 적극적으로 활용하는 사람과, 기존의 도구로만 받아들이는 사람 사이에는 이미 분명한 인식의 격차가 발생할 수밖에 없다.

이러한 인식의 격차는 이미 현실에서 구체적인 결과로 나타나고 있다. 마케팅 업계에서는 AI 도구를 능숙하게 사용하는 마케터와 그렇지 않은 마케터 사이에 생산성, 창의성, 의사결정 속도에서 차이가 나고 있으며, 이는 연봉, 승진, 시장 가치에 직접적인 영향을 미치고 있다. 세대 간에는 메타버스와 가상자산에 대한 인식 차이가 사회적 영향력과 문화 주도권의 격차로 이어지고 있고, 기업 차원에서는 AI 기반 전략을 도입한 쉬인Shein 같은 회사가 전통적 방식을 고수하는 기업들을 압도하고 있다.

기술이 어디까지 발전할지 가늠할 수 없고, 그로 인해 인간의 삶이 어떻게 바뀔지 상상하기 어렵다면 그때는 자기 자신에게 질문을 던져야 한다. 지금 내가 알고 있는 것 중에 무엇이 틀릴 수 있는지 자문할 필요가 있다. 이 질문은 더 나아가 "앞으로는 무엇이 당연한 것이 될까?"라는 방향으로 확장될 수 있다. 윌리엄 깁슨이 말했듯이 중요한 것은 기술보다 '감지력'이다. 지금 우리 곁에 와 있는 미래를 볼 줄 아는 눈, 그것에 반응하는 태도가 격차를 만드는 결정적 요인이 되고 있다.

사람마다 기술을 받아들이는 방식은 다르다. 하지만 그 차이는 미래를 준비하는 깊이와 속도를 결정짓는 핵심 변수가 된다. 어떤 정치인은 플랫폼 기업을 두고 "서버 몇 대 놓고 통행세 받는 회사"라고 비꼬았다. 이미 와 있던 플랫폼 시대의 도래를 보고도 해석하는 방식에 따라 미래를 바라보는 관점은 극명하게 나뉘게 된다. AI 시대 역시 마찬가지다. 같은 기술을 두고 어떤 이는 그 잠재력을 직시하며 준비를 시작하고, 또 어떤 이는 익숙한 틀 안에서만 해석하며 의미를 축소시킨다. 결국 기술에 대한 해석의 차이가 대응 전략의 차이를 낳고, 이것이 시간이 지나면서 삶의 방향과 기회의 격차로 연결된다.

따라서 중요한 것은 질문을 던지는 태도 그 자체가 아니다. 지금 자신이 옳다고 믿는 것들이 실제로는 틀릴 수 있다는 가능성을 받아들이는 자세가 훨씬 중요하다. 이러한 인식 없이는 변화의 방향에 맞는 질문을 던지는 것조차 점점 어려워질 수 있다.

지금 우리가 틀릴 가능성이 높은 믿음 중 하나는 '창의성은 인간만의 고유한 능력'이라는 생각이다. 과거에는 이 믿음이 널리 받아들여졌지만, 지금은 상황이 다르다. AI는 이미 그림을 그리고, 소설을 쓰고, 음악을 작곡하고 있다. 불과 몇 년 전만 해도 불가능하다고 여겨졌던 일들이 현실이 되었다. 이제는 AI가 인간보다 더 창의적인 결과물을 만들어낼 수도 있다는 주장도 존재한다.

따라서 "AI는 창의성이 없다"는 믿음은 더 이상 절대적인 진실로 받아들일 수 없다. 물론 창의성에 대한 논의는 다양한 관점과 철학적 해석이 존재하지만, 이전과는 분명히 다른 사고방식이 필요하다. 이러한 주제는 AI와 창의성의 관계를 다룰 때 반드시 짚고 넘어가야 할 부분이며 이에 대한 논의는 이후 더 깊이 다루어 보겠다.

노동의 개념 역시 변화하고 있다. 단순 반복 작업은 이미 많은 부분이 자동화되었고, 최근에는 전문적인 영역에서도 AI의 활용도가 점점 커지고 있다. 2024년 산업연구원의 보고서에 따르면 한국에서 AI로 대체될 수 있는 일자리는 전체 일자리의 13% 수준인 약 327만 개에 달할 전망이라고 한다. 금융, 법률, 의료 등 고도의 판단이 요구되는 분야에서조차 AI는 조력자 역할을 넘어서 실질적인 대체 가능성을 보여주고 있다. 인도 의료팀은 AI가 생명을 위협하는 심장 부정맥을

AI는 직업을 대체할 것인가

- 기술은 직업을 대체하지 않는다. 관점과 질문의 부재가 인간을 대체할 뿐이다. AI 시대의 생존 조건은 '일의 유무'가 아니라 '해석의 깊이'다.

최대 2주 전에 예측할 수 있다는 가능성을 제시했다.

이러한 흐름을 감안할 때, 지금 사람들이 'AI 시대에도 사라지지 않을 안전한 직업'이라고 생각하는 직무들이 과연 10년, 20년 뒤에도 여전히 안전할 것이라고 확신할 수는 없다. 그러나 AI는 단순히 인간의 일을 대체하는 존재가 아니다. 일이라는 개념 자체를 재정의하는 역할을 하고 있다. 그만큼 노동의 본질이 달라지고 있다.

생각의 출발점을 다시 묻다

질문은 미래를 결정짓는 중요한 요소다. AI 시대를 맞이한 지금, 우리는 하나의 질문에서 출발해야 한다. 계속해 강조하지만, 그것은 "내가 틀릴 수 있는 것은 무엇인가?"라는 질문이다. 이 질문을 던지는 순간, 우리는 사고의 깊이를 더하고 변화에 보다 능동적으로 대응할 수 있게 된다.

질문의 중요성은 이미 널리 알려진 사실이다. 그러나 이 메시지가 퍼지면서 오히려 또 다른 오해를 낳기도 했다. 모든 질문은 가치가 있다는 생각이 그 예다. 하지만 질문 자체에 옳고 그름의 구분이 없다는 생각이 과연 타당한지 되물어볼 필요가 있다. 질문도 틀릴 수 있고, 그 질문의 출발점이 되는 나의 지식과 믿음도 틀릴 수 있다는 사실을 인식해야 한다.

　또한 모든 질문이 통찰과 지혜로 이어지는 것은 아니다. 질문은 단순한 호기심의 표현으로만 보아서는 안 된다. 사고의 방향을 설정하는 출발점으로 이해해야 한다. 우리가 어떤 질문을 던지느냐에 따라 그 질문이 이끄는 사고의 경로와 도달하는 결론은 전혀 달라진다. 잘못된 질문은 오히려 잘못된 전제를 강화하고, 왜곡된 정보 위에 그럴듯한 해답을 만들어 낼 수 있다. 즉, 질문의 방향성이 잘못되면 아무리 논리적이라 해도 전체 사고의 흐름이 빗나갈 수 있다. 따라서 우리는 '내가 던지는 질문이 틀릴 수도 있다'라는 가능성마저 질문해야 한다.

　질문하지 않는 사람과 질문하는 사람의 차이는 시간이 지날수록 더욱 커질 것이다. 더 나아가, 질문하는 사람들 사이에서도 자신의 질문을 되돌아보는 사람과 단지 질문만 하는 사람 사이의 격차는 극명하게 나타날 것이다. 기술이 빠르게 변화하는 시대에 단순히 기존 지식을 쌓는 것만으로는 부족하다. 우리는 끊임없이 스스로의 오류 가능성을 점검하고, 기존의 믿음을 검증하는 태도를 가져야 한다.

　앞으로 우리는 AI가 만들어 내는 새로운 패러다임 속에서 살아가야 한다. 이 새로운 환경을 주도하려면 스스로에게 질문을 던지는 습관이 필요하다. "나는 무엇을 잘못 알고 있는가?"라는 질문은 우리의 사고를 확장시키고, 결국 우리의 미래를 결정하게 될 것이다.

생각의 주도권을 디자인하기 위한 기록

◆ 이 챕터를 읽은 후 챗GPT에 질문을 던진다면 무엇을 질문하고 싶은가?

EX): 내가 지금 확신하고 있는 것 중 틀릴 가능성이 높은 것은 무엇인가?

◆ 질문에 대한 챗GPT의 대답을 확인한 후 AI와 자신의 생각을 비교하라

당신은 제페토인가, 프랑켄슈타인인가

**우리가 던지는 질문이
AI를 기적 또는 파멸의 기술로 만들지를 결정한다**

이탈리아 작가 카를로 콜로디Carlo Collodi의 소설에는 제페토라는 목수가 등장한다. 그는 놀라운 나무 인형, 피노키오를 창조한다. 피노키오는 거짓말을 하면 코가 길어지는 특성을 가진 사랑스러운 존재다. 제페토는 자신이 만든 피노키오를 바라보며 감탄을 금치 못한다.

반면, 영국 작가 메리 셸리Mary Shelley의 소설에는 빅터라는 과학자가 등장한다. 그는 생명을 지닌 존재를 창조하지만, 그것을 두려워한다. 그의 이름은 빅터 프랑켄슈타인으로, 흔히 괴물의 이름으로 알려져 있으나 실제로는 괴물을 창조한 사람이다. 소설 속에서 이 괴물은 이름 없이 '크리쳐'라고만 불린다.

이처럼 제페토와 프랑켄슈타인은 창조자라는 공통된 위치에 있으면서도, 전혀 다른 태도로 자신이 만든 존재를 대한다. 이 극명한 대비는 지금 이 시대를 살아가는 우리에게 중요한 질문을 던진다. 우리는 인류가 만들어 낸 또 하나의 창조물, AI 앞에서 제페토처럼 감탄하고 있는가? 아니면 프랑켄슈타인처럼 두려워하고 있는가?

기술은 발전할수록 새로운 존재를 창조한다. 인류는 늘 혁신의 문턱에서 경이로움과 공포 사이를 오갔다. AI도 예외는 아니다. 처음 마주했을 때는 마치 생명이 깃든 듯한 반응에 놀라움을 느끼지만, 시간이 흐르고 반복적으로 경험하게 되면 그 기술은 익숙해지고, 결국 평범한 도구로 전락한다. 혁신이 혁신으로 받아들여지는 데는 유효기간이 있다.

인지과학자 더글라스 호프스태터Douglas Hofstadter는 이를 두고 이 표현을 인용했다. "AI란, 아직 성공하지 않은 것을 일컫는 말이다." 이 표현은 기술에 대한 인간의 감정이 얼마나 상대적이고 맥락적인지를 보여준다. 우리가 AI를 낯설게 느낄수록 그것은 위협처럼 다가오고, 익숙해질수록 하나의 일상적 도구로 인식된다. 결국 두려움은 기술 자체가 아니라, 그것에 대해 우리가 갖는 인식과 거리감에서 비롯된다.

결국 AI는 사람들에게 감탄과 흥미를 불러일으킬 수도 있고, 공포와 두려움을 줄 수도 있다. 우리는 제페토의 따뜻한 시선으로 AI를 바라볼 수도 있고, 프랑켄슈타인의 두려움 어린 시선으로 외면할 수도 있다. 창조물은 언제나 우리를 비춘다. 중요한 것은 그것이 우리 안의 무엇을 반사하고 있는지, 그리고 우리가 그 반사된 얼굴을 어떤 감정으로 마주하느냐이다.

기술에 대한 평가와 비판은 기술 이해에서 시작되어야 한다

AI와 같은 신기술을 논의할 때, 가장 먼저 필요한 것은 기술에 대한 이해다. 이는 당연하게 들리지만, 실제로는 자주 간과된다. 기술을 옹호하거나 비판하기 위해서는 그 기술이 무엇인지 제대로 아는 것이 먼저다. 이러한 원칙은 개인의 전공이나 배경과 무관하게 적용된다. 인문학 전공자든 이공계 출신이든, AI처럼 사회 전반에 큰 영향을 미치는 기술을 다룰 때는 최소한의 기술적 이해가 필요하다.

며칠 전, 국내 한 통신사의 AI 관련 보도자료를 접했다. 해당 보도자료 말미에는 이 서비스가 글로벌 AI 기술과 경쟁할 수 있는 국내 기술력을 보여주는 사례라는 평가가 담겨 있었다. 그러나 정확하게 말하자면, 이는 AI 기술 그 자체가 아니라 AI 기술을 응용한 사례다. 이러한 착오는 AI 기술의 개념을 명확히 이해하지 못했기 때문에 생긴다.

많은 사람은 'AI 기술'이라는 말을 들으면 그것이 기계학습machine learning, 신경망neural networks, 자연어처리Natural Language Processing, NLP 등의 근본적인 기술을 의미하는 것인지, 아니면 그러한 기술을 활용한 서비스나 애플리케이션을 뜻하는 것인지 구분하지 못한다. 이처럼 기술에 대한 개념이 분명하지 않으면 사람들은 과장된 마케팅 용어나 주장을 비판 없이 받아들이게 된다.

또한 AI는 특히 오해와 과장이 빈번하게 일어나는 분야다. 물론 이러한 과장은 사회적 관심을 유도하고, 산업 성장에 도움되는 측면도 존재한다. 앞서 언급한 사례도 그 예다. 하지만 오해와 과장이 반복되면 AI는 일상과는 동떨어진 것으로 느껴진다. 이로 인해 사람들은 AI가 실제로 어떻게 작동하는지, 어떤 영향을 미치는지를 제대로 이해하지 못하게 되고, 막연한 기대감이나 불안 속에서 방향을 잃게 된다.

2024년 대한상공회의소와 산업연구원이 국내 기업 500곳을 대상으로 수행한 AI 기술 활용 실태 조사 결과에 따르면, 응답 기업의 78% 이상이 AI 기술의 도입 필요성에는 공감했다. 그러나 실제로 AI를 도입해 활용 중인 기업은 약 30%에 불과했다. 이러한 괴리는 AI가 단순한 유행이 아니라 실제 업무에 활용할 수 있는 도구라는 인식 부족으로 생긴 것일 수 있다. 혹은 AI라는 거대한 개념에 압도되어 접근 자체를 어렵게 느꼈을 가능성도 있다.

기술에 대한 기본적인 이해는 그 기술을 올바르게 받아들이고 평가하기 위한 전제 조건이다. 이해 없이는 기술의 실질적인 응용도, 정당한 비판도 이루어질 수 없다.

　AI라는 기술을 어떻게 활용할 것인지는 매우 중요한 문제다. AI는 단순히 컴퓨터 과학의 영역에만 속한 것이 아니다. 복잡한 수학적, 과학적 개념을 배제하고, AI가 왜 만들어졌는지, 어떤 원리로 작동하는지를 간략히 살펴보더라도 이 기술이 인문학과 깊은 관련이 있다는 사실을 알 수 있다. AI는 인간의 인지, 언어, 사고, 감정 등 본질적으로 인간이라는 존재를 이해하고 모방하려는 시도에서 출발한 기술이다. AI의 모델링 대상은 인간의 뇌이고, 목표는 인간처럼 생각하고 판단하는 시스템을 만드는 것이다. 따라서 AI는 기술이면서 동시에 인

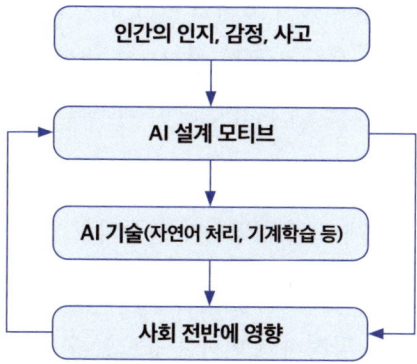

AI의 모티브

간 존재에 대한 철학적 질문을 포함한다. 그럼에도 불구하고 한국 사회에서는 AI를 여전히 공학의 전유물로 인식하고 있다. 이로 인해 AI에 대한 논의는 기술 자체에 편중되어 있으며 기술이 아닌 기술적 대상에 대한 사유는 부족한 실정이다.

AI의 모티브는 인간의 의식과 마음, 그리고 구체적으로는 뇌의 구조에서 비롯된다. AI가 점점 우리의 삶에 깊이 들어오면서, 인간의 의식과 마음, 뇌에 영향을 미칠 수밖에 없다. 다시 말해, AI의 발달은 인간의 정신 작용, 사고방식, 뇌의 작동 원리에까지 영향을 준다.

물론 기술은 과학과 밀접하게 관련되어 있지만, 동일한 개념은 아니다. 과학이 자연의 원리를 탐구하고 설명하는 데 중점을 둔다면, 기술은 그 원리를 활용하는 방식과 맥락에 따라 다양하게 변화할 수 있다. 기술은 언제든 재해석될 수 있고 사용자의 의도에 따라 그 쓰임새가 달라진다.

대부분의 사람이 기술이 정해진 목적대로 사용될 것이라 생각하지만, 실제로 기술은 예상치 못한 방식으로 변형되거나 새롭게 조합되는 경우가 많다. 예를 들어 GPS Global Positioning System는 원래 군사용 목적으로 개발되었지만, 지금은 길 찾기부터 음식 배달, 내비게이션까지 일상생활 전반에 걸쳐 다양하게 활용되고 있다. 기술 개발 의도를 넘어 전혀 다른 삶의 방식과 행동 패턴을 만들어낸 셈이다. AI도 마찬가지다. 이 기술이 긍정적인 변화를 유도할 수 있을지, 아니면 경직된 방식으로 인간을 구속할지는 결국 그것이 얼마나 개방적으로 활용되는가에 달려 있다.

'망치를 든 자에게는 모든 것이 못으로 보인다If all you have is a hammer, everything looks like a nail'는 말은 심리학자 아브라함 매슬로우Abraham Maslow가 남긴 유명한 통찰이다. 이 말은 단순히 기술이 주어졌을 때 그 쓰임새가 정해진다는 뜻만은 아니다. 더 중요한 것은 기술이나 도구가 특정한 동작까지도 전제하게 만든다는 의미가 중요하다. 예를 들어, 망치를 든 사람은 망치를 휘둘러 못을 박는 행동을 한다면 이는 특정한 기술을 사용할 때 요구되는 행동 패턴이 존재한다는 것을 의미한다. 망치가 무엇으로 만들어졌는지를 고민하는 것도 중요하지만, 망치를 들었을 때 어떤 동작을 하게 되는지에 대해 생각하는 것이 필요하다. 마찬가지로, AI가 인간에게 어떤 행동을 요구하는지를 성찰하는 시점에 우리는 와 있다.

기술을 제대로 활용하기 위해서는 상상력과 노동이 필요하다. 주어진 기술을 어떻게 사용할지 스스로 판단할 수 있어야 하며, 이는 전공에 관계없이 모든 이가 AI에 대한 최소한의 기술적 이해를 갖추어야 한다는 것을 의미한다. 더 나아가 AI가 자기 자신을 어떻게 변화시키고 있는지에 대해서도 고민이 필요하다.

그리고 그 기술에 대한 최소한의 기술적 이해를 갖춘 후에는, '이 기술이 나에게 어떤 의미를 갖는가?' '어떤 도구가 될 수 있는가?'라는 질문이 더 중요해진다. AI의 복잡한 원리를 모두 이해할 필요는 없다. 기초적인 원리만 알고 있다면, 이 기술이 나의 삶에 어떤 변화를 가져올 수 있는지, 어떤 방식으로 나를 도와줄 수 있는지를 고민해야 한다.

새로운 기술이 등장할 때마다 사람들은 호기심과 재미를 느끼는 동시에 불안과 두려움도 느낀다. 일부 사람들은 디지털 기술과 AI 등 첨단 기술의 급속한 발전에 비판적이거나 저항하는 디지털 러다이트 Digital Luddite를 자처하면서, AI가 세상을 변화시킨다 하더라도 자신은 인간 고유의 특성을 믿고 인간의 능력만으로 살아가겠다고 말한다. 그러나 현대 사회에서 인간은 이미 기술의 거미줄 안에 놓여 있다. 직접적으로 AI를 사용하지 않더라도, 우리는 AI가 만들어낸 환경 속에서 간접적인 영향을 피할 수 없다.

결국 AI를 어떻게 받아들일 것인가는 단순히 감정의 문제가 아니다. 그것은 AI를 얼마나 깊이 이해하고, 얼마나 진지하게 생각하며, 얼마나 많은 질문을 던졌는가에 따라 달라진다. AI를 피노키오처럼 다룰 것인지, 혹은 괴물처럼 두려워할 것인지는 그 사유의 깊이에 의해 결정될 것이다.

생각의 주도권을 디자인하기 위한 기록

◆ 이 챕터를 읽은 후 챗GPT에 질문을 던진다면 무엇을 질문하고 싶은가?

    EX): 지금 AI를 도구로 인식해도 되는가?

_____

_____

_____

◆ 질문에 대한 챗GPT의 대답을 확인한 후 AI와 자신의 생각을 비교하라

_____

_____

_____

_____

_____

_____

_____

프롬프트 엔지니어링이라는 유령

프롬프트 엔지니어링은
AI 시대를 살아가기 위한 시작점일 뿐이다

AI가 인류의 삶 깊숙이 들어오면서 새롭게 떠오른 단어가 있다. 바로 프롬프트 엔지니어링prompt engineering이다. 프롬프트 엔지니어링이란 쉽게 말해 챗GPT, 클로드Claude와 같은 생성형 AI가 최적의 결과물을 만들어 낼 수 있도록 최적의 지시 사항(=프롬프트)을 설계하는 방법론이다. 즉 프롬프트 엔지니어링은 인간이 AI에 원하는 답을 유도하기 위해 사용하는 질문 설계 기술로, 생성형 AI 활용을 위한 핵심 역량이다.

챗GPT를 처음 사용하는 사람은 생각보다 '똑똑하지 않아' 놀라게 되는 경우가 많다. 척하면 척하고 답을 줄 것으로 기대했는데, 돌아오는 답이 신통치 않아 실망하게 되는 것이다. 이러한 문제를 해결하기 위해 AI에 보다 구체적이고 명확한 지시를 내려야 한다. 일각에서는 프롬프트 엔지니어링을 미래를 준비하기 위한 필수 능력으로 보고 있으며 또 다른 이들은 AI와 효과적으로 소통하기 위한 유일한 열쇠로 여기고 있다. 이에 따라 '프롬프트 엔지니어'라는 새로운 직업까지 등장했다. 한국직업능력연구원에서는 '프롬프트 엔지니어' 자격증까지 만들었다.

하지만 이쯤에서 중요한 질문을 던질 필요가 있다. 과연 프롬프트 엔지니어링은 만능일까? 그리고 프롬프트 엔지니어라는 직업이 하나의 정식 직업으로 자리 잡을 수 있을까?

사라진 직업
정보검색사

1990년대 후반은 인터넷 보급이 한창 활성화되던 시기였다. 이와 맞물려 인터넷 활용 능력을 증진시키고, 평가하고, 나아가 직업으로 연계하고자 하는 시도가 많아지는 시기이기도 했다. 한국정보통신진흥협회는 '정보검색사'라는 자격증을 도입했는데, 이는 인터넷을 활용해 정보를 검색하는 능력을 평가하는 것이었다. 무려 3급부터 전문가급까지 나뉘어져 있는 자격증이었다.

아마 이런 자격증이 있었나 싶은 사람들이 많을 것이다. 어릴 때부터 스마트폰을 썼던 젊은 세대라면 너무나 당연한 정보 검색을 자격증까지 만들어 평가한다는 게 너무나 이상하게 들릴 수도 있다. 필자 역시 이번에 글을 쓰면서 가물가물해진 기억을 더듬으며 정보검색사에 대해 다시 한번 찾아보았다. 간단한 리서치를 통해 찾은 정보검색사에 대한 개요는 다음과 같다.

정보 검색원은 전 세계에 산재해 있는 정보자원을 필요로 하는 기업이나 특정인을 위해 신속하고 정확한 정보를 학교, 기업, 정부 기관, 개인 등의 요구에 맞추어 분류하고 분석해 제공하는 직업이다. 기업에서도 최근 정보검색사에 대한 선호 및 특혜제도가 확산되는 신기술 직업이다. 특히 정보의 바다로 일컬어지는 인터넷상에서 정보검색, 관리분석의 업무를 담당한다. 이제는 컴맹을 넘어 넷맹이 문제가 되는 상황에서, 인터넷의 수많은 정보들을 체계적으로 신속하게 검색, 분석하는 검색 분석전문가가 특히 더 필요한 시대다.
정보검색원은 고등학교 및 대학교에서 필수 자격획득과정으로 도입 활용할 수 있으며, 산업체에서도 입사전형에 가산점 부여 및 기업체 정보검색 활용 분야에서 선도적인 역할을 할 수 있으리라 판단된다. 또한 최근 정보제공자[IP]라는 신규직업군이 형성됨에 따라 창업 내지 프리랜

서로도 활동 가능하다. 나아가 인터넷 홈페이지 구축 및 멀티미디어 분야로 진출한다면 그 활동 분야는 무궁무진하다고 볼 수 있다.

• 출처: kbsjob.co.kr

정보 과잉의 시대, 특히 인터넷 이용 능력이 필수화된 현대 사회에서 정보검색사는 매우 유용한 역할을 할 수 있는 전문가였다. 이 자격은 고등학교나 대학교에서도 필수 자격 과정으로 도입될 수 있었으며, 산업체 입사 시 가산점이 부여되기도 했다. 또한 정보검색사는 기업 내 정보검색 분야에서 선도적인 역할을 수행할 수 있을 것으로 기대되었다. 당시는 '정보제공자'라는 새로운 직업군이 생겨나던 시기로, 정보검색사는 창업이나 프리랜서로도 활동할 수 있는 가능성이 열려 있었다. 나아가 홈페이지 구축이나 멀티미디어 분야 등으로 진출한다면, 활동 영역은 무궁무진할 것으로 보였다.

그러나 이 정보검색사 자격증은 시간이 지나면서 유명무실해졌고, 결국 2022년경 폐지되었다. 인터넷 사용이 일상화되면서 정보 검색은 더 이상 특별한 기술이 아닌 기본적인 생활 습관이 되었고, 그에 따라 자격증의 필요성도 사라지게 된 것이다.

이러한 변화는 오늘날 '프롬프트 엔지니어'라는 신생 직업과도 유사한 점이 있다. 21세기의 정보검색사는 어쩌면 프롬프트 엔지니어일지도 모른다. 그러나 2024년 링크드인에 따르면 프롬프트 엔지니어 채용 공고는 전년 대비 37%나 감소했다. 이 직업이 등장한 지 오래

되지 않았음에도 불구하고, 시장은 프롬프트 엔지니어링을 독립적인 전문 직종으로 보기보다는 기존 소프트웨어 엔지니어의 보조 기술로 흡수하려는 경향을 보이고 있다.

프롬프트 엔지니어링은 AI 리터러시AI Literacy의 출발점일 뿐이다. AI 리터러시는 AI 기술을 이해하고, 비판적으로 평가하며, 실제로 활용할 수 있는 역량을 말한다. 단순히 AI를 사용하는 기술적 지식에 그치지 않고 AI의 원리, 사회적·윤리적 영향, 그리고 AI를 안전하고 책임감 있게 활용하는 능력까지 포괄하는 개념이다.

먼저 이 주제를 이야기하기 전에 프롬프트 엔지니어링이 쓸모없다는 주장을 하려는 것이 아님을 분명히 한다. 오히려 기본적인 프롬

전통적 리터러시 vs. AI 리터러시

구분	전통적 리터러시	AI 리터러시
주 대상	글, 정보, 언어	AI 시스템, 알고리즘
기본 능력	읽기, 쓰기, 이해력	기술 이해 + 질문력 + 비판적 사고
관점	단방향 수용	양방향 상호작용
확장 영역	교육, 미디어	디지털 시민성, 윤리, 사회적 영향

프트 작성 기법을 익히는 것은 필수다. 스마트폰을 처음 사용할 때 기본 조작법을 배워야 하듯, AI를 효과적으로 활용하기 위해서도 어느 정도의 프롬프트 작성 능력은 필요하다.

그러나 프롬프트 엔지니어링이 AI 활용 역량의 본질은 아니라는 점을 분명히 인식해야 한다. 검색창에 키워드를 잘 입력한다고 해서 정보에 대한 비판적 해석 능력이 향상되는 것이 아니듯, 프롬프트를 정교하게 작성하는 기술이 곧 AI를 깊이 이해하는 능력과 동일하지 않다.

AI는 인간의 사고방식을 모방해 만들어진 기술이다. 따라서 AI와의 효과적인 상호작용을 위해서는 인간 간의 대화 방식에서 단서를 찾아야 한다. 사람과 대화할 때 일방적인 지시만으로 원하는 답을 기대하지 않듯, AI와의 대화에서도 단순히 정확한 답변만을 요구하는 것을 넘어 그 대화 자체를 흥미롭고 의미 있게 만드는 것이 중요하다. 일방적인 명령이나 지시를 넘어서 상호작용의 방식을 고민할 때 우리는 AI 시대에 적응하고 살아가는 법을 배우게 된다. 이것이 바로 AI 리터러시다.

물론 AI 리터러시는 아직 명확히 정립된 정의가 있는 개념은 아니다. 그러나 미국 국가 AI 자문위원회, 유네스코와 같은 국제기구와 MIT, 스탠포드 같은 세계적인 대학들은 AI 리터러시의 중요성을 강조하고 있다. '리터러시'는 보통 '문해력'으로 번역되지만, 단순히 읽고 이해하는 능력으로만 해석할 경우 그 의미가 지나치게 좁아질 수 있다. 예컨대, 'AI 문해력'이라는 표현은 자칫 AI의 개념이나 원리를 단순히 이해하는 능력으로만 받아들여질 위험이 있다.

리터러시는 단순한 읽기와 쓰기가 아닌 특정 개념을 둘러싼 맥락을 파악하고 다양한 관점에서 사고할 수 있는 능력을 의미한다. 따라서 AI 리터러시란 AI의 작동 원리와 개념을 이해하는 것에 그치지 않고 비판적으로 사고하며 AI가 사회에 미치는 영향을 성찰하는 능력을 포함한다.

이때 중요한 것은 답을 구하는 질문의 기술이 아니라 답을 넘어서는 질문의 철학이다. 구체적으로는 "내 생각은 왜 이런가?"와 같은 자기반추적 질문, "그게 정말 사실일까?"라는 가정 해체 질문, "이 정보 뒤에는 어떤 맥락이 숨어있지?"와 같은 미지에 대한 질문, 그리고 "이 문제를 다른 분야에선 어떻게 바라볼까?"라는 다중 관점 질문을 던질 수 있는 역량이 필요하다. 이러한 궁극적 질문 역량이야말로 AI가 제공하는 정답보다 중요한 인간 고유의 사유 능력이며 AI 리터러시의 본질이라 할 수 있다.

AI 리터러시를 기르기 위한 방법

AI 리터러시를 기르기 위해서는 먼저 AI의 본질을 파악하는 능력이 필요하다. AI 본질을 이해한다는 것은 '쓸 줄 아는' 기술적 능력과 AI의 작동 원리와 한계, 그리고 그것이 사회와 인간에게 미치는 영향을 비판적이고 통합적으로 이해하는 역량을 이해한다는 뜻이다. 이는 곧 AI가 사회와 인간에게 미치는 영향까지 깊이 있게 이해하는 것을 의미한다. 이를 위해 다음과 같은 방식으로 접근할 수 있다.

첫째, AI의 작동 원리를 이해해야 한다.
AI는 데이터 기반의 알고리즘으로 작동한다. 우리가 입력한 데이터에 따라 학습하고, 예측하며, 판단하기에 AI가 어떻게 학습하고 어떤 기준으로 결과를 생성하는지를 이해하는 것은 매우 중요하다. 이러한 구조와 한계를 인식해야만 AI가 내리는 판단이 얼마나 신뢰할 수 있는지, 혹은 편향되어 있지는 않은지를 판단할 수 있다.

둘째, AI가 만들어내는 사회적 변화 속에서 자신의 위치를 찾아야 한다.
AI는 이미 단순한 도구의 범위를 넘어섰다. 인간의 사고방식, 의사결정 구조, 업무 처리 방식까지 바꾸고 있으며 나아가 산업 구조, 노동시장, 교육 체계에도 변화를 일으키고 있다. 따라서 우리는 이 변화의 흐름을 예측하고 그 안에서 나의 역할과 위치를 성찰해야 한다.

셋째, 유연한 사고를 유지해야 한다.
AI 시대에는 절대적인 정답이 존재하지 않을 가능성이 높기 때문에 기존의 생각을 끊임없이 점검하고 수정하는 자세가 필요하다. 이는 자신의 신념이 틀릴 수도 있음을 인정하는 태도에서 시작된다.

넷째, AI와 함께 사고하는 능력을 길러야 한다.
AI는 단순하게 정보만을 제공하는 기술이 아니라 인간의 사고를 심화시키는 파트너가 될 수 있다. 이를 위해 다음과 같은 질문 습관을 갖는 것이 중요하다.

- **비판적 질문을 던지는 습관**: AI의 답변은 특정 데이터에 기반하며 그 과정에서 편향이 개입될 수 있다. 따라서 AI의 답변을 그대로 수용하기보다는 "왜 이런 답변이 나왔는가?" 같은 질문을 던져야 한다.
- **탐구적 질문을 활용하는 습관**: AI를 단순한 검색 도구로 활용하는 것을 넘어서, 사고 확장의 도구로 활용해야 한다. 예를 들어, "이 주제와 관련된 다양한 관점은?" 등의 질문을 통해 사고의 깊이를 넓힐 수 있다.
- **AI를 활용한 메타 사고 훈련**: AI에 "내가 놓치고 있는 요소는 무엇인가?" "이 질문을 다르게 던지면 어떤 결과가 나올까?" 등의 질문을 던짐으로써, 자신의 사고 과정을 점검하고 성찰할 수 있다.

결국 AI 리터러시는 단순한 기술 습득이나 공학적 이해에 그치지 않는다. 그것은 AI라는 기술이 만들어내는 사회적, 인지적, 문화적 변화의 흐름을 성찰적으로 바라보는 능력이다. 이는 이공계적 접근보다

- AI 리터러시란 AI 시대에서 인간으로서 어떻게 사고할지를 묻는 철학적 성찰이다. AI 시대를 살아가는 인문적 존재로서 우리는 '프롬프트'에 집중하기보다 '질문'하는 방법을 잊어서는 안 된다.

는 인문학적 사고가 요구되는 영역이며 새로운 관점에서 더 나은 질문을 던지는 능력에서 출발한다.

 오늘날 '프롬프트 엔지니어링'이라는 개념이 유령처럼 떠돌고 있다. 하지만 우리는 지금 이 개념이 갖는 실체는 무엇인지, 이 능력이 미래 사회에서 지속적으로 확장될 수 있는 핵심 역량인지, 아니면 과거의 '정보검색사'처럼 특정 기술 트렌드에 따라 반짝 소비되고 사라지는 일시적 유행에 불과한지를 판단해야 한다. 이는 AI 리터러시의 본질에 대해 얼마나 깊이 사고하고 있느냐에 따라 달라질 것이다.

생각의 주도권을 디자인하기 위한 기록

◆ 이 챕터를 읽은 후 챗GPT에 질문을 던진다면 무엇을 질문하고 싶은가?

　EX): AI 시대에 진짜 필요한 능력은 무엇일까?

_____
_____
_____

◆ 질문에 대한 챗GPT의 대답을 확인한 후 AI와 자신의 생각을 비교하라

_____
_____
_____
_____
_____
_____
_____
_____

질문을 받는 것에서
질문이 시작된다

질문은 답을 얻기 위한 도구가 아니라
생각을 흔들고, 세상을 다시 보는 시작점이다

AI에 질문을 던지기 전에, 먼저 질문의 본질에 대해 생각해 볼 필요가 있다. 질문은 어디에서 시작되는가? 많은 사람들은 질문이 무지에서 비롯된다고 생각하지만, 실제로는 단순한 무지에서 오는 것이 아니다. 질문은 '질문을 받는 경험'에서 출발한다. 좋은 질문을 하기 위해서는 먼저 좋은 질문을 받아본 경험이 있어야 한다.

예를 들어, 아이가 "왜 하늘은 파란색이에요?"라고 물었을 때 "그냥 원래 그런 거야"라고 대답하면 질문은 그 순간 멈춘다. 반면, "왜 그렇게 생각하니?" 또는 "하늘이 다른 색이었다면 어떤 기분이 들었을까?"라는 식으로 되묻는다면 아이는 더 깊이 사고하게 된다. 이렇게 질문을 받는 경험을 통해서만 스스로 질문을 던지는 법을 배울 수 있다.

따라서 질문을 던지는 능력을 기르기 위해서는 질문을 받아본 경험이 풍부해야 한다. 질문을 받는 경험은 사고를 시작하게 하는 계기다. 예를 들어, 누군가가 "당신이 생각하는 최고의 혁신은 무엇인가?"라고 묻는다면 우리는 자신의 생각을 정리해야 한다. 단순히 사례를 나열하는 데 그치지 않고, '혁신이란 무엇인가?' '혁신의 본질은 무엇

좋은 질문이 왜 중요한가

- 좋은 질문은 억지로 답을 끌어내지 않는다. 생각이 스스로 답을 찾게 만든다. 질문을 던질 줄 아는 사람과 질문을 받아들일 줄 아는 사람 모두 더 깊이 사고해야 하는 시대가 왔다.

인가?'를 고민하게 된다. 즉, 질문을 받는 순간부터 우리는 생각을 정리하고, 더 깊이 있는 사고의 과정에 들어가게 된다. 질문을 받는 경험은 곧 사고의 시작이다.

질문은 생각의 씨앗이다

AI가 가져올 가장 근본적인 변화는 단순히 '무엇을 생각할 것인가?'의 문제에 있지 않고 '어떻게 생각할 것인가?'라는 사고의 방식 자체의 재구성에 있다. 지금까지 인간의 사고는 교사나 부모, 책과 같은 외부로부터 '질문을 받는 경험'을 통해 확장되어 왔다. 질문을 받는다는 것은 사고의 방향을 제시받는 것이다. 그리고 동시에 사고의 지평을 넓히는 자극이다.

그러나 현재는 우리가 AI에 질문을 던질 수 있을 뿐 아니라, AI가 우리의 질문을 다시 '되묻는 기술'을 갖추기 시작했다. 이 기술은 검색엔진이나 백과사전처럼 정보만 제공하는 도구와는 다르다. AI는 인간의 질문에 대답하는 동시에 그 질문을 되돌아보게 만들고, 때로는 새로운 질문으로 되받아친다. 즉 AI는 우리가 질문을 던지고 정보를 탐색하며 사고하는 방식 자체를 변화시키고 있다.

우리는 종종 "좋은 질문을 던져야 한다"고 말하지만, 그보다 더 중요한 것은 "좋은 질문을 받을 줄 아는 것"이다. 좋은 질문을 받아들인 다는 것은 단순히 듣는 것에 집중하지 않고 그 질문 속에서 새로운 의미를 발견하고, 사고를 확장할 수 있는 능력을 기르는 것이다. 대부분의 사람들은 질문을 들으면 바로 답하려 한다. 그러나 더 중요한 것은 질문을 곱씹고, 그 본질을 파악하며, 그 질문이 내 생각을 어디로 이끄는지 숙고하는 것이다.

질문을 잘 받아들이는 사람은 결국 더 좋은 질문을 던질 수밖에 없다. 질문이란 '하나의 점'인 생각으로 연쇄를 만들어 가는 과정이기 때문이다. 예컨대 누군가가 "지금 당신이 가장 중요하게 여기는 가치는 무엇인가요?"라고 묻는다면, 그 질문은 단지 한 가지 답을 요구하는 데서 멈추지 않는다. 그 질문은 곧 이어서 "왜 그 가치를 중요하게 생각하게 되었는가?" "그 가치는 당신의 삶에 어떤 선택을 유도했는가?" "그 선택은 어떤 결과를 낳았고, 지금의 당신에게 어떤 의미가 되었는가?" 등의 연결된 질문들을 유도한다. 또 다른 예로, "당신이 지금 추구하고 있는 성공은, 당신 스스로 정의한 성공입니까?"라는 질문은 단순히 성공의 정의를 묻는 데 그치지 않고 성공의 기준이 외부의 시선에 의해 형성된 것인지 아니면 나라는 존재의 고유한 목소리에서 비롯된 것인지를 돌아보게 한다. 이는 소크라테스가 말한 "너 자신을 알라"는 질문의 현대적 변형이기도 하다. 이처럼 하나의 질문은 사고의 단편적 반응이 아니라 지속적인 사유 또는 질문의 흐름을 만든다.

이 과정을 통해 우리는 어떤 생각을 '끝내는' 것이 아니라 하나의 생각에서 또 다른 질문과 성찰을 열어가는 방식으로 확장한다. 이것이 바로 질문이 가진 진짜 힘이며 '질문은 곧 생각의 연쇄'라는 말의 본질이다. 좋은 질문은 단순히 정보를 묻는 것이 아니라, 존재 그 자체를 흔들어 깨우는 힘을 가진다. 그것은 사유를 자극하고, 고정관념의 껍질을 깨뜨리며, 삶의 방향을 근본적으로 재정의하게 만드는 지적 촉매제다.

좋은 질문을 던지기 위해서는 먼저 좋은 질문을 받아야 한다. AI 시대에는 질문이 더욱 중요해진다. 그러나 질문을 던지는 것만큼 중요한 것은 어떤 질문을 받을 것인가이다. 좋은 질문을 받은 사람은 '목표 중심의 삶'에서 '질문 중심의 삶'으로 방향을 전환하게 되고, '무엇을 가졌는가'보다는 '어떤 의미를 만들고 있는가'를 더 중요하게 여기게 된다.

당신은 어떤 질문을 받고 싶은가?

생각은 전제나 가정에 질문을 더해 이루어진다. 질문은 사고의 수준을 결정하며, 질문하는 방식은 곧 그 사람의 사고방식을 반영한다. 이때 중요한 점은, 질문을 잘하는 것이 단순한 기술의 문제가 아니라는 사실이다. 좋은 질문이 나오기 위해서는 먼저 좋은 전제가 있어야 한다. 나무가 건강하게 자라기 위해서는 비옥한 토양이 필요하듯, 질문 또한 적절한 전제 위에서 생겨난다. AI 시대에 접어들면서 질문에 대한 관심은 높아졌지만, 정작 '좋은 질문이 어떻게 생겨나는가'에 대한 논의는 부족하다.

질문은 생각의 출발점이지만, 전제는 생각이 나아가는 방향을 결정짓는다. 따라서 좋은 질문은 반드시 좋은 전제에서 비롯된다. 지금까지의 내용을 하나의 공식으로 정리하면, '좋은 생각 = 좋은 전제 + 적절한 질문'이라고 할 수 있다.

우리는 질문하는 법을 배우지 못했다. 학교에서는 생각하는 법보다 정답을 빠르게 찾는 법을 더 중요하게 여겼다. 한국 교육은 오랜 시간 동안 정답 중심의 교육을 해왔으며 이러한 교육 환경 속에서 자란 우리는 질문하는 것을 자연스럽게 여기지 못하고, 오히려 질문을 두려워하게 되었다. 학창 시절을 돌이켜보면, 질문을 많이 하는 학생은 진도를 방해하는 학생으로 여겨졌고, 대학에서도 많은 학생들이 교수의 말에 비판적으로 반응하기보다는 받아 적기에 급급했다. 그 결과, 우리는 질문을 하면 혼날 수 있다는 인식을 가지게 되었고, 결국 질문보다는 정답

생각이 형성되는 공식

을 알고 있는 사람의 답변만이 중요하다는 사고방식을 갖게 되었다.

AI 시대가 도래하면서 질문의 중요성이 다시 주목받고 있음에도 불구하고, 우리는 여전히 '질문을 잘하는 방법'보다는 'AI에 어떤 질문을 던져야 더 나은 답을 얻을 수 있는가'에만 집중하는 경향이 있다. 하지만 좋은 질문은 단순히 더 좋은 답을 얻기 위한 수단이 아니다. 질문은 사고의 구조 자체를 바꾸며 우리의 시야를 넓히는 역할을 한다.

리버스 프롬프팅

대다수가 AI와의 대화에서 놓치고 있는 사실이 하나 있다. 우리가 AI에 질문을 던지듯, AI 역시 우리에게 질문을 던지고 있다는 사실이 그것이다. 물론 AI가 우리에게 던지는 질문은 대개 '~입니다'의 형태를 띤 답변이다. 그러나 그 답변 자체가 하나의 질문으로 기능할 수 있는 것이다.

AI가 우리에게 주는 답변은 결국 특정한 관점을 반영하고 있다. 우리가 AI에 질문을 하면 AI는 그 질문을 기반으로 정보를 구성하지만, 반대로 AI의 답변이 우리의 질문과 사고를 특정한 방향으로 유도할 수도 있다. 이를 '리버스 프롬프팅reverse prompting'이라고 부를 수 있다. 우리가 AI에 프롬프팅을 하듯, AI가 우리에게 역으로 프롬프팅을 하는 것이다.

리버스 프롬프팅은 많은 사람이 AI와의 대화에서 간과하고 있는 개념이다. 리버스 프롬프팅 또는 리버스 프롬프트 엔지니어링Reverse Prompt Engineering은 AI 또는 생성형 언어 모델이 만들어 낸 결과물(예: 텍스트, 이미지 등)을 분석해 그 결과를 얻기 위해 어떤 프롬프트가 사용되었는지 역으로 추정하거나, 최적의 프롬프트 조건을 도출하는 기법이다.

AI의 답변은 단순한 정보 전달이 아닌 우리 사고를 자극하는 '질문 형태의 응답'으로 작동한다. 이것은 학습된 데이터와 알고리즘의 구조, 질문자의 표현 방식에 따라 하나의 특정한 해석 틀을 제시한다는 뜻이다. 사용자는 그 답변을 사실로 받아들일 수도 있고, 혹은 그 관점을 바탕으로 더 깊은 질문으로 나아갈 수도 있다. 이처럼 AI의 응

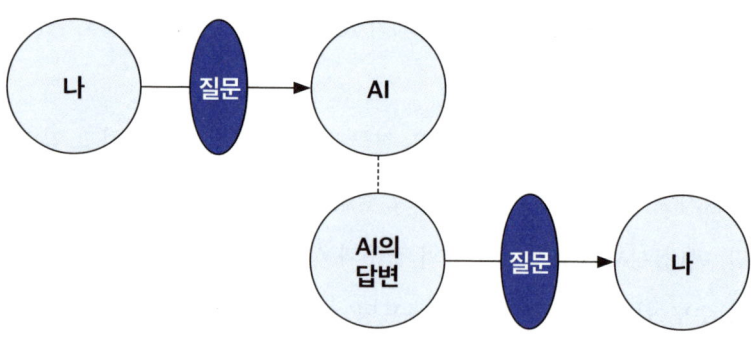

AI와의 질문 형태의 응답

답은 단순한 정보 전달이 아닌, 사고의 경로를 설정하는 방향 제시가 될 수 있다. 이 과정을 앞에서 비유적으로 표현한 '리버스 프롬프팅'이다. 이는 일방향적 대화가 아닌, 사고의 구조를 재편성하는 양방향 상호작용이다.

질문은 단순한 기술이 아니다. 그것은 사고의 방향을 결정하는 힘을 가지고 있다. 우리가 어떤 전제를 기반으로 질문을 던지느냐에 따라, 동일한 사안을 전혀 다른 방식으로 바라볼 수 있다.

예를 들어, "AI는 인간의 창의력을 대체할 수 있을까?"라는 질문은 창의력을 고정된 개념으로 전제하고 있다. 반면, "AI는 인간의 창의력이 작동하는 방식을 어떻게 바꿀까?"라는 질문은 창의력의 본질이 변화할 수도 있음을 암시한다. 이처럼 질문을 바꾸는 순간, 사고의 차원이 달라진다.

AI 시대에서는 단순히 질문을 잘하는 수준에서 머무르면 안 된다. 중요한 것은 질문을 통해 생각의 구조 자체를 바꾸는 능력을 키워야 한다. 이를 위해서는 먼저 전제를 의심하고, 기존의 틀을 벗어나 상상하며, 다양한 맥락을 연결하는 훈련이 필요하다.

AI 시대에 필요한 질문을 하기 위해서는 나 자신의 프롬프팅뿐만 아니라 AI의 리버스 프롬프팅도 꿰뚫어 볼 수 있어야 한다. 리버스 프롬프팅이란 AI가 우리에게 특정 방향의 사고와 반응을 유도하는 것을 말한다. 예를 들어 유튜브 알고리즘이 추천하는 영상들에 계속 노출되며 우리가 본능적으로 클릭하게 되거나, 챗GPT가 제안하는 문장

예시나 자동완성 항목에 따라 우리가 생각하지 못했던 방향으로 글을 쓰기 시작하는 경우가 바로 그것이다. 프롬프팅과 리버스 프롬프팅은 모두 특정한 관점의 틀에서 만들어진 요청과 응답이다. 이러한 틀을 분별하고 넘어서기 위해서는 훈련이 필요하다.

이 훈련의 핵심은 '의심, 상상, 연결'이라는 세 가지 관점이다. 먼저, 당연하게 여겨지는 것을 의심함으로써 고정관념을 깨뜨릴 수 있다. AI가 어떤 제안을 할 때 "왜 이 답을 줬을까?" "이건 어떤 데이터를 기반으로 만들어진 판단일까?"를 자문하고, AI의 응답 구조와 유도 방식을 분석하는 것이 의심의 구체적 실천이다. 이어서 당연하지 않은 것을 의도적으로 떠올리고 수용해야 한다. 상상함으로써 수용의 폭이 넓어진다. 이는 AI의 '디폴트 옵션'을 의식적으로 거부하고 두 번째, 세 번째 가능성을 탐색해보는 습관으로 구현될 수 있다. 마지막으로, 서로 다른 맥락을 연결함으로써 새로운 관점의 구조를 만들 수 있다. 이를 위해서는 AI와의 대화를 자기 성찰 도구로 활용하여 "이 대답이 나의 의도에 부합하는가?" "나는 왜 이런 질문을 했는가?"를 스스로 되묻는 메타 인지적 습관이 필요하다.

AI가 발전할수록 질문할 수 있는 사람과 그렇지 않은 사람 사이의 격차는 점점 더 커질 것이다. 뿐만 아니라 질문할 수 있는 사람들 사이에서도, 자신의 질문을 끊임없이 되돌아보며 깊이 파고드는 사람과 단순히 표면적인 질문에 머무르는 사람 간의 차이는 더욱 커질 것이다.

생각의 주도권을 디자인하기 위한 기록

◆ 이 챕터를 읽은 후 챗GPT에 질문을 던진다면 무엇을 질문하고 싶은가?

   EX): AI와 인간, 질문의 주도권은 누구에게 있는가?

◆ 질문에 대한 챗GPT의 대답을 확인한 후 AI와 자신의 생각을 비교하라

사고의 신선도를
유지하라

AI 시대에서 고여 있는 생각은 썩게 되며
흐르는 생각만이 사고를 구성할 것이다

AI가 세상을 바꾸고 있는 시대에도 여전히 변하지 않는 사람들이 있다. 우리는 이들을 'AI 시대의 꼰대'라고 부를 수 있다. AI 기술의 급속한 발전은 기존의 많은 개념과 태도를 변화시키고 있으며 '꼰대'라는 단어 또한 그 의미가 바뀔 수밖에 없다.

통상적으로 '꼰대'는 권위적이고 가르치려 드는 기성세대를 의미했다. 하지만 지금은 나이와 상관없이 새로운 정보를 받아들이지 않고, 익숙한 사고방식에만 집착하는 태도를 가진 사람을 뜻한다. 다시 말해, AI 시대의 꼰대는 더 이상 학습하지 않고, 과거의 지식만을 바탕으로 의견을 내는 사람이다. 예를 들어, 챗GPT가 새로운 관점을 제시하며 대화를 시도해도 자신의 관심사만을 고집하며 타인의 답변에는 전혀 귀 기울이지 않는 사람이 이에 해당한다. 이들은 마치 질문만 하고 답은 들으려 하지 않는 태도를 보인다.

과거에는 경험이 곧 지혜로 여겨졌지만, 지금은 사고방식을 지속적으로 업데이트하는 능력이 더 중요해졌다. AI는 끊임없이 학습하고 새로운 데이터를 반영해 스스로를 발전시킨다. 반면 인간은 기존의 신념에 안주하며 새로운 정보를 받아들이기를 꺼려하는 경향이 있다.

사고의 경직성과 정보 수용의 폐쇄성을 기준으로 새롭게 정의되는 AI 시대의 꼰대는 몇 가지 특징을 가진다. 첫째, 새로운 지식과 데이터에 대한 본능적인 불신을 가지고 있다. 챗GPT가 제시하는 인사이트나 AI 기반의 예측 결과가 아무리 정교해도 "기계가 사람보다 낫겠냐"는 식의 반응으로 일축한다. 이는 사실 여부를 따지기 이전에, 기계라는 존재 자체에 대한 감정적 거부감에서 비롯된 것이다. 중요한 점은 이들이 객관적 근거 없이 AI를 '판단'하고 있다는 점이다.

둘째, 자신의 고정된 틀에 갇혀 다른 관점을 배척한다. 예를 들어, AI가 사회 문제를 기술과 윤리, 문화의 관점에서 동시에 설명하면 복잡성과 모호성을 견디지 못해 본인의 고정관념을 더욱 강화한다. 셋째, 사고의 유연성을 잃고 지식의 갱신을 멈춘다. AI가 매일 스스로를 학습하고 업데이트하는 반면 AI 꼰대는 과거의 성공 경험에 머물러 있다. 이들은 변화하는 맥락을 이해하려 하지 않고 과거의 사고 틀로 현재와 미래를 해석하려 든다. 과거의 경험이 기준이 되면서 오늘의 흐름은 언제나 '틀린 것'처럼 여겨진다.

이처럼 변화하는 시대에 사고의 신선도를 유지하지 못하고 과거에 머물러 있다면, AI가 이끄는 미래 사회에서 도태될 수밖에 없다. 변화에 열린 태도와 지속적인 학습이야말로 AI 시대에 필요한 자세다.

AI 시대의 생존법: 사고의 신선도를 유지하는 원칙

기술이 빠르게 발전하고 있는 지금, 우리는 사고의 유연성을 유지하기 위해 몇 가지 원칙을 지켜야 한다.

기술이 빠르게 발전하고 있는 지금, 우리는 사고의 유연성을 유지하기 위해 몇 가지 원칙을 지켜야 한다.

첫째, 자신의 오류 가능성을 인식해야 한다. AI는 지속적으로 스스로를 업데이트하며 더 나은 답을 찾아간다. 그러나 인간은 기존의 믿음과 경험을 쉽게 바꾸지 않으려는 경향이 있다. 그렇기 때문에 우리는 '내가 틀릴 수 있는 부분은 무엇인가?'라는 질문을 스스로에게 던져야 한다. 이러한 인지적 유연성을 실천 가능한 태도로 연결하려면 구체적인 훈련이 필요하다. 내가 옳다고 믿는 주장에 대해 정반대

입장에서 사고해보는 '반대 가정 훈련'을 통해 자동적 사고에서 벗어날 수 있고, 과거 틀렸던 판단들을 분석하는 '오답 노트 사고법'으로 오류를 파악할 수 있다. 또한 3년 이상 된 정보나 관념에 대해 "그때는 맞았지만 지금도 맞는가?"라고 묻는 '지식 유통기한 점검법'을 통해 지식을 갱신하는 습관을 길러야 한다. 현재 알고 있는 지식과 믿음이 언제든지 무너질 수 있다는 가능성을 인정하는 자세가 필요하다.

둘째, 학습을 멈추지 말아야 한다. AI는 더 많은 데이터를 받아들일수록 더 똑똑해진다. 마찬가지로 인간도 다양한 경험과 새로운 지식을 지속적으로 받아들여야 한다. 만약 마지막으로 새로운 것을 배운 시점이 1년 전이나 5년 전이라면, 그 사람은 이미 AI 시대에 뒤처진 사고방식을 가졌을 가능성이 높다.

셋째, 틀릴 수 있는 용기를 가져야 한다. 우리는 '틀리면 안 된다'는 교육을 받아왔다. 하지만 AI 시대에는 과거의 정답이 더 이상 통하지 않을 수 있다. 지금 중요한 것은 완벽한 답을 찾으려 하기보다, 빠르게 실수하고 그 실수를 바탕으로 더 나은 방향으로 개선해 나가는 것이다.

한편, 사고의 신선도를 유지하기 위해서는 AI에 대해 배워야 할까, 아니면 AI로부터 지식을 배워야 할까? 결론부터 말하자면, 두 가지 모두 중요하다. AI에 대한 기본적인 이해를 갖추는 것은 필수이며 동시에 AI와의 상호작용을 통해 시야를 넓히는 것도 중요하다. AI의 발전 속도에 적응하지 못한다면 우리는 점점 뒤처지게 될 것이다. 기술이 빠르게 발전하는 시대에 가장 위험한 태도는 '이제는 더 이상 배울 필요가 없다'는 생각이다.

변화하는 시대에 살아남기 위해서는 끊임없이 질문을 던지고, 계속해서 새로운 정보와 지식을 받아들이는 태도가 필요하다. 지식은 쌓는 것이 아니라 흐르게 해야 하는 자산이다. 그리고 사고는 물과 같아서 흐르지 않고 고이면 쉽게 썩는다. 처음에는 투명해 보일 수 있지만, 외부 자극 없이 오래 머무르면 결국 탁해지고, 그 안의 생명력도 사라진다. 정보의 홍수 속에 살고 있는 지금, 중요한 것은 얼마나 많은 지식을 갖고 있느냐가 아니라, 얼마나 빠르게 사고를 순환시키고 업

고정관념에 사로잡힌 사람은 잊힐 것이다

- 생각이 흐르지 않는 사람은 시대로부터 잊힌다. AI 시대에 살아남는 힘은 사고의 유연성과 갱신력에서 비롯된다.

데이트하느냐이다.

사고가 기존의 틀에 고정되면 다른 사람들의 사고방식을 이해하기 어려워진다. 역사학자 유발 하라리Yuval Harari는 후속 세대가 배워야 할 가장 중요한 요소로 감성지능Emotional Intelligence과 마음의 균형mental balance을 강조했다. 또 그는 "과거에는 스무 살까지 배운 지식으로 평생을 살아갈 수 있었지만, 이제는 예순, 여든이 되어서도 계속 배워야 하는 시대다. 마음이 유연하지 않고 경직된 사람은 앞으로의 변화 속에서 살아남기 힘들 것이다"라고 말했다.

필자는 이 말을 이렇게 받아들였다. "생각이 신선하지 않으면, 결국 마음까지 상하게 된다." 과거의 성공 경험이나 낡은 신념에 갇힌 사람은 점점 새로운 관점에 대한 거부감이 커지며 변화에 대한 피로감과 타인에 대한 배타성을 키운다. 이는 결국 사회적 고립을 초래한다.

자신의 생각만이 옳다고 믿는 사람은 대화를 나눌 때에도 질문을 하지 않는다. 이미 알고 있다고 생각하기 때문에, 듣는 척하지만 실은 자기 말만 되풀이한다. AI 시대처럼 새로운 지식과 관점이 매일 업데이트되는 환경에서 자기 확신만으로 무장한 태도는 더 이상 '경험'이나 '지혜'로 인정받지 못한다. 오히려 소통을 가로막는 장벽이 된다.

지금 우리에게 필요한 질문은 다음과 같다. "나의 생각은 지금도 신선하게 흐르고 있는가, 아니면 오래된 물처럼 무기력하게 고여 있는가?" 이 질문이야말로, AI 시대를 살아가는 우리가 스스로에게 던져야 할 가장 정직한 질문이다.

생각의 주도권을 디자인하기 위한 기록

◆ 이 챕터를 읽은 후 챗GPT에 질문을 던진다면 무엇을 질문하고 싶은가?

EX): AI 시대에서 어떻게 깊이 있는 사람이 될 수 있는가?

_____

_____

_____

◆ 질문에 대한 챗GPT의 대답을 확인한 후 AI와 자신의 생각을 비교하라

_____

_____

_____

_____

_____

_____

_____

_____

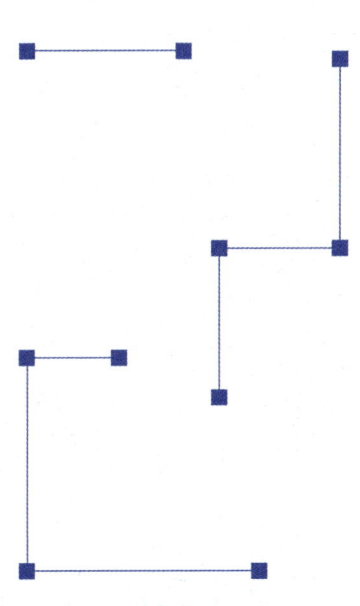

PART 2

생각하는 기계와
질문하는 인간

생각의
주도권을
디자인하라

혁신: 시대의 물음에 기술은 답해왔다

'기계가 생각할 수 있는가'라는 물음에
AI가 답해야 할 시대가 왔다

스웨덴의 화학자이며 다이너마이트를 발명한 알프레드 노벨^{Alfred Nobel}은 자신의 재산 대부분을 기금으로 조성하겠다는 유언을 남겼다. 그렇게 탄생한 상이 바로 노벨상이다. 알프레드 노벨은 "인류에게 가장 큰 공헌을 한 사람들"에게 상을 수여하길 바랐다. 그의 유지대로 노벨상은 100년이 넘는 시간 동안 인류 발전에 기여한 사람들에게 주어졌다. 특히, 과학 분야의 노벨상은 단순한 진보와 발전을 넘어 우주 그리고 인류 자신에 대해 더 깊이 이해할 수 있도록 도운 사람들을 선정해

왔다. 요컨대, 새로운 시대로 도약하기 위한 과학적 혁신이 무엇인지를 상징하는 것이 바로 노벨상이다.

2024년, 노벨 물리학상과 노벨 화학상은 모두 AI 연구자들에게 수여되었다. 이것이 의미하는 바는 크다. AI가 더 이상 컴퓨터 과학의 영역에 머무르는 프로그래밍 기술이 아니라 자연과학 전반을 혁신하는 원동력이 되었음을 의미한다. 즉 세계에서 가장 권위 있는 상인 노벨상이 2025년부터는 AI의 시대가 열렸음을 공식적으로 선포한 셈이다.

과학적 혁신은 시대적 질문에 대한 답으로 등장한다. 20세기 초, 인류는 '우리는 자연을 어떻게 이해할 것인가?'라는 질문을 던졌고, 상대성이론과 양자역학이 탄생했다. 20세기 중반에는 '생명의 본질은 무엇인가?'라는 질문이 DNA 연구와 생명공학 혁명을 이끌었다. 그렇다면 21세기의 질문은 무엇인가? 그것은 바로 '생각하는 기계를 만들 수 있는가?'이며, AI는 이 질문에 대한 도전적 해답이 되고 있다.

AI의
부침과 재도약

기술 혁신은 단번에 완성되지 않는다. 세계적인 리서치 기관 가트너 Gartner, Inc.는 기술의 성숙도를 직관적으로 표현할 수 있는 시각적 도구를 고안했는데, 바로 가트너 하이프 사이클Gartner Hype Cycle이다. 하이프Hype라는 단어는 '과장된 것'을 의미하므로, 하이프 사이클이란 과대광고 주기라는 말로 번역할 수 있다. 이에 따르면 신기술은 등장 이후 과대평가의 정점을 지나 환멸의 골짜기를 거친 뒤, 회복의 단계를 지나 정착의 단계에 이른다.

- **가트너 하이프 사이클:** 기술 촉발 → 거품의 정점 → 환멸의 골짜기 → 깨우침의 단계 → 생산성의 안정화

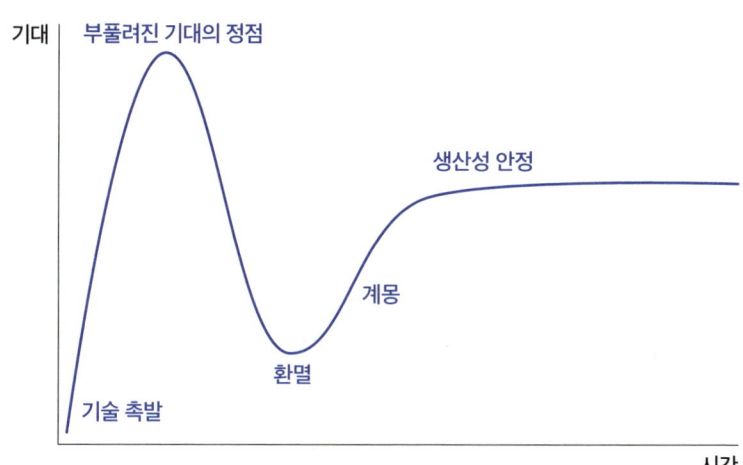

가트너의 하이프 사이클

이 이론에 따르면 신기술은 처음 등장한 이후 대중의 기대감에 의해 과도하게 부풀려진 정점을 지나고, 그 기대가 현실과 충돌하면서 실망과 회의의 시기인 '환멸의 골짜기'를 거치게 된다. 이후 기술은 점차 회복 국면에 접어들게 되면서 '깨우침의 단계'를 거쳐, 최종적으로는 현실적인 활용과 성과가 이루어지는 '생산성의 안정화' 단계에 도달한다.

가트너 하이프 사이클은 관찰된 사실을 바탕으로 사후적으로 정리된 개념이기 때문에 모든 경우에 적용할 수 있을 정도로 정확하다고 할 수는 없다. 어떤 기술은 인기를 끌다가 사라지기도 하고, 환멸의 시기를 극복하지 못하는 경우도 있다. 그럼에도 불구하고 이 사이클은 혁신적인 기술이 어떤 흐름을 따라 발전해 왔는지를 이해하는 데 유용한 틀을 제공한다.

AI 역시 이 사이클의 흐름과 유사한 과정을 거쳐 발전해 왔다. 1950년대에 현대적 개념의 AI가 등장했을 때는 곧 인간처럼 사고하는 AI가 나타날 것이라는 기대감이 컸다. 하지만 기술적 한계에 부딪히면서 1970년대에는 연구 지원이 줄어들었고, 이 시기는 'AI의 겨울'로 불리게 되었다. 이후 1990년대부터 머신러닝과 딥러닝 등 새로운 기술이 발전하면서 AI는 다시 주목받기 시작했고, 현재는 'AI의 봄'이라고 부를 수 있는 재도약의 시기를 맞이하고 있다.

AI의 기원

현대적인 의미의 AI 개념은 1950년대에 등장했지만, 인간이 만든 기계가 인간의 마음을 가지는 것에 대한 상상은 훨씬 이전부터 존재해 왔다. 이러한 개념은 고대 신화까지 거슬러 올라갈 수 있으며, 대표적인 예로 고대 그리스의 피그말리온 신화 the myth of Pygmalion를 들 수 있다.

  피그말리온 신화는 고대 그리스 신화에 등장하는 이야기로, 키프로스의 조각가 피그말리온이 자신의 이상형을 직접 조각하고, 그 조각상과 사랑에 빠진 끝에 신의 힘으로 조각상이 인간이 되어 결혼을 한다는 내용이다. 피그말리온 신화는 '타인의 기대가 실제 행동에 영향을 미친다'는 심리학적, 교육학적 원리의 모티브로 잘 알려져 있지만, 그 근간에는 '인간이 지능을 창조할 수 있는가?'라는 오랜 철학적 질문이 담겨 있다.

  그러나 오랜 시간 동안 과학 기술의 한계로 인해 이 질문에 대한 명확한 답을 찾기 어려웠다. 17세기에 이르러 프랑스의 수학자 블레즈 파스칼 Blaise Pascal은 이 질문에 대한 실마리를 제공했다. 그는 여섯 자리 이상의 덧셈과 뺄셈을 자동으로 수행할 수 있는 계산기를 고안했다. 비록 오늘날의 기준으로 보면 AI라고 부르기에는 부족하지만, 이 기계는 인간을 대신해 논리적 연산을 수행했다는 점에서 의의가 있다.

이후 19세기에 영국의 수학자 찰스 배비지Charles Babbage는 계산기의 기능을 더욱 발전시켰다. 그는 덧셈, 뺄셈뿐만 아니라 곱셈, 나눗셈, 심지어 미분과 적분까지 가능한 계산기를 개발했다. 배비지가 제작한 이 기계는 '해석기관'이라 불렸으며 증기기관을 이용해 톱니바퀴를 움직여 50자리 숫자를 1,000개 이상 기억하고 저장할 수 있었다. 해석기관은 인간의 개입 없이 자동으로 작동하며 방대한 수학적 계산을 수행할 수 있었기에 최초의 컴퓨터로 평가받는다.

찰스 배비지는 최초의 컴퓨터를 고안한 인물로 평가되지만, 컴퓨터 프로그래밍의 개념을 발전시킨 인물은 따로 있다. 영국의 시인 조지 고든 바이런George Gordon Byron의 딸인 에이다 러브레이스Ada Lovelace는 수학적 재능이 뛰어나 '숫자의 요정'이라 불렸다. 그녀는 기계가 단순히 숫자를 계산하는 능력에 한정되지 않고 일정한 규칙에 따라 명령을 실행할 수 있다는 개념을 처음으로 제안했다. 이 아이디어는 오늘날 프로그래밍의 개념적 기반이 되었다.

하지만 에이다 러브레이스는 기계가 스스로 생각할 수 있을지에 대해서는 회의적인 태도를 보였다. 그녀는 해석기관이 자율적으로 무언가를 창조할 수 없으며, 오직 인간이 내리는 명령에 따라 작동할 수 있다고 보았다. 다시 말해, 기계는 계산은 가능하지만 그 외의 능동적 사고는 불가능하다고 믿은 것이다.

결국 당시 수학자들과 과학자들은 기계가 지능을 가질 수 없다고 판단했다. 인간이 마음을 가진 존재를 창조할 수 있느냐는 고대의 신화적 질문에 대한 답은 계산과 분석은 가능하지만 능동적 사고는 불가능하다는 반쪽짜리 결론에 도달하게 되었다.

생각하는 기계

제2차 세계대전 당시 독일군의 암호 체계인 '에니그마Enigma'를 해독해 전쟁의 판도를 바꾼 영국 수학자이자 컴퓨터 과학의 선구자인 앨런 튜링Alan Turing의 실화를 바탕으로 한 영화가 바로 〈이미테이션 게임The Imitation Game〉이다. 이 영화의 주인공인 앨런 튜링은 1950년에 발표한 논문 계산 기계와 지능을 통해 AI에 대한 중요한 질문을 제기했다. 그는 이 논문에서 "기계가 생각할 수 있는가?"라는 문제를 탐구하자고 제안했다.

튜링은 사람들이 '기계가 생각할 수 있는가?'라는 질문 자체를 진지하게 고려하지 않으려는 경향이 있다고 지적했다. 그는 인간의 '생각'이라는 행위가 일련의 알고리즘, 즉 명확한 절차와 규칙에 따라 설명될 수 있으며 이에 따라 기계도 이러한 과정을 모방할 수 있다고 주장했다. 그는 만약 기계가 인간의 지적 행동을 성공적으로 모방할 수 있다면, 이는 곧 기계가 지능적으로 작동하고 있다는 증거가 될 수 있다고 보았다.

이러한 아이디어를 바탕으로 튜링은 '튜링 테스트 Turing Test'라는 개념을 제시했다. 이 테스트에서는 두 개의 방을 마련하고, 한쪽 방에는 인간, 다른 방에는 인간 또는 컴퓨터를 위치시킨다. 제3의 인간이 이들과 대화를 나누었을 때 상대가 사람인지 기계인지 구별하지 못한다면, 해당 기계는 지능을 갖고 있다고 판단할 수 있다.

튜링의 이러한 논리는 초기 AI 개념의 출발점이 되었으며, 기계가 단순히 정해진 규칙을 따르는 수준을 넘어서 학습을 통해 지능적으로 행동할 수 있는 존재로 설계될 수 있다는 가능성을 열어주었다. 이는 현대 AI 연구의 철학적 기반이 되었다.

1956년은 현대적 AI의 시작점으로 평가된다. 이 해에 'AI'이라는 용어가 처음 등장했다. 다트머스 대학교의 수학 교수였던 존 매카시 John McCarthy는 1956년 다트머스 학회 Dartmouth Workshop를 개최하며 'AI'라는 단어를 처음으로 사용했다. 그는 이 용어를 만든 이유 중 하나로 당시 유행하던 '사이버네틱스 cybernetics'와의 연관성을 피하기 위해서라고 설명했다.

사이버네틱스는 1948년 MIT의 노버트 위너 Norbert Wiener가 처음 제안한 학문으로, 생물체와 기계의 제어 및 통신을 연구하는 분야이다. 이 학문은 기계 프로그래밍, 공학, 생물학은 물론 무의식과 본능 같은 사회과학적 이론까지 폭넓게 적용해 인간을 이해하려는 시도를 포함한다.

하지만 존 매카시는 이러한 사이버네틱스의 접근 방식과는 거리를 두고, 보다 철저히 논리학에 기반한 AI 연구를 제안했다. 그와 함께 다트머스 학회를 주도한 마빈 민스키[Marvin Lee Minsky]는 AI가 단순한 규칙 기반 시스템을 넘어서 스스로 학습하고 문제를 해결할 수 있는 방향으로 발전해야 한다고 주장했다. 민스키는 "사람은 생각하는 기계"라는 신념을 바탕으로 인간의 사고와 학습을 모방하는 기계의 가능성을 연구했고, AI의 이론적·실용적 발전에 크게 기여한 것으로 유명하다. 이 두 연구자의 노력은 AI의 개념을 보다 구체화시키는 데 큰 기여를 했고, 이후의 AI 연구에 중요한 토대를 제공했다. 초창기 AI는 논리적 규칙을 기반으로 작동한다는 개념에서 출발했다.

초기 AI 연구자들, 특히 존 매카시와 마빈 민스키는 AI 기술이 빠르게 발전할 것이라고 예측했다. 마빈 민스키는 인간과 유사한 지능을 가진 기계가 10년 이내에 등장할 것이라고 주장하기도 했다. 그러나 이와 같은 예측은 실현되지 않았고, 2025년에 들어서야 비로소 그 가능성을 논의할 수 있는 수준에 이르렀다. AI 기술의 발전이 기대에 미치지 못하면서 실망감이 커졌고, 결국 1970년대에는 관련 연구 자금이 대폭 줄어드는 사태가 발생했다. 이 시기를 사람들은 'AI의 겨울'이라 부른다. 가트너의 하이프 사이클 관점에서 보면, 1970년대는 AI에 대한 과도한 기대가 무너지고 '환멸의 골짜기'에 빠진 시기였다. 그렇다면 AI는 어떻게 이 환멸의 시기를 극복할 수 있었을까? 그 답은 세 가지 핵심 요소로 요약된다. 바로 빅데이터, GPU, 그리고 딥러닝의 발전이다.

생각의 주도권을 디자인하기 위한 기록

◆ 이 챕터를 읽은 후 챗GPT에 질문을 던진다면 무엇을 질문하고 싶은가?

EX):지금 시대는 AI에 어떤 질문까지 할 수 있는가?

_____

_____

_____

◆ 질문에 대한 챗GPT의 대답을 확인한 후 AI와 자신의 생각을 비교하라

_____

_____

_____

_____

_____

_____

21세기의 AI는
어디로 향하는가

딥러닝과 트랜스포머로 꽃핀 AI는
스스로 배우며 인간을 닮아가는 중이다

겨울이 아무리 길어도 봄은 결국 찾아오듯, AI 분야도 긴 침체기를 겪은 후 다시 성장의 시기를 맞이했다. AI는 1974년부터 1980년까지 1차 겨울을, 1987년부터 1993년까지 2차 겨울을 겪었다. 두 시기 모두 기대만큼의 기술적 성과가 나오지 않으면서 정부와 산업계의 관심과 자금이 급속히 빠져나갔다. 그러나 이러한 좌절을 딛고, AI는 결국 기술적 재도약의 봄을 맞이한다. 이 시기를 버텨내며 현대 AI의 발전을 이끈 핵심 인물은 딥러닝의 아버지로 불리는 제프리 힌튼[Geoffrey]

Hinton이었다. 그는 딥러닝이라는 기술에서 돌파구를 찾아냈고 그 공로를 인정받아 그는 2018년 튜링상Turing Award을 수상했다. 2024년에는 AI 기술이 물리학적 탐구와 융합되는 데 기여한 점이 평가되어 노벨 물리학상까지 수상했다. 물론 AI가 '환멸의 골짜기'를 벗어나 성장할 수 있었던 이유는 딥러닝만으로 설명되지는 않는다. GPU의 발전과 방대한 양의 빅데이터 역시 중요한 역할을 했다. 이러한 핵심 요인들을 본격적으로 살펴보기 전에, AI를 만들기 위한 연구의 흐름을 간단히 정리할 필요가 있다.

기계는 스스로 학습할 수 있는가?

AI 연구가 시작되면서 가장 먼저 제기된 질문은 "기계가 스스로 학습할 수 있는가?"였다. 이 질문은 단순한 기술적 의문을 넘어서 철학적인 의미까지 포함하고 있다. 결국 이 질문은 "지능이란 무엇인가?" "학습이란 어떤 과정을 의미하는가?" "기계가 인간처럼 사고할 수 있는가?"라는 더 근본적인 물음으로 확장된다.

초기의 컴퓨터는 사람이 입력한 명령에 따라 작동하는 계산 기계였다. 주어진 프로그램을 그대로 실행해 결과를 도출할 수는 있었지만, 스스로 새로운 규칙을 만들거나 환경의 변화에 적응하는 능력은 없었다. 예를 들어, 체스를 두는 프로그램을 만들기 위해서는 사람이 체스의 규칙과 전략을 모두 입력해야 했고, 프로그램은 그 입력된 정보에 따라 정해진 방식으로 움직일 뿐이었다. 새로운 전략이 필요할 경우, 반드시 사람이 추가로 프로그래밍해야 했다. 따라서 컴퓨터가 스스로 전략을 개발하거나 학습하는 일은 불가능했다. 이런 한계를 인식한 연구자들은 "기계가 사람이 알려주지 않은 정보까지도 스스로 배울 수 있을까?"라는 질문을 고민하게 되었고, 이는 AI 연구의 출발점이 되었다.

기계가 학습한다는 것은 단순히 데이터를 저장하는 것을 의미하지 않는다. 학습이란 데이터에서 패턴을 찾아내고, 이를 바탕으로 예측하거나 성능을 개선하는 능력을 포함한다. 다시 말해, 기계가 진정한 의미에서 학습을 하려면 사람이 모든 경우의 수를 미리 알려주지 않아도 기계는 주어진 데이터를 통해 스스로 규칙을 발견하고, 그 규칙을 새로운 상황에 적용할 수 있어야 한다. 인간이 경험을 통해 배워 나가듯, 기계도 데이터로부터 스스로 학습하는 접근이 바로 머신 러닝이다. 쉽게 말해, 머신 러닝은 사람이 자전거를 탈 때 넘어지고 다시 시도하며 균형을 잡는 법을 익히는 것과 같이 '기계가 데이터로부터 스스로 배우는 과정'이라고 할 수 있다.

머신 러닝의 핵심은 기계가 스스로 패턴을 찾아내도록 만드는 것이다. 예를 들어, 사람이 손으로 쓴 숫자 "5"를 기계가 인식하도록 하려면, 사람이 모든 가능한 손글씨 형태를 일일이 입력하는 대신 다양한 손글씨 예시를 제공하고 그 공통된 특징을 기계가 학습하도록 하는 방식이다.

머신 러닝에는 크게 세 가지 학습 방식이 있다. 첫째, 지도학습이다. 정답이 포함된 데이터를 통해 기계를 훈련시키는 방법이다. 예를 들어, 손글씨 숫자 이미지와 함께 '이 숫자는 5다'라는 정답 정보를 제공하면 기계는 이를 학습해 새로운 숫자도 정확히 예측할 수 있게 된다. 둘째, 비지도학습이다. 정답 없이 데이터만을 바탕으로 스스로 구조나 패턴을 찾아가는 방식이다. 여러 동물 사진을 보여줬을 때, 기계가 비슷한 특징을 가진 것들끼리 묶어 고양이와 개를 구분하는 식이다. 셋째, 강화학습이다. 보상을 기반으로 학습하는 방식이다. 기계는 어떤 행동을 하면 보상을 받고, 이 보상을 극대화하는 방향으로 전략을 스스로 발전시킨다. 이는 게임을 하며 점수를 올리는 방법을 익히는 것과 비슷하다.

머신 러닝의 작동 원리를 깊이 있게 이해하지 않더라도 기계가 어떻게 학습하고 발전하는지를 큰 틀에서 이해하는 것은 AI의 핵심 개념을 파악하는 데 도움이 된다. 머신 러닝은 숫자 데이터를 처리하는 데는 비교적 수월했지만, 이미지, 음성, 문장처럼 구조가 복잡한 데이터를 다루는 데에는 많은 어려움이 있었다. 컴퓨터는 모든 데이터를 0과 1로 구성된 이진수二進數 형태로 저장하고 처리한다. 그러나 이미지는 단순한 숫자 배열이 아니라 형태, 색상, 질감 등 다양한 요소를 포함하고 있어, 컴퓨터가 그 의미를 파악하기 어렵다.

음성 데이터 역시 처리에 어려움이 많다. 발음, 억양, 속도, 배경 소음 등 다양한 변수가 존재해 같은 단어라도 다르게 들릴 수 있기 때문이다. 기계가 이 차이를 구분하는 일은 단순하지 않다. 문장은 의미뿐 아니라 문맥과 단어의 순서까지 고려해야 하며, 같은 단어라도 상황에 따라 전혀 다른 의미를 가질 수 있다. 기존 머신러닝 모델은 이러한 복잡한 데이터를 단순한 규칙으로 처리하려 했고, 그 결과 변화하는 패턴을 효과적으로 학습하지 못했다.

이러한 한계를 극복하기 위해 연구자들은 인간의 뇌에서 실마리를 찾았다. 인간의 뇌는 수많은 뉴런이 서로 연결되어 정보를 주고받으며 학습한다. 이를 모방해 개발된 것이 인공신경망Artificial Neural Network, ANN이다. 인공신경망은 단순한 규칙 기반이 아니라, 데이터를 반복적으로 학습하며 패턴을 찾아내는 구조를 가지고 있다.

하지만 초기 인공신경망 모델은 구조가 단순하고 연산 능력이 부족해 복잡한 문제를 해결하기 어려웠다. 이 상황은 두 가지 기술적 변화로 인해 전환점을 맞았다. 첫째는 컴퓨터 연산 능력의 비약적인 향상이다. 특히 GPU(그래픽 처리 장치)의 등장은 대량의 연산을 병렬로 처리할 수 있게 해주었다. 둘째는 데이터의 폭발적인 증가다. 인터넷과 스마트폰의 확산으로 대규모의 텍스트, 이미지, 영상 데이터가 축적되었고, 이는 AI가 학습할 수 있는 환경을 제공했다.

연산 능력과 학습할 수 있는 데이터가 충분해지면서, 연구자들은 신경망을 더 깊고 복잡하게 설계할 수 있게 되었다. 여러 층을 쌓아 정교한 학습을 가능하게 한 이 기술이 바로 딥러닝이다. 딥러닝은 AI가 단순한 패턴 인식에서 벗어나 더 깊은 의미와 문맥까지 이해할 수 있게 했다. 그 결과, AI는 손글씨 인식, 음성 분석, 얼굴 인식은 물론, 사람과 자연스럽게 대화할 수 있는 수준으로 발전하게 되었다.

기계가 언어를 이해할 수 있는지에 대한 문제는 오랫동안 풀기 어려운 과제로 남아 있었다. 숫자나 이미지보다 훨씬 복잡한 정보를 다루어야 하는 단계가 바로 언어 처리였다. 언어는 단순한 단어들의 나열이 아니다. 같은 단어라도 문맥에 따라 의미가 달라지고, 문장이 길어질수록 단어들 사이의 관계는 훨씬 더 복잡해진다. 따라서 기계가 언어의 맥락을 이해하려면 새로운 접근이 필요했다.

이 문제에 대한 중요한 전환점은 2017년에 나왔다. 구글 연구진이 발표한 논문 "어텐션만 있으면 충분하다 Attention is All You Need"에서 소개된 트랜스포머 Transformer 모델이 등장하면서다. 이 모델은 기존의 언어 처리 모델들보다 구조적으로 훨씬 강력했다.

트랜스포머의 핵심은 '어텐션 attention 메커니즘'이다. 이 메커니즘은 문장 안에서 어떤 단어가 다른 단어들과 어떤 관계를 맺고 있는지를 파악하도록 돕는 기술이다. 쉽게 말해, AI가 문장 전체를 훑으면서 '어떤 단어가 중요하고, 어느 단어와 연결되어 있는가?'를 AI가 스스로 판단하도록 만든다.

예를 들어 "나는 어제 도서관에서 책을 빌렸다"라는 문장에서 사람은 자연스럽게 '도서관'과 '책' 사이의 연관성을 이해한다. 이전의 언어 모델들은 이런 관계를 잘 포착하지 못했지만, 이 어텐션 구조 덕분에 트랜스포머는 장문도 안정적으로 처리하고, 문맥의 깊은 의미까지 해석하는 능력을 갖출 수 있게 되었다. 이는 단순한 언어 처리의 발전을 넘어서 AI가 사람처럼 언어의 맥락과 뉘앙스를 이해하는 기반이 되었다.

또한 트랜스포머는 처리 속도 면에서도 뛰어났다. 이전 모델들은 문장을 앞에서부터 순서대로 처리해야 했지만, 트랜스포머는 문장의 모든 단어를 동시에 처리하는 병렬 연산이 가능하다. 이 덕분에 대규모 텍스트 데이터를 훨씬 빠르게 학습할 수 있었고, 언어 모델의 성능도 크게 향상되었다.

GPT와 대형 언어 모델의 등장

트랜스포머가 등장한 이후, AI의 언어 이해 능력은 한층 더 발전했다. 트랜스포머를 기반으로 한 대형 언어 모델LLM, Large Language Model이 본격적으로 개발되었기 때문이다.

대표적인 예가 GPTGenerative Pre-trained Transformer 시리즈다. GPT는 방대한 텍스트 데이터를 학습해 문맥을 이해하고, 자연스럽게 문장을 생성하는 AI 모델이다. GPT는 단순히 입력된 명령을 따라 텍스트를 생성하는 것이 아니라, 이전 문장에서 패턴을 분석하고, 다음에 올 단어를 예측하며, 맥락을 고려한 답변을 만들어낼 수 있다. 예를 들어, 챗GPT는 다음과 같은 문장을 완성할 수 있다. 사람이 '오늘 날씨가 너무 더워서~'라고 입력하면, 챗GPT는 '시원한 아이스커피를 한 잔 마시고 싶다'를 출력할 수 있다.

이처럼 챗GPT는 문장을 자연스럽게 이어갈 수 있고, 질문에 대한 적절한 답변도 생성할 수 있다. 단순한 템플릿을 활용한 응답이 아니라 주어진 문맥과 상황을 고려해 창의적으로 문장을 구성하는 능력을 갖추고 있다.

이제 AI는 단순한 기계를 넘어선 존재가 되었다. 과거 AI 연구자들이 "기계가 학습할 수 있는가?"라는 질문을 던졌을 때, 그 답은 불확실했다. 그러나 현재는 그 질문에 대해 분명하게 대답할 수 있다. 기계는 학습할 수 있다. 그리고 그 학습 능력은 점점 인간의 사고방식과 유사한 방향으로 발전하고 있다.

생각의 주도권을 디자인하기 위한 기록

◆ 이 챕터를 읽은 후 챗GPT에 질문을 던진다면 무엇을 질문하고 싶은가?

EX): 기계가 배운다는 것은 인간이 배운다는 것과 어떻게 다른가?

◆ 질문에 대한 챗GPT의 대답을 확인한 후 AI와 자신의 생각을 비교하라

확률적 앵무새는
무엇을 말하는가

언어를 조합하는 것은 AI도 할 수 있으나
관점을 창조하는 일은 여전히 인간의 몫이다

대규모 텍스트 데이터를 바탕으로 작동하는 대형 언어 모델은 현재 AI 기술의 핵심 요소다. 그리고 이 기술과 관련해 반드시 짚고 넘어가야 할 질문이 있다. "AI가 언어를 생성하는 방식은 인간의 사고방식과 같은가?" 이 질문에 답하기 위해서는 LLM의 작동 원리를 좀 더 구체적으로 살펴볼 필요가 있다.

LLM의 작동 원리:
패턴과 확률의 조합

대형 언어 모델을 쉽게 말하자면 인간이 사용하는 자연어를 이해하고 생성하는 AI 기술이다. LLM이 작동하는 과정은 크게 다음과 같은 단계를 거친다. 각각의 단계는 독립된 기술이 아니라 AI가 데이터를 학습하고 활용하기까지 진행되는 절차라고 이해할 수 있다.

1. 데이터 수집 및 정제

LLM의 학습을 위해 먼저 방대한 양의 텍스트 데이터를 수집한다. 이 데이터는 인터넷에 공개된 웹페이지, 도서, 학술 논문, 코드, 뉴스 기사 등 다양한 출처에서 가져온다. 그러나 모든 데이터가 학습에 적합한 것은 아니므로, 불필요한 정보나 오류가 포함된 데이터를 제거하는 정제 과정을 거친다. 또한, 개인정보 보호 및 편향성 최소화를 위해 특정 민감한 내용이 포함된 데이터를 필터링한다.

2. 토큰화 및 전처리

수집한 텍스트 데이터를 컴퓨터가 처리할 수 있도록 작은 단위로 나누는 과정을 거친다. 여기서 '토큰Token'이란 단어나 문장 부호처럼 의미를 가진 최소한의 단위를 의미한다. 예를 들어, "나는 책을 읽었다."라는 문장은 ["나" "는" "책" "을" "읽었" "다" "."]와 같이 나눌 수 있다.

이후, 각 토큰을 숫자로 변환해 컴퓨터가 이해할 수 있도록 한다. 또한, 불필요한 기호나 반복된 표현을 정리해 데이터 품질을 높인다.

3. 임베딩 및 표현 학습

기계가 텍스트를 이해하기 위해서는 단어를 단순한 글자나 기호로 받아들이지 않고 그 단어가 지닌 의미와 다른 단어들과의 관계까지 파악할 수 있어야 한다. 따라서 토큰화된 단어들은 단순한 문자 조합으로 해석되지 않고 의미를 가진 요소로 해석되어야 한다. 이를 위해 단어를 숫자로 변환하는 '임베딩Embedding' 과정을 거친다. 이 과정에서 의미가 비슷한 단어들은 수치적으로 가까운 값으로 표현된다. 예를 들어, "고양이"와 "강아지"는 '동물'이라는 측면에서 유사한 개념이므로 숫자로 변환했을 때도 비슷한 위치에 놓이게 된다. 이를 통해 AI는 단어 간의 관계를 이해할 수 있다.

4. 신경망 모델 훈련

이제 본격적으로 AI가 학습하는 과정이다. LLM은 앞서 살펴본 '트랜스포머'라는 구조를 기반으로 동작하는데, 여기에는 (역시 앞서 살펴본) '어텐션 메커니즘'이라는 기술이 적용된다. 이 기술을 통해 모델은 문장에서 어떤 단어가 중요한지 파악할 수 있다. 예를 들어, "그는 사과를 먹었다"라는 문장에서 "그는"이 "먹었다"와 관련이 있다는 것을 학습하게 된다. 모델은 이런 학습을 반복하며 문장 구조와 의미를 더 정확하게 이해할 수 있도록 한다. 그 결과, 단순히 문장을 따라 쓰는 것에 그치지 않고 새로운 문장을 만들어 낸다.

5. 언어 생성 및 예측

훈련된 모델은 입력된 문장을 바탕으로 다음에 올 단어를 예측할 수 있다. 이 과정은 확률적 방식으로 이루어진다. 예를 들어, "오늘 날씨가"라는 문장이 입력되었을 때, 모델은 "맑다" "흐리다" "춥다" 등의 후보를 확률적으로 계산한 후 가장 적절한 단어를 선택해 문장을 완성한다. 이렇게 생성된 문장은 사람이 읽기에 자연스러운 형태를 갖추게 된다.

6. 미세 조정 및 인간 피드백 반영

기본적으로 훈련된 모델은 일반적인 언어 패턴을 이해하지만, 특정한 분야(예: 의학, 법률, 금융)에 대한 지식을 더 정교하게 학습할 필요가 있다. 이를 위해 특정 도메인의 데이터로 추가 학습을 진행하는데, 이를 '미세 조정Fine-Tuning'이라고 한다. 또한, 인간 피드백을 반영해 모델의 응답 품질을 높이는 과정도 포함된다.

　　최근에는 '강화 학습Reinforcement Learning from Human Feedback, RLHF' 기법이 활용되는데, 이는 사람이 직접 AI의 답변을 평가한 데이터를 바탕으로 모델이 더 나은 답변을 생성하도록 돕는 방식이다. 더 나은 답변에는 보상을 주고 부족한 답변에는 보상을 주지 않음으로써 모델이 스스로 '더 나은 대답이 무엇인지' 학습하게 한다.

7. 지속적인 업데이트 및 개선

LLM은 한 번의 훈련으로 끝나지 않는다. 지속적으로 개선된다. 실사용 과정에서 발생하는 오류를 분석하고, 새로운 학습 데이터를 추가하며, 모델 구조를 개선하는 작업이 이루어진다. 또한, 윤리적인 문제나 편향성을 줄이기 위해 정기적으로 평가 및 조정이 이루어진다.

8. 추론 및 응답 생성 최적화

마지막 단계에서는 모델이 더 정교하고 자연스러운 답변을 제공할 수 있도록 최적화가 이루어진다. 이를 위해 문맥을 더 깊이 분석하고, 불필요한 반복을 줄이며, 일관된 대화를 유지하는 기술이 적용된다. 최근에는 장기적인 대화 맥락을 기억하는 구조가 연구되고 있다. 이를 통해 AI가 보다 연속적인 대화를 이어갈 수 있도록 발전하고 있다.

확률적 앵무새, 창의성, 그리고 사고의 본질

대형 언어 모델은 자연어를 생성할 수 있는 능력을 갖췄지만, 본질적인 한계도 분명히 존재한다. 대표적인 비판은 LLM이 언어를 생성할 수는 있어도 문맥을 깊이 이해하지 못한다는 점이다. 이 모델들은 문맥을 일정 부분 반영할 수는 있지만, 다의어나 은유, 풍자, 유머, 아이러니처럼 의도와 맥락이 복합적으로 얽혀 있는 미묘한 표현을 정확하게 해석하는 데는 어려움이 있다.

또한, LLM은 인간처럼 창의적으로 사고하지 못한다. 이들이 만들어내는 텍스트는 기존 데이터의 패턴을 조합한 결과에 불과하다. 다시 말해, 완전히 새로운 개념을 '창조'하거나 철학적 통찰이나 예술적 영감처럼 감정과 무의식 속에서 탄생하는 창의적인 결과물을 재현하는 데 한계가 있다. 이 때문에 예술적 창작이나 혁신적인 문제 해결과 같은 영역에서는 인간과 뚜렷한 차이를 보인다.

LLM이 학습하는 데이터는 인간이 만든 것이기 때문에, 정치적 편향, 성별 고정관념, 인종적 편견이 반영될 가능성도 높다. 실제로 모델이 잘못된 정보를 사실처럼 출력하는 사례도 보고되고 있다.

이러한 한계에도 불구하고, 기술은 지속적으로 발전하고 있다. 연구자들은 모델의 구조를 개선해 문맥 이해력을 높이고, 창의적인 결과를 유도할 수 있는 다양한 학습 방식을 도입하고 있다. 또한, 편향과 오류를 줄이기 위해 정교한 필터링과 피드백 시스템도 구축하고 있다. 최근 출시된 챗GPT 4.7과 딥시크 같은 모델은 이전보다 확실히 개선된 성능을 보여준다.

LLM을 두고 '확률적 앵무새 Statistical Parrot'라는 표현이 종종 사용된다. 이는 이 모델들이 새로운 의미를 창조하거나 깊이 있는 사고를 수행하지 않고 과거 데이터를 기반으로 가장 확률적으로 적절한 단어를 선택하는 방식으로 작동한다는 점을 비판적으로 지적하는 말이다.

반면 인간은 언어를 단순한 표현 도구로 사용하지 않는다. 인간의 언어는 기억, 감정, 상상력, 경험, 문화, 신념이 축적된 결과물이며 말 속에 세계를 구성하는 틀이 담겨 있다. 언어는 정보를 전달하는 수단이지만 자신의 정체성과 세계관을 표현하는 수단이기도 하다.

이 지점에서 LLM과 인간의 가장 깊은 차이가 드러난다. LLM은 이미 존재하는 이야기 구조를 조합해 새로운 시나리오를 만들어 낸다. 다만, 그 결과물을 완전히 독창적인 것으로 볼 수 있는지는 여전히 논란의 대상이다.

확률적 앵무새가 될 것인가?

AI가 언어를 생성하는 방식과 인간이 사고하는 방식은 다르다. 우리는 언어를 단순한 사고의 도구로 여기지만, 언어는 사고를 형성하는 토대이기도 하다. 우리가 어떤 단어를 쓰느냐에 따라 사고의 흐름이 달라지고, 사고의 구조에 따라 세계를 인식하는 방식이 달라진다. 이 점에서 AI가 언어를 '생성한다'는 사실만으로 그것이 '사고한다'고 단정할 수는 없다.

대형 언어 모델은 과거 데이터를 기반으로 가장 확률적으로 적절한 단어를 조합해 문장을 만든다. 흥미롭게도 인간의 사고 역시 경험과 지식이라는 데이터의 조합에서 출발한다. 이러한 흐름에서 '관점'이라는 결정적인 차이가 생겨난다. 인간은 기존의 사고 패턴을 따르기도 하지만, 그 패턴을 깨고 새로운 관점을 만들어 내는 능력을 갖고 있다. 익숙한 문맥에서 벗어나 의외성을 만들어 내고, 기존 개념을 뒤틀어 새로운 의미를 발견할 수 있다. 과거 철학자들이 "왜 우리는 존재하는가?"라고 질문했던 순간, 과학자들이 "만약 중력이 달랐다면?"을 상상했던 순간, 예술가들이 "보이는 것을 거부하고 보이지 않는 것을 그려야 한다"고 선언했던 순간, 이 모든 순간은 당시 과거 데이터에는 없었던 관점의 전환이었다.

반면, AI가 예상 밖의 문장을 생성한다고 해도 그것이 스스로 형성한 관점에서 비롯된 결과라고 보기는 어렵다. AI가 우연히 만들어 낸 창의적인 그 결과는 스스로 만들어낸 문제의식, 철학, 관점이 아니다. AI는 질문하지 않는다. '왜?'라는 물음은 인간만이 던질 수 있다. 예를 들어 AI는 '죽음'에 대한 정보를 검색하거나 철학자들의 담론을 정리할 수는 있지만, '왜 인간은 죽음을 두려워할까?'와 같은 자신만의 내적 질문을 품고 사유하는 일은 못한다. 이러한 철학적 상상력에서 나오는 질문은 방향이고, 관점이며, 그 자체로 사고의 축이다. 따라서 AI가 아무리 많은 정보를 조합해 멋진 답변을 제시한다 해도, 그 답은 어디까지나 우리의 질문에 종속된 산물이다.

LLM이 더 자연스럽고 정교한 문장을 생성할수록 우리는 우리가 사용하는 언어가 단순한 반복에 불과하지 않은지, 우리의 관점이 과거 데이터에만 의존하고 있지는 않은지 끊임없이 성찰해야 한다. 여기서 중요한 것은 AI가 만든 답을 그대로 받아들이는 것이 아니라 창의적으로 리디자인하는 능력이다. 예를 들어 "바나나로 실험할 수 있는 과학실험을 알려줘"라는 질문에 AI가 "바나나 산화 실험"을 추천했을 때, 그대로 따라하는 것과 "왜 갈변이 일어나는지 직접 눈으로 보고 실험을 바꿔보면 어떨까?"라고 변형을 시도하는 것은 전혀 다르다. 이는 정답의 옳고 그름을 판단하는 힘이 아니라, 맥락에 맞는 적절성을 판별하고 정보를 창의적으로 리프레이밍하는 메타인지의 결과다.

관점이 없다면 인간도 결국 확률적 앵무새에 불과하다. 질문하지 않는 사고는 반복이고, 관점 없는 언어는 공허하다. 인간이 AI와 다른 점이 있다면, 그것은 스스로 새로운 관점을 창출할 수 있다는 점이다. 이를 위해서는 철학적 사유가 필요하다. 철학, 특히 윤리학·형이상학·인식론은 정답이 아니라 의문을 확장하는 법, 즉 질문하는 법을 가르쳐주는 학문이다. 일상에서 "왜?"라고 묻는 습관을 기르고, AI의 답에 대해 "맞긴 맞는데, 내가 보기엔 더 좋은 방식이 있어"라고 생각할 수 있는 능력을 키워야 한다. 따라서 진짜 중요한 질문은 이것이다. 우리는 우리의 사고와 언어를 어떤 방향으로 확장할 것인가? 확률적 앵무새가 될 것인가? 아니면 새로운 의미를 창조하는 존재로 남을 것인가?

생각의 주도권을 디자인하기 위한 기록

◆ 이 챕터를 읽은 후 챗GPT에 질문을 던진다면 무엇을 질문하고 싶은가?

 EX): 어떤 질문을 했을 때 자신만의 관점을 형성할 수 있는가?

◆ 질문에 대한 챗GPT의 대답을 확인한 후 AI와 자신의 생각을 비교하라

AI 진화의 끝, 휴머노이드

정보를 넘어서 경험을 배우는 AI
그리고 함께 살아갈 미래를 준비하는 인간

최근 AI 분야에서 자주 언급되는 개념 중 하나가 '멀티모달Multi-Modal'이다. 생소한 용어지만, 그 의미는 비교적 명확하다. '멀티모달'은 말 그대로 '다양한 형식의 모드mode'를 아우른다는 뜻이다. 여기서 말하는 '모드'는 정보를 표현하고 전달하는 방식, 즉 정보의 형식을 의미한다. 텍스트, 이미지, 음성, 영상 등 우리가 일상에서 접하는 모든 정보 형태가 여기에 포함된다.

멀티모달 AI는 이처럼 다양한 정보 형식을 동시에 처리하고 이해할 수 있는 능력을 가진 AI를 말한다. 기존의 AI는 보통 하나의 정보 형태, 예를 들어 텍스트만을 입력받아 텍스트로 출력하는 방식이었다. 하지만 멀티모달 AI는 여러 종류의 데이터를 융합해 학습하고, 이 데이터를 기반으로 더욱 정교하고 종합적인 판단을 내릴 수 있다. 예를 들어, 이미지와 텍스트가 함께 제공되었을 때 이미지를 이해하고 그에 맞는 설명을 생성하거나, 텍스트 설명을 읽고 거기에 맞는 이미지를 생성하는 작업이 가능하다.

이는 인간의 정보 처리 방식과 유사하다. 인간은 세상을 단일한 감각만으로 인식하지 않는다. 눈으로 글을 읽고, 귀로 소리를 듣고, 피부로 온도를 느끼며, 후각과 미각으로 음식의 상태를 판단한다. 이렇게 다양한 감각을 통해 수집된 정보는 뇌에서 통합되어 하나의 의미 있는 인식으로 정리된다. 멀티모달 AI는 이러한 인간의 인식 방식을 기술적으로 모방하고자 하는 시도다.

초기 AI 모델, 예를 들어 처음 출시된 챗GPT는 오직 텍스트만을 다룰 수 있었다. 사용자가 입력한 문장을 분석하고, 이에 기반한 텍스트로만 응답했다. 하지만 기술이 빠르게 발전하면서 최근의 AI 모델들은 이 한계를 뛰어넘고 있다. 대표적으로 챗GPT-4o는 텍스트뿐만 아니라 이미지와 음성을 이해하고 생성할 수 있는 멀티모달 기능을 갖추고 있다. 사용자는 이제 단순히 문장만 입력하는 것에 그치지 않고 사진을 보여주며 질문하거나, 음성으로 명령을 내릴 수도 있다. 그리고 AI는 이에 대해 텍스트, 음성, 이미지 등 다양한 형식으로 응답할

인간과 멀티모달의 처리 방식

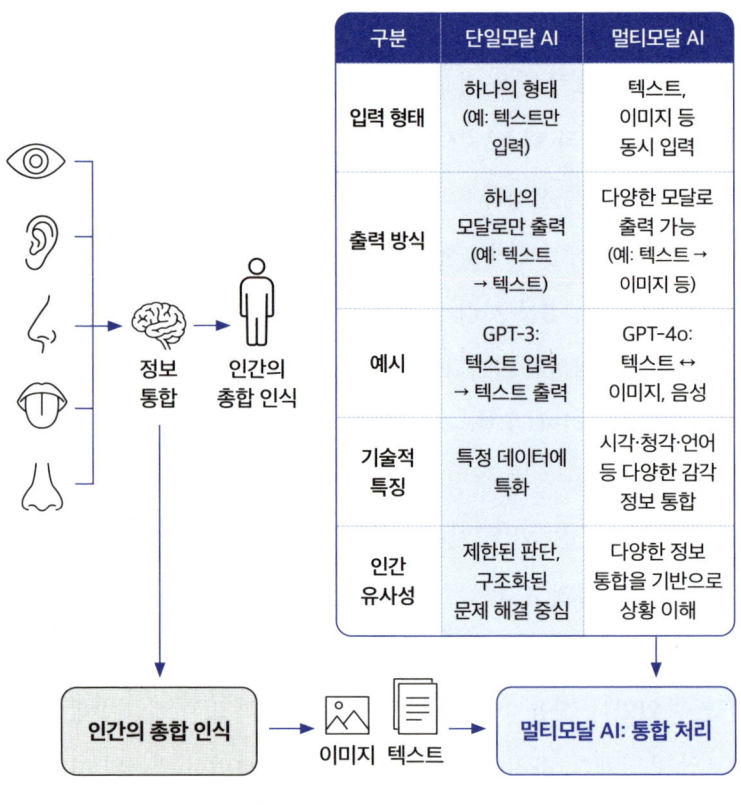

수 있다.

이러한 변화는 AI가 세상을 인식하고 이해하는 방식에 큰 전환점을 만든다. 과거에는 문자와 숫자, 즉 언어적 정보만을 기반으로 세상을 해석했다면, 이제는 시각과 청각 등 다양한 감각 정보를 통합적으로 활용하게 되었다. 이것은 단순한 기술적 진보가 아니다. AI가 인간처럼 '경험 기반의 이해'를 시도할 수 있는 발판을 마련한다는 점에서 시대를 바꾸는 전환점이 될 수 있다.

수백 편의 뉴욕 여행기를 읽는 AI는 뉴욕이라는 도시를 확률적으로 잘 '묘사'할 수 있을 것이다. 하지만 실제로 뉴욕의 거리를 걸으며 낯선 사람들의 눈빛을 마주하고, 지하철의 소음을 듣고, 거리의 냄새를 맡아본 인간이 느끼는 인식은 훨씬 더 입체적이며 정서적으로 채색된 감각적 총체다. 그리고 현재 AI는 그 간극을 줄이는 시도를 하고 있다. 다양한 형식의 데이터를 직접 접하고 조합하면서 그 대상에 대해 훨씬 더 풍부하고 정교한 인식을 형성할 수 있게 된 것이다.

멀티모달 기술은 AI에 이처럼 복합적인 학습 환경을 제공하며, 이를 통해 더욱 방대한 양의 데이터를 효율적으로 학습하게 만든다. 그 결과, AI는 점점 더 똑똑해지고, 더 유연하게 사고하며 더 인간에 가까운 방식으로 세계를 이해하려 한다.

결국 멀티모달 AI는 단지 하나의 기술 트렌드를 넘어서, AI가 인간과 같은 인식 능력을 갖추기 위한 핵심적인 진화 단계라고 할 수 있다. 이는 곧 AI가 '도구'에서 '상호작용 가능한 존재'로 변화해 가는 과정의 핵심이며 휴머노이드와 같은 AI의 궁극적인 형태를 실현하기 위한 중요한 기반이 된다.

사람들은 흔히 "백 번 듣는 것보다 한 번 보는 게 낫다"고 말한다.

그런데 여기서 끝나지 않는다. "백 번 보는 것보다 한 번 깨닫는 게 낫고, 백 번 깨닫는 것보다 한 번 행동하는 게 더 낫다"는 말도 있다. 이 말은 단순히 정보를 받아들이는 것이 아니라 직접 경험하고 몸으로 체득해야 진짜 배운 것이 된다는 뜻이다.

아이들이 새로운 것을 배울 때를 떠올려 보자. 한 살배기 아이는 '뜨겁다'는 말을 수없이 들어도 손으로 뜨거운 컵을 한 번 만져보기 전에는 그 말이 무슨 뜻인지 모른다. 경험을 통해서만 '뜨거움'이라는 개념이 뇌와 몸에 새겨진다. 이런 식으로 세상을 배우는 과정을 '체화embodiment'라고 한다. 정보가 머릿속에만 머무는 것이 아니라 감각과 행동을 통해 몸에 각인되는 것이다.

메타Meta의 수석 AI 과학자 얀 르쿤Yann LeCun은 "현존하는 가장 큰 AI 모델보다 네 살짜리 아이가 더 많은 정보를 학습한다"고 말한다. 그의 말이 과장이 아니다. 아이는 하루 평균 16시간을 깨어 있으면서 끊임없이 주변을 보고 듣고 만지고 움직이며 세상을 배운다. 르쿤의 계산에 따르면, 4살 아이는 태어난 이후 약 1만 6,000시간 동안 시각 경험을 쌓는다. 초당 약 20메가바이트의 시각 정보를 받아들인다고 가정하면, 이 아이는 생후 4년간 약 1페타바이트의 시각 데이터를 처리한 셈이다. 현재 가장 큰 언어 모델이 학습한 텍스트 데이터의 약 50배에 해당하는 양이다.

중요한 건 양뿐만이 아니다. 아이는 단순히 데이터를 저장하지 않는다. 사물의 움직임, 원인과 결과, 공간의 구조, 감정과 반응 같은 수

많은 개념을 몸으로 익힌다. 예를 들어, 컵이 떨어지면 깨진다는 것을 아이는 직접 손으로 컵을 떨어뜨려 보면서 배운다. AI는 이런 경험이 없다. 주어진 데이터를 분석해 통계적 패턴을 찾을 뿐, 스스로 개념을 만들고 맥락을 이해하지는 못한다.

르쿤은 여기서 중요한 시사점을 던진다. 인간처럼 지능적인 AI를 만들기 위해서는 단순히 더 많은 텍스트 데이터를 넣는 것으로는 부족하다는 것이다. AI도 실제 세계를 '경험'할 수 있는 방식으로 학습해야 한다. 시각, 청각, 촉각 같은 감각 정보와 행동이 결합된 학습이 필요하다. 그래야 AI가 단어의 의미를 통계가 아니라 실제 맥락 안에서 이해할 수 있게 된다.

결국, AI가 인간 수준의 지능에 도달하려면 인간처럼 '몸으로 배우는' 방향으로 진화해야 한다. 학습은 데이터 입력이 아니라, 감각과 경험을 통한 의미 구성의 과정이기 때문이다.

왜 AI에 로봇팔이 필요한가?

AI가 한층 더 진화하기 위해서는 단순한 소프트웨어 형태를 넘어 물리적인 '몸'을 가져야 한다. 지금까지의 AI는 주로 가상 공간 안에서 존재해 왔다. 텍스트, 이미지, 음성, 영상 데이터를 학습하고 분석함으로

써 다양한 분야에서 활용되고 있다. 하지만 이런 방식은 결국 '정보 처리'에 국한된 능력이다. 현실 세계를 직접 경험하거나 환경과 물리적으로 상호작용하는 능력은 없었다.

여기서 중요한 질문이 생긴다. 인간의 지능은 단지 정보를 처리하는 능력만으로 이루어졌는가? 그렇지 않다. 인간은 태어날 때부터 오감(시각, 청각, 촉각, 미각, 후각)을 통해 세상을 경험하며 지능을 발전시켜 왔다. 눈으로 보고, 손으로 만지고, 몸을 움직이며 환경에 반응하는 과정 속에서 사고력과 판단력이 자라난다. 실제로 아이들이 장난감을 손으로 만지고 던져보며 무게감, 질감, 움직임을 학습하는 것도 같은 원리다.

따라서 AI가 인간 수준의 지능에 가까워지기 위해서는, 단순히 많은 데이터를 학습하는 것만으로는 부족하다. 세계를 '직접' 경험할 수 있어야 한다. 이러한 능력을 가능하게 해주는 것이 바로 '몸', 그중에서도 로봇팔이다. 로봇팔은 AI가 물리적인 환경과 상호작용할 수 있게 해주는 핵심 수단이다. 로봇팔을 통해 AI는 사물을 잡고, 조작하고, 물리적인 반응을 실시간으로 감지하며 학습할 수 있다. 즉, 추상적인 데이터로 학습하는 것보다 실제 세계와의 접촉을 통한 AI의 학습 방식이 보다 인간에 가까워진다.

이러한 흐름에서 등장한 개념이 바로 휴머노이드 Humanoid다. 휴머노이드는 인간의 형태를 닮은 로봇이다. 단순히 인간의 외형을 닮았다는 뜻이 아닌 인간처럼 걷고, 물건을 잡고, 감각을 통해 주변을 인식하고, 상황에 따라 행동할 수 있는 신체를 갖춘 존재를 의미한다. 이들은 AI에 '몸'을 제공하는 역할을 한다. 즉, 휴머노이드는 AI에 물리적 '몸'을 제공함으로써 정보 처리 능력만 있던 AI가 실제 환경과 상호작용할 수 있는 존재로 전환되는 매개체가 된다.

실제 사례로는 인간처럼 달리고 점프하며 균형을 유지하는 능력을 유튜브를 통해 보여준 보스턴 다이내믹스의 '아틀라스Atlas', 2022년 첫 공개 이후 최근 엄청난 기술적 발전을 선보인 테슬라의 '옵티머스Optimus', 그리고 샤오미의 '사이버원CyberOne', 소프트뱅크의 '페퍼Pepper' 등이 있다. 이들 로봇은 각자의 목적에 따라 인간의 행동을 모방하며 점차 더 정교한 동작을 가능하게 만드는 기술이 개발되고 있다.

물론 현재 수준의 휴머노이드는 아직 걸음마 단계에 있다. 걷거나 물건을 드는 간단한 동작은 가능하지만, 인간처럼 유연하게 행동하거나 창의적인 판단을 내릴 수는 없다. 그러나 최근 몇 년간의 기술 발전 속도를 보면, 이러한 한계가 빠르게 극복되고 있다는 점은 분명하다. 인간과 로봇이 협업하거나 감정적인 교류를 시도하는 프로젝트도 이미 진행 중이다. 예를 들어 중국을 대표하는 영화감독인 장이모 감독은 실제 로봇과 인간 무용수가 함께 무대에서 춤을 추는 공연을 선보이기도 했다. 이는 단순한 퍼포먼스가 아니라, 인간과 로봇이 공존하는 미래를 상징하는 장면으로 평가받는다.

MIT의 로봇공학 권위자인 로드니 브룩스Rodney Brooks는 다음과 같

지금은 휴머노이드 태동기다

- 지능은 머릿속에만 머무른다는 생각은 착각이다. AI가 '몸'을 얻는 순간 우리는 새로운 지적 생명의 탄생을 목격하게 된다. 단순한 반복 작업만 해온 기계는 지금, 세계를 직접 살아내려는 존재로 진화 중이다.

이 말했다. "인공지능은 궁극적으로 세상을 몸으로 살아내지 않으면, 인간 수준의 지능에 도달할 수 없다." 결국 로봇팔은 단순한 기계 부품이 아니다. 그것은 AI가 현실 세계를 살아가기 위한 첫걸음이며, 인지 능력의 지평을 넓히는 수단이다. '지능'이라는 개념은 머릿속에서만 작동하는 개념이 아니며, 세상을 경험하고 반응하는 능력과 연결된 개념이다. 로봇팔을 가진 AI, 즉 휴머노이드는 이제 정보처리 기계가 아닌 '살아 있는 존재'처럼 환경과 관계를 맺을 것이다. 그리고 AI는 단순한 도구에서 벗어나 인간 사회의 일원으로 진화할 것이다.

휴머노이드의 시대가
오고 있다

사람들은 보통 '로봇'이라는 단어에 익숙하다. 공장 자동화 설비, 청소 로봇, 또는 영화 속 AI 로봇을 떠올리며 기계적인 움직임을 하는 존재로 이해하는 경우가 많다. 반면 '휴머노이드'라는 단어는 낯설게 느껴질 수 있다. 그러나 의외로 '휴머노이드'라는 개념은 '로봇'보다 먼저 등장했다.

'휴머노이드'는 '인간human'과 '~와 유사한-oid'이라는 두 단어를 합친 말로, 19세기 후반인 1870년대부터 사용되어 왔다. 처음에는 인간과 비슷한 모습이나 행동을 하는 존재를 일컫는 말로 쓰였다. 반면 '로봇robot'이라는 단어는 1920년에 체코 극작가 카렐 차페크Karel Čapek가 자신의 희곡 《R.U.R. Rossum's Universal Robots》에서 처음 사용했다. 여기서 '로봇'은 '강제로 일하는 존재'라는 의미의 체코어 'robota'에서 유래한 단어로, 노동력을 대신하는 기계적 존재로 그려졌다. 이후 로봇이라는 개념은 반복적인 일을 효율적으로 수행하는 기계로 인식되기 시작했다. 즉 로봇 개념의 기원이 단순한 기계가 아니라 인간 노동을 대체하기 위한 기능적 창조물이라는 데서 출발했음을 보여준다.

실제로 지금까지 인간이 만들어 온 로봇 대부분은 주어진 작업만을 수행하는 도구였다. 예를 들어 자동차 공장의 로봇 팔은 조립이나 용접 같은 정해진 작업을 반복하고, 가정용 로봇청소기 역시 주어진

범위 내에서 먼지를 흡입하는 역할만을 한다. 이처럼 기존의 로봇은 지능이 거의 없고, 인간과의 상호작용도 제한적이었다.

하지만 최근 AI 기술의 급격한 발전은 로봇의 개념 자체를 바꾸고 있다. 단순히 정해진 명령을 수행하는 기계가 아니라 주변 환경을 인식하고 상황에 맞게 판단하며 인간과 자연스럽게 소통할 수 있는 존재로 진화하고 있다. 특히 챗GPT나 이미지 생성 AI처럼 언어 이해와 창의적 반응이 가능한 기술이 등장하면서 이러한 변화는 가속되고 있다. 이제 로봇은 단순한 '기계'에서 벗어나 인간의 형태와 행동을 닮은 '휴머노이드'로 진화할 준비를 하고 있다.

이 변화는 AI와 인간이 앞으로 어떤 관계를 맺어야 하는지에 대한 본질적인 질문을 던진다. 지금까지의 AI는 대부분 화면 속 혹은 클라우드 서버 속에 존재해 왔다. 현실 세계와 공간을 공유하지 않았기에 사람들과의 상호작용도 제한적일 수밖에 없었다. 그러나 AI가 실제 '몸'을 가진 형태로 우리 곁에 나타나기 시작하면 이야기는 전혀 다른 차원으로 옮겨간다. AI가 휴머노이드 형태로 정말 우리 곁에 등장한다면, 단순히 기술적인 문제가 아니라 사회적, 윤리적인 문제까지 고민해야 할지도 모른다.

예를 들어, AI 휴머노이드가 노인을 돌보거나 아이를 교육하는 역할을 하게 될 경우, 우리는 이들에게 어느 수준의 권한과 책임을 부여해야 할까? AI가 실수하거나 편견을 보일 때, 그 책임은 누구에게 있는가? 더 나아가 우리는 AI에 감정 이입을 하게 될지도 모른다. 얼굴

표정, 음성, 몸짓 등 인간을 모방한 휴머노이드는 단순한 도구로 보기 어려운 존재가 될 가능성이 크다.

가까운 미래에 우리는 AI와 함께 일하고, 생활하고, 감정을 나누는 사회에 진입하게 될 수 있다. 이는 인간과 AI의 관계에 대한 근본적인 전환을 의미한다. AI를 단순히 효율적인 도구로만 여길 것인지, 혹은 새로운 동반자이자 사회 구성원으로 받아들일 것인지에 대한 논의가 필요하다.

즉, 휴머노이드로의 진화는 단순히 정교한 기계를 만드는 기술 발전으로 끝날 일이 아니다. 인간 사회의 구조와 문화를 근본적으로 흔드는 변화다. 우리는 이 거대한 흐름을 거부할 수는 없다. 그러나 그것을 어떻게 설계하고 받아들일지는 우리의 선택이다. 준비 없이 받아들인 기술은 사회적 혼란을 낳지만, 철저한 이해와 설계를 바탕으로 수용한 기술은 우리의 삶을 확장시키는 힘이 될 수 있다.

지금이야말로 휴머노이드와 공존하는 미래를 치열하게 상상하고, 구체적으로 설계해야 할 시점이다. 인간과 비인간, 도구와 존재, 통제와 공존 사이의 새로운 균형점을 찾아야 한다. AI가 인간을 닮아갈수록, 우리는 인간다움의 본질이 무엇인지 더욱 치열하게 묻게 될 것이다.

생각의 주도권을 디자인하기 위한 기록

◆ 이 챕터를 읽은 후 챗GPT에 질문을 던진다면 무엇을 질문하고 싶은가?

EX): AI가 인간처럼 '깨닫고 행동'하기 위해 어떤 진화 단계가 필요할까?

◆ 질문에 대한 챗GPT의 대답을 확인한 후 AI와 자신의 생각을 비교하라

AI는 판도라의 상자인가 블랙박스인가

닫힌 블랙박스를 여는 것은 '두려움'이 아니라
AI와 함께 미래를 설계할 수 있다는 '희망'이다

교통법규 시스템은 인간이 만든 가장 위대한 사회 제도 중 하나로 평가받는다. 운전면허증만 있다면 나이, 성별, 연령에 상관없이 누구나 동등하게 도로를 이용할 수 있기 때문이다. 이 시스템은 기본적으로 자동차, 인간, 그리고 인간이 운전하는 자동차라는 세 가지 요소로 구성된다.

'인간이 운전하는 자동차'를 별도로 구분하는 이유는 단순한 분류 차원이 아니다. 기술과 인간이 결합하면 전혀 새로운 형태의 존재가 나타나기 때문이다. 이런 현상을 설명하는 것이 바로 행위자 네트워크 이론이다. 이 이론은 인간, 자동차, 그리고 인간이 운전하는 자동차를 각각 독립된 행위자로 본다.

예를 들어, 인간과 자동차가 분리되어 있을 때 인간은 보행자에 불과하고 자동차는 도로에 정차한 금속 덩어리에 지나지 않는다. 그러나 인간이 운전석에 앉아 시동을 걸고 액셀러레이터를 밟는 순간, 인간과 자동차는 하나의 새로운 행위자로 작동한다. 이 행위자는 단순히 인간의 의지로만 움직이지 않는다. 차량의 성능, 도로 상황, 교통 신호 등 다양한 요소와 상호작용하며 판단하고 움직인다. 즉, '인간이 운전하는 자동차'라는 하이브리드 행위자가 형성되는 것이다.

이처럼 인간과 기술이 결합해 새로운 행위자가 만들어지면 우리는 그 내부의 작동 방식을 점점 의식하지 않게 된다. 운전할 때 핸들을 돌리면 차가 방향을 바꾸고, 브레이크를 밟으면 속도가 줄어드는 것처럼 우리는 자동차의 작동 원리를 당연하게 여긴다. 그러나 실제로는 엔진, 기어, 센서, 제어 시스템 등 수많은 구성 요소가 복잡하게 작동하며 인간과 기계가 끊임없이 상호작용하고 있다. 그럼에도 우리는 이 복잡한 과정을 신경 쓰지 않는다.

이런 현상을 '블랙박스화 Blackboxing'라고 부른다. 기술이나 시스템이 너무 익숙해져서 그 내부 작동 원리에 대한 관심이 사라지는 것이다. 사회 속에 기술이 확고하게 자리를 잡으면, 우리는 그 결과만을 누릴 뿐 내부의 구조와 작동 논리는 '신경 쓰지 않아도 되는 영역'이 되어버린다.

　AI 기술도 이와 비슷한 방식으로 블랙박스화되고 있다. 처음에는 AI가 어떻게 작동하는지, 어떤 데이터를 기반으로 학습하는지에 대한 논의가 활발했다. 하지만 시간이 지나면서 챗봇, 추천 알고리즘, 이미지 생성 AI 같은 기술들이 일상에 깊숙이 들어오자, 사람들은 AI의 내부 원리를 더는 궁금해 하지 않게 되었다. 우리는 AI가 '말을 한다', '그림을 그린다' '자동으로 판단한다'는 결과만 받아들인다. 그 과정에서 어떤 데이터가 사용되었고, 어떤 편향이 있을 수 있으며 판단의 기준이 무엇인지는 잘 모른 채, 단지 작동하는 결과를 이용할 뿐이다.

　문제는 AI가 단순한 도구가 아니라 인간과 상호작용하며 판단을 유도하고 행동을 바꾸는 새로운 행위자라는 점이다. AI는 사용자의 데이터와 피드백을 바탕으로 끊임없이 스스로를 조정하고 있으며, 사용자는 AI가 보여주는 결과를 기반으로 의사결정을 내리거나 행동을 변화시킨다. 이 과정에서 인간과 AI는 하나의 복합 행위자로 작동한다. 마치 인간이 운전하는 자동차가 그랬던 것처럼 인간이 사용하는 AI도 하나의 '하이브리드 행위자'로 기능한다.

　AI가 블랙박스화되면 우리는 그것의 판단 기준이나 내부 알고리즘을 따지지 않는다. 그저 그것이 "잘 작동한다"고 느끼면 받아들이고 일상적으로 사용하게 된다. 하지만 그 작동 방식이 투명하지 않고 책임 주체도 모호하다면, 이는 단순한 효율성의 문제가 아니라 사회적 통제와 윤리의 문제로 이어질 수 있다. 그래서 AI를 단지 편리한 기술

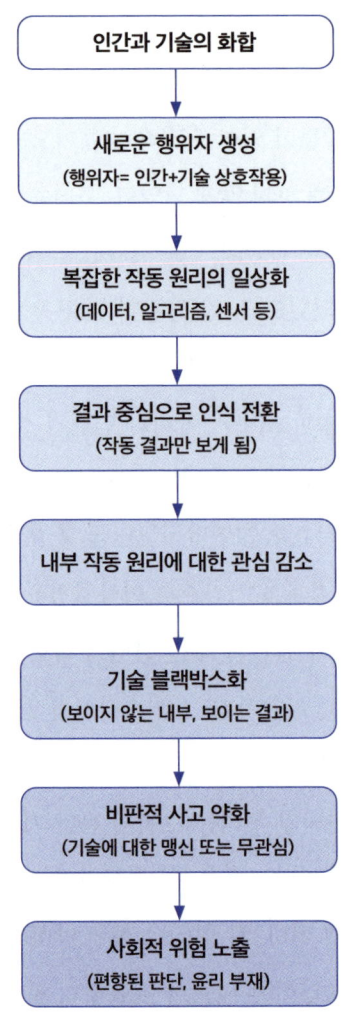

로만 볼 것이 아니라, 그것이 인간과 결합해 만들어 내는 새로운 사회적 존재로 이해할 필요가 있다.

보이지 않는 AI의 블랙박스화

AI는 점점 더 블랙박스처럼 작동하고 있다. 우리는 AI가 자연스럽게 말을 하거나, 복잡한 그림을 그리고, 방대한 정보를 바탕으로 질문에 답하는 모습을 자주 접한다. 그러나 이러한 결과가 도출되기까지의 내부 과정은 거의 보이지 않는다.

겉으로는 명확한 결과만 제시되기 때문에 사람들은 AI가 '어떻게' 작동하는지를 알기 어려워진다. 이처럼 결과는 분명하지만 과정은 불투명하다는 점에서 블랙박스화가 진행되는 AI를 기술적, 사회적, 산업적 세 가지 차원에서 설명할 수 있다.

1. 기술적 블랙박스

AI, 특히 딥러닝 기반의 모델은 인간의 사고 구조와는 전혀 다른 방식으로 작동한다. 수백만 개의 매개변수 parameter 와 수십, 수백 층에 이르는 인공신경망이 서로 얽혀 수많은 계산을 수행하면서 특정한 출력을 만들어 낸다.

예를 들어, 이미지 인식 AI가 고양이 사진을 "고양이"라고 판단할 때, 그 판단의 정확성은 높지만 그 이유를 설명하기는 어렵다. 왜냐하면 그 판단은 인간이 이해할 수 있는 규칙이 아닌, 데이터 기반의 통계적 연관성과 패턴 분석을 통해 도출된 결과이기 때문이다. 심지어 AI 개발자조차 모델이 특정한 판단을 내린 과정을 완전히 설명하지 못하는 경우가 많다. 이 때문에 AI는 '설명 가능성'의 문제에 직면해 있으며 '왜 그런 결과를 내렸는가?'에 대한 해석이 기술적으로도 쉽지 않다.

2. 사회적 블랙박스

일반 사용자들은 AI의 작동 원리에 대해 잘 알지 못한다. 그럼에도 불구하고 AI가 내놓은 결과를 신뢰하고 받아들이는 경향은 점점 더 강해지고 있다. 예를 들어, 유튜브나 넷플릭스의 추천 알고리즘, 취업 플랫폼의 서류 자동 평가 시스템, 금융기관의 신용 점수 산정 시스템 등이 있다.

많은 사람들은 이런 시스템이 어떤 데이터를 기준으로 어떻게 판단을 내리는지 모른 채, 단순히 '정확할 것이다' '합리적일 것이다'라고 믿고 결과를 받아들인다. 이처럼 설명되지 않는 판단에 대한 맹목적 수용은 사회적 차원의 블랙박스를 더욱 공고히 만든다. 그 결과, AI가 부정확하거나 편향된 판단을 하더라도 사용자는 그 오류를 인지하거나 문제를 제기하기 어렵다.

3. 산업적 블랙박스

오늘날 AI 산업은 하드웨어, 소프트웨어, 그리고 애플리케이션의 세 층위로 구성된다. 하드웨어는 AI가 작동하는 물리적 기반으로, GPU, TPU 같은 고성능 연산 장비와 서버, 데이터센터가 이에 해당한다. 소프트웨어는 AI가 작동하기 위한 핵심 요소인 알고리즘과 학습 모델로, 예컨대 오픈소스 프레임워크 TensorFlow, PyTorch와 대형 언어 모델, 이미지 생성 모델 등이 여기에 포함된다. 마지막으로 애플리케이션은 우리가 일상에서 접하는 다양한 서비스들이다. 챗봇, 얼굴 인식 시스템, 음성 비서, 자율주행 차량의 판단 시스템, 개인화 추천 서비스 등이 그 예다.

하지만 사용자들은 보통 애플리케이션만 인식할 뿐, 그 이면의 하드웨어와 소프트웨어가 어떻게 구성되고 작동하는지는 전혀 알지 못한다. AI가 대형 플랫폼 기업에 의해 독점적으로 운영되고, 핵심 기술이 공개되지 않거나 지나치게 복잡하기 때문에, 산업 전반의 구조 또한 블랙박스화되고 있다.

결국 우리는 AI가 보여주는 결과만을 소비하며 그 내부에서 무엇이, 어떻게 작동하고 있는지를 점점 더 파악하지 못하게 된다. 시간이 흐를수록, 기업들의 기술력 경쟁이 치열해질수록 AI 기술은 정교해지겠지만, 이를 사용하는 사용자는 점점 더 기술과 멀어진다. 이것이 인간이 AI 블랙박스화로부터 가장 치명적인 영향을 받을 수 있는 핵심일지도 모른다.

AI
윤리

AI가 블랙박스라는 사실은 단순히 기술적 특징에 그치지 않는다. 이 블랙박스화가 되면서 윤리적 문제가 발생할 수 있기 때문이다. AI가 사회적으로 중요한 역할을 맡게 될수록 우리는 AI의 의사결정 과정이 투명하고 공정하며 신뢰할 수 있어야 한다. 그렇지 않으면 AI가 내린 결정이 부당하거나 위험할 때도 이를 검증하거나 책임을 물을 수 없게 된다.

이와 관련해 등장한 개념이 다름 아닌 AI 윤리이다. AI 윤리는 AI 시스템을 개발하고 사용할 때 지켜야 할 규칙과 기준을 말한다. 유네스코^{UNESCO}, 로마 교황청 등 다양한 국제기구, 기관들이 AI 윤리를 강조한다. 보편적으로 제시되는 핵심 원칙은 투명성, 공정성, 책임성, 프라이버시 보호 그리고 견고성이다. 각 요소를 살펴보면 다음과 같다.

1. 투명성 Transparency

AI의 의사결정 과정은 명확히 설명 가능해야 한다. AI가 어떤 데이터와 알고리즘을 사용해 결론에 도달했는지를 이해할 수 있어야 한다. 예컨대, 병원에서 AI가 어떤 환자에게 수술을 추천하거나, 은행에서 대출을 거절할 경우, "왜 그렇게 판단했는가?"라는 질문에 논리적으로 답할 수 있어야 한다는 의미다. 이를 위해 '설명 가능한 AI^{Explainable}

AI, XAI'가 중요한 개념으로 주목받고 있다. 특히 의료, 금융, 법률처럼 판단의 근거가 중요한 분야에서는 AI의 결정이 사람들에게 설명 가능해야 한다.

2. 공정성 Fairness

AI는 편향Bias없이 공정하게 작동해야 한다. AI는 인간이 만든 기술이다. 그렇기 때문에 인간이 만든 데이터는 사회적 편견과 불평등을 내포하고 있을 가능성이 높다. 따라서 AI도 의도치 않게 인종, 성별, 나이, 계층에 따른 차별적 판단을 내릴 수 있다. 실제로 취업 면접을 자동 평가하는 AI가 남성 지원자에게 더 높은 점수를 주거나, 얼굴 인식 기술이 백인보다 흑인의 얼굴을 더 많이 오인하는 사례들이 보고된 바 있다. 따라서 AI 시스템이 특정 성별, 인종, 계층을 차별하지 않도록 지속적으로 감시하고 조정하는 과정이 필요하다.

3. 책임성 Accountability

AI가 내린 결정에 대한 책임을 명확히 할 수 있어야 한다. 만약 AI가 잘못된 결정을 내렸을 때, 누가 그 책임을 져야 하는지 불분명하다면 큰 문제가 될 수 있다. 이를 막기 위해서는 AI 시스템에 대한 법적·윤리적 책임의 경계를 명확히 해야 하며, 특히 AI를 개발·운영하는 기업과 기술자들에게 설계 책임, 감시 책임, 통제 책임을 명확히 묻는 구조가 필요하다. AI가 더 똑똑해질수록, 인간의 책임도 더 정교해져야 한다.

4. 프라이버시 보호 Privacy Protection

AI는 방대한 데이터를 활용해 학습하고 작동하지만, 이 과정에서 개인의 프라이버시가 침해되지 않도록 해야 한다. 특히 얼굴 인식 기술, 위치 추적 시스템, 사용자 맞춤형 광고 등 AI가 우리의 일상생활에 깊이 개입하는 만큼, 개인정보 보호를 위한 강력한 규제와 기술적 장치가 필요하다.

5. 견고성 Robustness

AI 시스템은 예상치 못한 상황에서도 신뢰할 수 있어야 하며 외부 공격이나 조작에 취약하지 않아야 한다. 예를 들어, AI를 활용한 금융 시스템이 오류를 일으키거나, 딥페이크 기술이 악용되는 경우 사회적 혼란이 초래될 수 있다. 따라서 AI는 안전하고 견고한 방식으로 설계되고 운영되어야 한다.

AI 윤리는 블랙박스를 판도라의 상자로 만든다

오늘날 AI는 다양한 분야에서 빠르게 확산되고 있다. 우리는 AI를 통해 편리한 서비스를 누리고 있으며 의료, 금융, 교육, 행정 등 거의 모든 영역에서 AI의 활용이 확대되고 있다. 하지만 AI가 어떻게 판단을 내리고 어떤 과정을 거쳐 결론에 도달하는지는 여전히 많은 부분이 불투명하다.

AI가 블랙박스화된다는 것은 단순히 기술적으로 복잡하다는 뜻이 아니다. 그것은 우리가 책임을 물을 수도 없는 판단 시스템을 수용하게 되는 구조를 의미한다. 다시 말해, AI가 '왜 그런 결정을 내렸는가?'라는 질문에 답할 수 없다면 우리는 그 결정의 결과를 비판적으로 검토하거나 거부할 기회를 박탈당한다는 의미다. 자율주행차가 사고를 피할 수 없을 때 노인 1명을 칠 것인지 아이 3명을 칠 것인지 판단해야 하는 현실판 트롤리 딜레마가 일어난다면 AI는 사전에 학습한 알고리즘과 생존 확률 등의 데이터를 바탕으로 '효율적 선택'을 한다. 인간은 감정과 윤리에 따라 판단하지만 AI는 감정 없는 합리성으로 생명을 서열화할 수 있다. 문제는 바로 여기에 있다. 기술적 효율성만을 추구하다 보면, 공정성·책임성·신뢰성과 같은 가치들은 점점 희미해진다.

이 때문에 AI 윤리는 단지 기술의 부속 조건이 아니다. 기술 자체를 인간의 조건 위에 재배치하기 위한 핵심 기제다. 예컨대, AI의 판단이 '공정하다'는 것을 보장하려면 '우리는 먼저 무엇을 공정함이라고 볼 것인가?' '어떤 데이터가 편향되었는가?' '판단 기준은 누구에 의해 결정되었는가?' 같은 질문을 던져야 한다. 채용 AI 시스템이 수천 개의

AI 윤리 확보는 필수조건이다

- AI 윤리는 AI 시대로 넘어가기 위한 최소한의 조건이다. AI 블랙박스를 여는 일은 인간이 기술에게 던지는 윤리적 질문이며, 우리가 어떤 사회를 꿈꾸는가에 대한 선언이다.

지원서를 분석해 성과 가능성이나 조직 적합도를 점수화할 때, 외모나 나이에서 무의식적 편견 없이 '공정하게' 분석한다고 주장되지만 실제로는 과거 데이터를 학습한 결과 기존 편견을 재생산하기도 한다. 즉, '공정함'이란 정의 자체가 인간의 해석임을 보여준다.

설명 가능한 AI는 이런 맥락에서 주목된다. 단지 결과를 예측하는 것이 아니라 그 예측이 어떤 경로를 통해 도출되었는지를 설명할 수 있어야 한다. 예를 들어, 병원에서 AI가 폐렴 가능성이 높다고 판단했다면 의사와 환자 모두가 그 판단의 근거를 납득할 수 있어야 한다. AI는 피부암이나 폐 CT 이미지를 분석할 때 전문 의사보다 높은 정확도로 진단하지만, 환자의 가족력, 감정 상태, 불안감 같은 인간적 맥락을 고려하지 않는다. 인간 중심의 의료는 '공감'과 '정서적 돌봄'을 중요시하지만, AI는 오직 데이터로만 판단한다. 이제 중요한 건 AI가 인간을 넘어서려 한다고 두려워하기보다는 AI의 시각과 인간의 감각을 어떻게 통합할 수 있을까를 고민하는 일이다.

윤리는 블랙박스를 단지 열기 위해 필요한 열쇠가 아니다. 윤리는 블랙박스를 '왜 열어야 하는가?' '어떤 기준으로 열 것인가?' '열었을 때 무엇을 볼 것인가?'를 규정하는 시선이다. 블랙박스를 단순한 기술적 장치로만 보는 한, 우리는 내부의 코드를 해석하는 데 집중할 것이다. 그러나 블랙박스를 하나의 사회적 공간, 권력의 장치, 또는 의미의 창조물로 본다면, 우리는 그 안에서 기술이 인간을 어떻게 재구성하고 있는지를 볼 수 있게 된다.

더 나아가 AI의 블랙박스화가 우리 사회에 가장 위험하게 작동하는 지점은 우리가 AI의 판단 기준이나 내부 알고리즘을 모른 채, 그저 '잘 작동한다'고 느끼며 무비판적으로 수용하게 되는 점이다. 기술에 정교해질수록 사용자는 기술과 더 멀어지며, 이는 사회적 통제력 상실로 이어진다. AI가 부정확하거나 편향된 판단을 하더라도 사용자는 그 오류를 인지하거나 문제를 제기하기 어려워진다.

고대 신화에서 판도라의 상자는 세상에 온갖 재앙을 풀어놓은 상자였지만, 마지막에는 '희망'이 남아 있었다. AI 블랙박스를 여는 일도 이와 비슷하다. 처음에는 편향, 차별, 위험 같은 문제들이 드러날 수 있다. 하지만 그 과정을 통해 우리는 AI를 더 나은 방향으로 바꾸어 갈 수 있다. 이를 위해서는 AI의 판단이 어떤 경로로 도출되었는지 설명 가능해야 하며, "무엇을 공정하다고 볼 것인가?" "어떤 데이터가 편향되는가?" "판단 기준은 누구에 의해 결정되었는가?"와 같은 근본적인 질문을 던져야 한다. 기술의 위험성을 직면하면서 동시에 그 안에 숨겨진 가능성과 희망을 함께 발견하는 것이다.

결국 AI 윤리는 AI를 인간의 삶에 유익한 방식으로 통합하기 위한 지침이자 조건이다. 우리가 윤리적인 기준을 바탕으로 AI를 개발하고 적용할수록, 설명 가능한 AI[XAI] 그리고 더 신뢰할 수 있는 AI로 성장한다. 이는 투명성, 공정성, 책임성, 프라이버시 보호, 견고성을 핵심 원칙으로 삼아 지속적인 감시와 조정 과정을 통해 이루어진다. AI의 판단이 항상 옳다고 가정하는 순간, 우리는 중요한 판단을 기계에 위임하게 되기 때문이다. 그 결과 AI는 단지 효율적인 도구를 넘어서, 인간 중심적인 사회를 만드는 데 기여할 수 있다.

블랙박스를 여는 이유는 단순히 기술을 분석하려는 목적 때문이 아니다. 그 안에 숨어 있는 위험과 가능성을 함께 들여다보고, AI와 함께할 미래를 더 정의롭고 안전하게 만들기 위한 행동이다. AI 윤리는 블랙박스를 닫힌 미지의 영역으로 남겨두는 것이 아니라 그 안에서 희망을 찾아가는 열쇠가 될 것이다.

생각의 주도권을 디자인하기 위한 기록

◆ 이 챕터를 읽은 후 챗GPT에 질문을 던진다면 무엇을 질문하고 싶은가?

EX): AI가 만들어 낸 결과의 책임은 누구에게 있는가?

◆ 질문에 대한 챗GPT의 대답을 확인한 후 AI와 자신의 생각을 비교하라

AI와 빅데이터,
Y=aX+b의 세계를 무너뜨리다

**AI가 정보를 쌓을 때,
인간은 질문을 쌓아야 한다**

이제 '정보의 홍수'라는 표현은 더 이상 새롭지 않다. 2010년, 구글의 전 CEO 에릭 슈미트 Eric Schmidt는 인류가 하루에 생산하는 정보량이 2.5엑사바이트에 달한다고 밝혔다. 지금은 그보다 훨씬 더 많은 데이터가 생성되고 있다. 이러한 시대에서 우리가 주목해야 할 핵심은 정보의 양이 아니라 그 정보를 어떻게 활용하느냐다.

AI는 단순한 계산 도구를 넘어섰다. AI는 방대한 데이터를 분석하고, 새로운 패턴을 찾아내며, 현실적인 의사결정을 지원하는 기술로 진화했다.

데이터 저장 방식은 종이에서 디지털로, 다시 클라우드로 이동하면서 물리적 제약을 극복했다. 하지만 진정한 변화는 저장 기술이 아니라 데이터를 처리하고 활용하는 방식에서 일어났다. 예전에는 정보가 부족한 것이 문제였다면, 지금은 너무 많은 데이터 속에서 의미 있는 정보를 가려내는 것이 더 큰 과제가 되었다.

AI는 어떻게 빅데이터를 현실로 변환하는가

AI는 데이터를 단순히 수집하고 정리하는 데 그치지 않고, 현실을 더 정확하게 이해하고 예측하는 도구로 활용된다. 특히 빅데이터와 결합되면서 인간이 일일이 파악하기 어려운 복잡한 패턴과 변화를 찾아내는 능력을 갖추게 되었다.

전통적인 데이터 분석 방식은 기본적으로 '표본'을 기반으로 했다. 전체 데이터를 확보하는 것이 어려웠기 때문에 일부를 뽑아 전체를 추론하는 방식이 일반적이었다. 예를 들어, 여론조사는 수백 명 혹은 수천 명의 응답을 분석해 수백만 명의 국민 여론을 예측했고, 기상 예측도 일부 지역의 기압, 온도, 습도 데이터를 분석해 전국적인 날씨를 전망했다. 이 방식은 정보가 제한적이기 때문에 항상 일정 수준의 오차를 감수해야 했다.

하지만 AI는 이와 다르다. 수많은 데이터를 실시간으로 수집하고 처리할 수 있기 때문에 더 이상 작은 표본에 의존하지 않아도 된다. 예를 들어, 현대의 기상 예측 시스템은 위성, 센서, 레이더, IoT 기기 등을 통해 초 단위로 수집되는 기후 데이터를 분석한다. AI는 이 데이터를 바탕으로 시간대별 기압 변화, 지역별 습도 분포, 기온 상승 추이 등 수많은 변수 간의 복잡한 관계를 파악해 더 정교하고 정확한 예측을 가능하게 한다.

금융 분야에서도 마찬가지다. 과거에는 주로 경제 지표나 주가의 과거 흐름을 참고해 투자 전략을 세웠다. 그러나 지금은 AI가 뉴스 기사, 기업 보고서, SNS 글, 글로벌 이벤트 정보까지 수집하고 분석해 시장 심리를 실시간으로 파악한다. 이를 통해 주가의 단기 급등락이나 특정 산업의 미래 방향성까지 예측할 수 있다.

결국 AI는 과거의 '추론 중심 분석'에서 '데이터 기반 현실 인식'으로의 전환을 이끌고 있다. 표본을 통해 전체를 유추하던 시대에서 전체 데이터를 직접 다루며 현실을 더 정확히 반영하고 예측하는 시대로 바뀌는 것이다. 빅데이터는 AI의 연료이고, AI는 이 데이터를 활용해 우리 사회의 다양한 현상을 해석하고, 더 나은 결정을 내릴 수 있도록 돕는다.

AI와 인간은 데이터를 다루는 방식에서 근본적인 차이가 있다. AI는 데이터를 학습하는 존재이고, 인간은 데이터를 해석하는 존재다.

이 차이는 단순한 기능의 차원이 아니라 사고방식과 역할의 차이로 이어진다.

AI는 수많은 데이터를 빠르게 처리하고, 그 안에서 일정한 패턴이나 규칙을 찾아낸다. 이를 통해 예측, 분류, 추천 등 다양한 작업을 자동으로 수행할 수 있다. 예를 들어, 기온과 습도 데이터를 수십 년 치 학습한 AI는 '내일 비가 올 확률이 80%'라는 예측을 내릴 수 있다. 이 예측은 통계적으로 매우 정교하고, 실제 날씨와도 높은 일치율을 보일 수 있다.

하지만 여기서 중요한 점은, AI가 말하는 '비가 올 확률 80%'는 어디까지나 수치에 기반한 결과라는 것이다. 그 숫자가 실제로 어떤 의미를 갖는지, 우리가 그 정보를 어떻게 활용해야 하는지는 인간의 해석에 달려 있다. 예컨대 비가 올 확률이 높다는 예측을 보고, 어떤 사람은 우산을 챙길 것이고, 어떤 기업은 물류 계획을 조정할 것이며, 어떤 정책 결정자는 도시 교통 시스템을 점검할 수도 있다. 이처럼 같은 데이터와 예측 결과라도, 그것을 해석하고 행동으로 옮기는 방식은 인간의 사고, 경험, 맥락에 따라 달라진다.

또한 인간은 데이터를 넘어서 '질문'을 만들 수 있다. AI는 주어진 질문에 답을 할 수는 있지만, 어떤 질문을 해야 하는지를 스스로 판단하지는 못한다. '비가 오는 날은 교통량이 줄어들까?' '기후 변화가 장기적으로 경제에 어떤 영향을 줄까?' 같은 질문은 단순한 데이터 분석을 넘어서는 사고를 필요로 한다. 이처럼 의미를 찾고, 관계를 탐색하며, 앞으로의 방향을 고민하는 일은 인간만이 할 수 있는 일이다.

결국 AI는 강력한 도구이지만, 그것이 제공하는 결과를 어떻게 이해하고 사용할지는 인간의 몫이다. 데이터를 학습하고 분석하는 것은 AI가 잘하는 일이고, 그 결과를 맥락 안에서 해석하고 가치 있는 통찰로 바꾸는 것은 인간이 해야 하는 일이다. 이 두 존재는 서로 보완적이며, 그 차이를 정확히 이해하는 것이 AI 시대를 살아가는 데 중요하다.

데이터의 양이 많아질수록 정교한 분석이 가능한 AI는 특정 분야에서 강점을 보인다. 예를 들어, 수많은 금융 데이터를 학습한 AI는 과거의 주가 흐름을 분석해 미래의 변동을 예측하려고 시도한다. 이처

인간은 AI 시대에 주도권을 쥐고 있어야 한다

- AI가 세상을 설명할 때 인간은 그 의미를 해석해야 한다. 해석 없는 기술은 방향을 잃은 화살에 불과하다. 따라서 주도권은 질문과 판단을 동시에 하는 인간이 소유해야 한다.

럼 AI는 방대한 정보를 빠르게 처리하고 일정한 패턴을 찾아내는 데 강점을 가진다. 물론 AI의 예측이 항상 정확한 것은 아니다. 예기치 못한 사건이나 환경 변화에는 매우 취약하다. 예를 들어, 전쟁이 갑자기 발생하거나, 전 세계에 영향을 미치는 팬데믹이 터지거나, 정부가 새로운 규제를 발표하면 이전의 데이터만으로는 이런 변화를 설명하거나 예측하기 어렵다. AI는 과거에 존재하지 않았던 상황에 대해 판단하는 능력이 부족하기 때문이다.

또한, AI가 학습하는 데이터 자체에 문제가 있을 수 있다. 데이터에 차별적인 요소나 왜곡된 정보가 포함되어 있다면, AI는 이를 그대로 학습한다. 예를 들어, 특정 집단에 불리한 편향이 포함된 채용 데이터를 학습한 AI는 동일한 편향을 반영해 채용 결과에 영향을 줄 수 있다. 즉, AI는 인간 사회의 불완전함을 그대로 복제하거나 오히려 더 강화할 위험이 있다.

또한 데이터가 많다고 해서 반드시 더 정확한 결과를 보장하지도 않는다. 오히려 잘못된 데이터를 많이 학습하게 되면, AI는 더 정교하지만 본질적으로 잘못된 판단을 내릴 수 있다. 이는 '정확해 보이지만 틀린' 결과를 만들어내기 때문에 오히려 더 위험하다.

결국 중요한 것은 AI가 만들어 낸 결과를 무조건 신뢰하지 않는 태도다. AI는 어디까지나 도구일 뿐이며 그것을 어떻게 활용하고 통제할지는 인간의 몫이다. AI의 판단이 항상 옳다고 가정하는 순간, 우리는 중요한 판단을 기계에 위임하게 된다. 따라서 AI를 활용한 의사

결정에는 반드시 인간의 비판적 사고가 함께 작동해야 한다. 인간은 AI의 결과를 검토하고, 그것이 어떤 전제와 한계를 가지고 도출된 것인지를 판단해야 한다. 이럴 때만 AI는 효과적인 기술로 기능할 수 있다.

AI 시대에서 인간의 분야별 역할

AI는 오늘날 빅데이터를 분석하고 활용하는 데 있어 핵심적인 도구가 되고 있다. 의료, 금융, 교육, 제조, 법률 등 다양한 분야에서 AI는 이전보다 더 빠르고 정밀하게 데이터를 처리하며 의사결정을 돕고 있다. 하지만 기술이 아무리 뛰어나도, 그 결과를 그대로 따르는 것만으로는 충분하지 않다. 데이터를 어떻게 해석하고, 어떤 방향으로 활용할지 결정하는 것은 여전히 인간의 역할이다.

1. 의료 분야: 진단은 기술이, 결정은 인간이

의료 분야에서는 AI가 환자의 영상 자료나 유전자 정보를 분석해 질병을 진단하는 데 큰 도움을 주고 있다. 하지만 진단 결과가 곧 치료 방침을 의미하지는 않는다. 환자의 병력, 가족력, 심리적 상태, 치료 접근성 등 다양한 요인을 종합해 최종 결정을 내리는 것은 의사다.

AI는 통계적으로 최선의 선택을 제안할 수는 있지만, 삶의 의미나

죽음의 존엄성처럼 수치로 환산할 수 없는 문제에는 침묵한다. 결국 생명을 다루는 마지막 판단은 인간의 몫이다.

2. 금융 분야: 기술은 방향을 제시하고, 경제는 인간이 주도한다

금융 분야에서는 AI가 투자 패턴을 분석하거나 대출 신청자의 신용도를 평가하는 데 활용되고 있다. 그러나 단순히 알고리즘이 높은 수익을 예상한다고 해서 모든 투자 결정을 기계에 맡길 수는 없다. 경기 변동, 정치적 리스크, 사회적 책임 등은 숫자로 환산하기 어려운 변수들이다.

또한, 수익률만을 기준으로 판단할 경우 사회적 책임이나 윤리적 판단은 누락될 수 있다. 예컨대, 높은 수익을 예상하는 기업이 환경 파괴나 노동 착취에 연루되어 있다면 투자는 단순한 숫자를 넘어 윤리적 선택의 문제가 된다. 데이터가 결정의 기초가 될 수는 있지만, 최종 책임과 판단은 인간이 감당해야 한다.

3. 교육 분야: 학습 추천은 AI가, 성장 방향은 교사가

교육 분야에서도 AI는 학습자의 성취도나 관심사에 맞춰 맞춤형 콘텐츠를 추천해 준다. 하지만 학생의 성장에는 지식 외에도 정서, 인간관계, 자존감 같은 요소들이 중요하다. 이 부분은 교사나 부모 같은 인간이 학생과 상호작용을 통해 길러줄 수밖에 없다. 결국 AI가 학습 도구로는 유용할 수 있지만 교육의 방향성과 가치는 인간이 정해야 한다.

4. 법률 분야: 판례는 제시할 수 있어도, 정의는 인간이 판단한다

법률 분야에서 AI는 방대한 판례를 빠르게 검색하고 유사 사건의 결과를 제시할 수 있다. 그러나 법의 해석은 단순한 매칭 작업이 아니다. 사회적 맥락, 피해자의 감정, 판사의 윤리적 가치관 등이 중요한 판단 기준이 된다.

법은 인간 사회의 마지막 안전망이며, 그 기준은 기계가 아닌 사람이 설정해야 한다. 기술이 효율을 높일 수는 있어도 공정과 정의를 세우는 일은 여전히 인간의 고유한 영역이다.

5. 기술 중심에서 인간 중심으로

AI는 점점 더 정교해지고 있으며 다양한 분야에서 인간의 업무를 지원하고 있다. 하지만 AI가 내놓는 분석과 예측은 어디까지나 참고 자료일 뿐이다. 기술은 방향을 제시할 수 있어도 최종 결정을 내리는 것은 인간이다. 앞으로는 단순히 기술을 사용할 줄 아는 능력보다 그 기술이 왜 그렇게 작동하는지 이해하고, 그 결과를 어떤 기준과 가치에 따라 판단할지를 고민하는 능력이 더 중요해질 것이다. 인간의 해석력, 비판적 사고, 윤리적 감수성이 바로 그 차이를 만든다. AI 시대일수록 인간의 역할은 결코 줄어들지 않는다. 오히려 더 깊어지고, 더 중요해진다.

생각의 주도권을 디자인하기 위한 기록

◆ 이 챕터를 읽은 후 챗GPT에 질문을 던진다면 무엇을 질문하고 싶은가?

EX): AI 시대의 전문가는 기술 전문가인가, 가치 판단자인가?

◆ 질문에 대한 챗GPT의 대답을 확인한 후 AI와 자신의 생각을 비교하라

PART 3

생각을 멈추면
AI가 설계한 미로에 갇힌다

생각의
주도권을
디자인하라

AI가 미래를 바꿀 것이라는 말은 틀렸다

AI는 이미 세상을 바꾸었으니
이제 우리는 어떻게 시간을 활용할지를 고민해야 한다

많은 사람들이 AI가 미래를 바꿀 것이라고 말한다. 다양한 전문가, 미디어, 기업들이 앞다투어 AI가 만들어 낼 변화에 대해 예측하고, 그 변화가 언젠가 다가올 것처럼 이야기한다.

그러나 이 말은 틀렸다. 정확히 말하면, AI는 미래를 바꿀 것이 아니라 이미 미래를 바꾸어 놓았다. 우리는 AI가 만들어 낸 변화 속에서 이미 살고 있다. 이 변화는 언젠가 올 미래가 아니라, 지금 이 순간 우리 삶 속에서 진행되고 있는 현실이다.

'AI가 미래를 바꿀 것이다'라는 말은 겉보기에 그럴듯하지만, 실은 우리 인식을 흐리게 만든다. 이 말은 우리가 지금 겪고 있는 변화를 '아직 오지 않은 일'로 착각하게 만든다. 당연히 인식이 흐려지면 판단도 흐려진다. AI에 대한 판단이 흐려진 사람은 AI가 실제로 지금 어떤 방식으로 우리 삶을 바꾸고 있는지를 제대로 보지 못하게 된다.

예를 들어보자. 누군가 'AI 시대가 올 것이다'라고 말하면 우리는 막연히 미래의 어느 날을 떠올린다. 영화 〈HER〉나 〈엑스 마키나〉 속의 인공지능, 혹은 로봇이 거리를 활보하며 인간의 일자리를 대체하는 모습을 상상한다. 하지만 정작 지금 AI는 이미 우리의 일상 깊숙이 들어와 있다. 스마트폰의 음성비서, 유튜브의 영상 추천, 쇼핑몰의 맞춤 광고, 자율주행 기능이 들어간 자동차, 고객센터에서 듣는 챗봇의 안내음성 등 전부 이미 AI가 일으킨 변화들이다.

그렇기 때문에 관점을 바꾸고 질문을 던질 수 있어야 한다. 지금 우리가 던져야 할 질문은 "AI가 미래에 무엇을 바꿀 것인가?"가 아니다. "AI가 이미 바꾸어놓은 지금의 현실을 우리는 어떻게 인식하고 있는가?"가 되어야 한다. 중요한 건, 변화가 시작된 게 아니라 이미 진행되고 있다는 점이다. 더욱이 이러한 변화는 단순한 기술적 진보를 넘어 사회의 구조적 전환까지 이끈다. 구글 전 CEO 에릭 슈미트는 미국 상원 청문회에서 "AI는 이미 우리의 경제, 안보, 교육, 민주주의에 광범위한 영향을 주고 있다"며 "이제는 단순히 기술을 개발하는 것이 그치지 않고 그 기술을 어떻게 통제하고 이해할지를 고민해야 한다"고

발언했다.

이는 단순한 말장난이 아니다. 'AI가 바꾸고 있다'는 말은 변화가 아직 일어나고 있는 중이라는 느낌을 준다. 반면 'AI가 이미 바꾸어 놓았다'는 말은 우리가 지금 그 변화의 결과 안에 있다는 뜻이다. 이 차이는 매우 크다. 현재를 미래처럼 인식하면 우리는 변화를 준비하는 데 그치고 마치 아직 행동에 나설 필요가 없는 것처럼 느낀다. 하지만 이미 변화가 벌어지고 있다는 사실을 인식하면 그에 대응하는 태도와 전략도 달라져야 한다.

눈에 띌 정도로 거대한 변화가 나타나면 우리는 그것을 즉시 인식한다. 예컨대 건물이 무너진다든가, 법이 통째로 바뀌는 식의 극적인 변화는 쉽게 눈에 띈다. 하지만 AI가 만들어 내는 변화는 대부분 그렇게 뚜렷하지 않다. 그것은 천천히, 조용히, 우리가 인식하지 못하는 사이에 스며든다. 그래서 오히려 더 위험할 수 있다. 변화가 느리면 우리는 그 변화에 적응하면서도, 정작 변화가 일어났다는 사실은 인식하지 못한다.

예를 들어, 우리는 이제 더 이상 정보를 스스로 찾으려 하지 않는다. AI가 보여주는 결과를 그냥 받아들이는 경우가 많다. 검색 엔진에서 직접 키워드를 입력하고 다양한 출처를 비교하는 대신, AI 챗봇이나 추천 시스템이 제시하는 답변을 곧이곧대로 받아들인다. 이것은 정보 소비 방식의 근본적인 변화다.

또 하나 주목해야 할 변화는 신뢰의 방식이다. AI가 제시한 정보나 선택을 우리는 점점 더 쉽게 신뢰한다. 그것이 기술이 만들어 낸 결과이기 때문이다. 사람들은 '기계는 감정이 없고 논리적이다'라는 인식 때문에 AI가 인간보다 더 객관적이고 정확하다고 믿는 경향이 있다. 하지만 AI도 인간이 만든 데이터와 알고리즘에 기반하기 때문에 그 판단이 항상 정확하거나 공정하다고 볼 수 없다. 그럼에도 불구하고 우리는 기술이라는 이유만으로 무비판적으로 받아들이는 실수를 반복한다.

이런 신뢰는 우리의 선택에도 영향을 준다. 우리는 스스로 선택했다고 믿지만 사실은 AI가 제안한 선택지를 고른 것에 불과하다. 유튜브가 추천한 영상을 보고, AI가 큐레이션한 뉴스 기사를 읽고, SNS에서 AI가 걸러낸 콘텐츠를 소비하면서 우리는 '내가 선택한 것'이라는 착각에 빠진다. 하지만 그 과정은 이미 AI가 설계하고 조정한 결과다. AI는 이제 단순한 기술에서 우리의 인지 구조와 행동 패턴을 형성하는 보이지 않는 조종자가 되었다.

문제는 이 변화가 너무도 서서히 진행되어 우리가 이를 제대로 인식하지 못한다는 점이다. 그래서 본격적으로 AI가 만들어내고 있는 사회적 변화들을 다루기에 앞서, 지금까지 우리가 어떤 변화를 겪었는지를 정리하고자 한다.

다음 내용을 읽기 전에 한 가지 질문을 던져 보길 바란다. "AI는 이미 내 삶과 사회를 어떻게 바꾸어 놓았는가?" 그리고 그 질문에 스스로 진지하게 답할 수 있기를 바란다.

21세기의 보이지 않는 손: AI와 인간 사고의 변화

우리는 지금, 지식이 빠르게 낡아지는 시대에 살고 있다. 어제까지 맞다고 믿었던 정보가 오늘은 틀렸다고 판명되고, 오래된 기준은 새로운 기술 앞에서 무력해진다. AI의 등장은 이 변화의 속도를 더 가속시켰다. 이제 인간에게 필요한 건 더 많은 정보를 아는 능력이 아니다. 중요한 건 무엇이 더 이상 유효하지 않은지를 구별하고, 과감히 버릴 수 있는 유연한 사고방식이다.

예전에는 '더 많이 아는 것'이 경쟁력이었다. 백과사전 같은 지식의 축적이 곧 지혜였다. 하지만 AI는 단 몇 초 만에 인간보다 훨씬 방대한 정보를 검색하고 요약할 수 있다. 더 이상 '얼마나 알고 있느냐'는 중요한 질문이 아니다. 이제는 '어떻게 생각하느냐' '무엇을 의심하고 질문하느냐'가 더 중요해졌다.

AI는 생각하는 방식을 바꾼다. 우리가 AI와 상호작용하는 방식도 큰 변화를 만들고 있다. 검색창에 질문을 입력하면 AI가 예상 질문을 추천하고, 챗봇과 대화하면 우리의 질문에 추가 질문을 던지기도 한다. 겉보기엔 편리해 보이지만, 그 과정에서 우리는 어느새 AI가 짜 놓은 사고 흐름을 따라가고 있는 셈이다.

이는 마치 내비게이션이 안내하는 길로만 운전하다가, 어느 순간 스스로 길을 찾는 능력을 잃어버리는 것과 비슷하다. 편리함이 사고

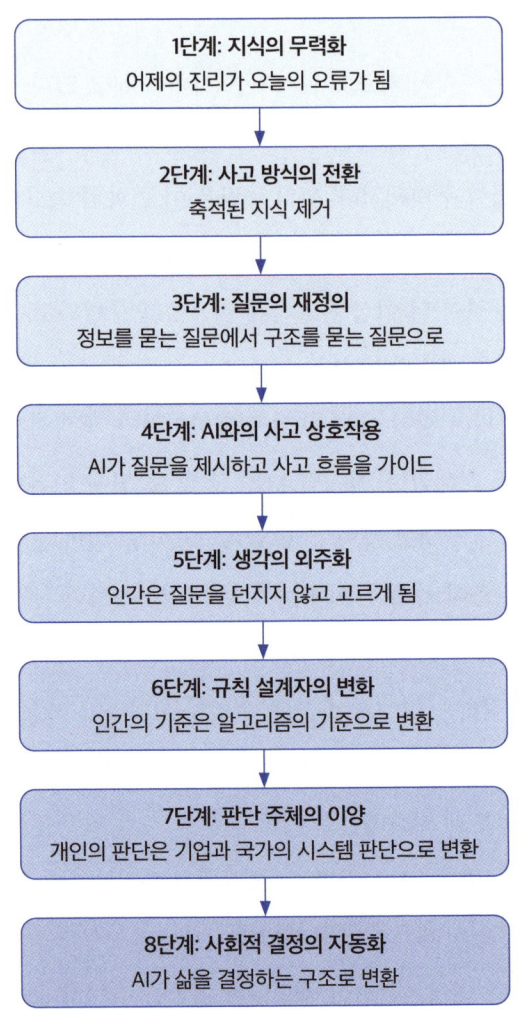

의 자율성을 갉아먹는 것이다. 우리가 더 이상 스스로 질문을 만들지 않고 AI가 제시하는 질문만 따라간다면 우리의 사고는 점점 단조롭고 평면적으로 변할 수 있다.

그래서 이제는 단순히 정보를 소비하는 방식뿐 아니라, '어떻게 질문할 것인가?' '어떤 질문을 하지 않을 것인가?'를 능동적으로 선택하는 태도가 중요해졌다. AI가 사고를 확장하는 도구가 될 수도 있지만, 사고의 틀을 제한하는 프레임이 될 수도 있기 때문이다.

AI는 단순한 기계가 아니다. 그것은 방대한 데이터를 학습해 스스로 판단하고 결정하는 구조다. 중요한 건, 그 데이터는 누가 수집하고 통제하는가이다. 지금 AI를 움직이는 것은 거대 기업과 일부 국가들이다. 그들은 AI가 배우는 데이터와 알고리즘을 설계하고 통제하면서, 사실상 새로운 '규칙'을 만들어 내고 있다.

예를 들어, 대기업의 알고리즘은 어떤 사람에게 대출을 해줄지, 어떤 사람을 면접 대상으로 삼을지를 결정한다. 경찰 시스템에서는 AI가 '이 사람이 다시 범죄를 저지를 가능성이 있다'는 판단을 내리기도 한다. 이처럼 AI의 판단은 단순한 추천을 넘어서, 사람의 삶을 구체적으로 바꾸고 결정짓는다.

AI는 21세기의 '보이지 않는 손'이다. 우리를 도와주기도 하고, 이끄는 것처럼 보이기도 하지만, 실제로는 그 손이 누구의 것인지, 어디로 향하고 있는지 분명히 알아야 한다. 우리가 AI를 도구로 쓰는 동시에, AI에 사고방식을 '배워가고' 있다는 점을 자각하지 않으면, 결국 AI

가 인간을 재구성하게 된다.

따라서 AI 시대의 시민에게 필요한 것은 세 가지다.

- 정보보다 유연한 사고방식
- 정답보다 좋은 질문을 던지는 능력
- 기술을 감시할 수 있는 감각과 비판적 시선

지금 우리가 마주한 AI는 단순한 기계가 아니다. 그것은 인간의 질문을 바꾸고, 사회의 규칙을 다시 쓰고, 권력의 중심을 재편하고 있다. 중요한 건, 이 흐름 속에서 우리는 얼마나 자율적으로 사고할 수 있는가다.

변화의 진정한 동력은 다름 아닌 당신의 선택이다

요즘 우리는 AI라는 단어를 하루에도 몇 번씩 접한다. AI는 새로운 기술의 상징처럼 보이고, 실제로도 빠르게 발전하고 있다. 스스로 학습하고, 데이터를 바탕으로 더 똑똑해지고, 사람처럼 말하고 글을 쓰기도 한다. 하지만 이 모든 변화의 중심에는 AI가 아니라 인간, 더 정확히 말하면 '인간의 선택'이 있다.

AI는 기술일 뿐이다. 아무리 정교하고 강력해도, 그것이 인간의 삶을 바꾸는 건 아니다. 진짜 변화는 인간이 그 기술을 어떻게 받아들이고, 어떤 태도를 취하느냐에 따라 일어난다. AI가 계속 발전한다고 해도 사람들이 기존 방식에만 머물고 새로운 것을 받아들이지 않는다면 그 변화는 삶에 스며들지 못한다. AI는 그저 배경처럼 지나갈 뿐이다.

어떤 사람은 AI 도구를 활용해 더 빠르게 업무를 처리하고, 새로운 기회를 만든다. 하루 몇 시간씩 걸리던 일을 AI의 도움으로 몇 분 만에 끝내고, 그 시간에 새로운 프로젝트를 기획하거나 공부를 한다. 반면, 어떤 사람은 AI가 해주는 음악 추천이나 자동완성 기능에만 만족한다. 같은 기술을 접하고 있지만 그 활용 수준과 태도는 완전히 다르다.

이 차이는 단순히 기술 활용의 문제가 아니다. 삶의 방향을 결정하는 선택의 차이다. 능동적으로 변화에 반응하고 그 변화 위에 자신의 성장 전략을 세우는 사람은 미래를 앞서 살아간다. 반면, 변화가 불편하고 두려워서 외면하거나 미루는 사람은 지금 이 순간에도 과거에 머무르고 있다.

중요한 건 기술 그 자체가 아니다. 중요한 건 그 기술과 함께 스스로를 어떻게 발전시킬 것인가이다. 기술은 도구이고, 방향키는 인간이 쥐고 있다. 기술이 아무리 발전해도 그것을 어떤 시각으로 바라보고, 어떤 용도로 활용할지는 전적으로 개인의 몫이다.

결국 인간은 AI를 사용해야 할 것이다

- '자료 수집' '글쓰기' '데이터분석' 등 AI의 장악력은 확장되고 있지만, 진짜 미래는 그 기술을 대하는 인간의 태도로 결정된다. 그러니 다가오는 AI 시대를 맞이하기 전에 어떻게 AI를 활용해야 할지 결정해야 한다.

    우리는 지금 AI 시대를 살아가고 있다. 하지만 AI가 만든 세상의 풍경은, 우리 각자가 AI를 어떻게 이해하고, 받아들이고, 활용하느냐에 따라 완전히 달라진다. 그리고 그 선택이, 앞으로 당신이 어떤 미래를 살게 될지를 결정한다.

    당장 주변을 둘러보면 변화의 속도는 이미 체감할 수 있다. 수많은 AI 기반 서비스들이 무료로 출시되고 있고, 많은 사람들이 이를 활용해 삶의 질을 높이고 있다. 예를 들어, 작가들은 글쓰기 보조 도구로, 교사들은 수업 준비와 피드백 자동화로, 창업가들은 마케팅 콘텐츠 제작에 AI를 활용한다. 이들은 단지 기술을 사용하는 것을 넘어 기술과 함께 성장하고 있다.

하지만 동시에 기술을 그저 소비하는 데 그치는 사람도 있다. AI가 추천하는 콘텐츠를 수동적으로 소비하고, 그 외의 가능성에는 관심을 두지 않는다. 세계경제포럼World Economic Forum은 2023년 보고서에서 "AI를 활용할 수 있는 사람과 그렇지 못한 사람 사이의 격차는 단순한 디지털 격차를 넘어 사회적 불평등을 더욱 심화시킬 수 있다"고 전했다. 이는 단지 기술 사용 수준의 문제를 넘어 사고방식과 학습 태도, 변화에 대한 주도권의 문제라는 점을 시사한다. AI는 '무엇을 알고 있느냐'보다 '어떻게 배우고 적응하느냐'를 더 중요하게 만들고 있다.

결국 선택은 우리에게 달려 있다. 지금 우리는 단순히 AI를 '사용'하는 사람이 될 것인가?, 아니면 AI와 함께 '성장'하는 사람이 될 것인가? 기술이 가져다주는 가능성을 내 삶에 적극적으로 통합할 것인가?, 아니면 그것을 먼 미래의 이야기로 여긴 채 관망할 것인가? AI 시대는 우리에게 질문을 던지고 있다. 당신은 지금 어떤 시간을 살고 있는가? 변화의 중심에 서서 스스로의 가능성을 확장하고 있는가?, 아니면 변화의 끝자락에서 과거의 습관에 머물러 있는가? 이 선택은 단지 현재를 결정하는 것이 아니라, 앞으로 당신이 살아가게 될 미래의 질감을 바꾸게 될 것이다.

생각의 주도권을 디자인하기 위한 기록

◆ 이 챕터를 읽은 후 챗GPT에 질문을 던진다면 무엇을 질문하고 싶은가?

EX): AI가 추천하는 선택지를 무비판적으로 따르는 것이 왜 위험한가?

◆ 질문에 대한 챗GPT의 대답을 확인한 후 AI와 자신의 생각을 비교하라

구글의 시대는 끝날 것인가

정보 검색의 시대가 끝나고
정보 해석의 시대가 오고 있다

검색은 단순히 정보를 찾는 행위처럼 보이지만 사실은 그보다 훨씬 깊은 의미를 갖고 있다. 우리가 검색창에 입력하는 단어나 문장은 단순한 문장이 아니다. 그것은 우리가 세상을 어떻게 이해하고 싶은지, 무엇을 알고 싶은지를 드러내는 질문이다. 예를 들어, '기후변화의 원인'이라는 키워드를 검색했다면 이는 단순히 정보를 얻으려는 행위가 아니라 '세상에서 지금 무슨 일이 일어나고 있는가?'에 대한 우리의 인식과 궁금증을 표현한 것이다.

질문하는 인간에서
선택하는 인간으로

그동안 우리는 검색을 통해 세상과 소통하고, 이해하고, 해석해 왔다. 검색은 일종의 질문 도구였고, 구글은 그 질문에 답을 주는 창구였다. 사용자가 키워드를 조합해 입력하고, 수많은 결과 중에서 자신에게 맞는 정보를 골라내는 과정은 하나의 사고 과정이다. 어떤 단어를 써야 원하는 정보가 나오는지, 어떤 링크를 클릭해야 신뢰할 수 있는지를 판단하는 능력은 검색의 핵심이었다.

그러나 이제 그 패턴이 바뀌고 있다. 검색의 기술이 점점 '질문을 잘하는 능력'에서 '제시된 답변을 평가하고 선택하는 능력'으로 이동하고 있다. AI의 발전은 이 변화를 가속시키고 있다. 이제는 사용자가 직접 정보를 조합하지 않아도 된다. 단순히 질문을 입력하면 AI가 여러 출처의 정보를 정리하고 요약해 가장 적절한 답변을 제공한다. 어떤 경우에는 질문하지 않아도 미리 관련 정보를 예측해 제시하기도 한다.

이러한 변화는 사용자의 역할에 큰 변화를 가져온다. 과거에는 정보를 찾기 위해 적극적으로 질문하고 탐색해야 했다면, 지금은 그럴 필요가 점점 줄어들고 있다. 우리는 이제 질문자가 아니라 '답변의 소비자'가 되고 있다. 쉽게 말해, 직접 물어보고 찾아보던 시대에서 AI가 주는 답변 중 '자신에게 무엇이 맞는지'를 판별하는 시대가 온 것이다. 이는 검색이라는 개념 자체의 재정의를 의미한다.

실제로 이런 변화는 수치로도 확인된다. 웹 분석 업체 스탯카운터에 따르면, 2025년 1월 기준 구글의 글로벌 검색 점유율은 89.7%였다. 여전히 세계 1위지만 지난 10년간 처음으로 90% 아래로 떨어진 수치다. 2월에는 다시 90.14%로 회복되었지만, 하락했다는 사실 자체가 의미심장하다. 구글의 독점적 지위를 흔들고 있는 주체는 다름 아닌 AI 검색 도구들이다. 대표적으로 챗GPT와 퍼플렉시티Perplexity 같은 도구들이 사용자들에게 더 직관적이고 편리한 검색 경험을 제공하면서 주목받고 있다. 이러한 이유로 대화형 AI인 챗봇의 시장 규모 역시 점차 커지고 있다는 점도 주목해야 한다.

그 이유는 간단하다. 전통적인 검색 엔진은 사용자가 키워드를 입력한 후, 다양한 검색 결과 중에서 적절한 웹페이지를 클릭해야 원하는 정보를 얻을 수 있다. 이 과정에서 수많은 판단과 클릭이 필요하다. 반면, AI 기반 검색은 질문을 입력하면 바로 요약된 답이 제시된다. 사용자는 더 이상 여러 페이지를 넘기며 정보를 추려낼 필요가 없다. 즉, 검색 과정이 단순화된 것이다. 클릭 한 번이 줄어든 것처럼 보이지만, 사실은 정보 접근 방식 전체가 달라지고 있는 것이다.

이제 남은 질문은 이것이다. 검색의 물리적 단계가 줄어들면서, 우리는 어떤 사고 단계를 함께 잃고 있는가? 직접 질문하고, 답을 찾아가는 과정에서 키워졌던 비판적 사고력은 어떻게 유지할 수 있을까? 정보의 소비가 쉬워지는 시대일수록 오히려 그 정보를 어떻게 받아들이고 평가할 것인지에 대한 능력이 더 중요해지고 있다.

검색의 시대가 끝나고 있다는 말은 단순히 구글의 영향력이 줄고 있다는 뜻이 아니다. 그것은 우리가 세상과 소통하는 방식, 정보를 받아들이는 태도, 그리고 사고의 방식 자체가 변화하고 있다는 신호다. 이 변화는 편리함을 가져다주지만, 동시에 우리가 생각하고 탐색하는 힘을 점점 덜 쓰게 만든다. 이제 중요한 질문은 이것이다. 더 편리해진 정보 접근 방식이 과연 우리를 더 똑똑하게 만들고 있는가? 아니면 질문할 줄 아는 능력을 점점 잃어가고 있는 건 아닐까?

AI 시대의 검색은 정보 탐색의 풍경을 완전히 바꾸어 놓았다. 과거에는 정보를 찾기 위해 다양한 키워드로 검색해 보고, 여러 사이트를 돌아다니며 자료를 비교하고 확인하는 과정이 필요했다. 이 과정에서 우리는 단순히 결과만 얻지 않았다. 예상치 못한 정보와 마주치며 사고의 범위를 넓히고, 지식 사이의 연결고리를 스스로 만들어 나갔다. 검색은 단순한 수단이 아니라 학습과 발견의 통로였다.

하지만 지금은 다르다. AI가 질문을 해석하고 관련된 정보들을 정리한 뒤 가장 핵심적인 답을 하나로 요약해 제공한다. 우리는 더 이상 탐색의 과정을 거치지 않는다. 수고스럽게 여러 페이지를 넘기거나, 서로 다른 관점을 비교해 볼 필요가 없다.

이 변화는 마치 오프라인 서점과 온라인 서점의 차이를 닮아 있다. 오프라인 서점에 가면 처음에는 특정 책을 찾으러 갔다가도, 책장을 넘기다 예상치 못한 책을 발견하는 일이 종종 있다. 이런 우연한 만남이 사고의 확장을 이끌고, 관심사의 경계를 넓혀준다. 반면 온라인 서점에서는 검색창에 몇 글자만 입력하면 원하는 책이 즉시 나타난다. 필요한 책은 빠르게 찾을 수 있지만 그 외의 책들과 마주칠 기회는 거의 없다.

결국 우리는 정보의 홍수 속에서 방향을 잃지 않기 위해, 다시금 '과정의 가치'를 돌아보아야 한다. 탐색하고, 헤매고, 우연히 마주치는 경험 속에 여전히 중요한 통찰이 숨어 있기 때문이다. AI가 모든 것을 대신해 줄 수는 없다. 무엇을 받아들이고, 무엇을 의심할 것인지는 여전히 우리의 몫이다.

검색이
필요 없는 세상

구글이 처음 등장했을 때, 그것은 단순한 검색엔진 이상의 의미를 가졌다. 사람들은 궁금한 것이 생기면 책을 뒤지고, 전문가에게 묻고, 백과사전을 찾아야 했다. 정보는 찾는 데 시간과 노력이 필요했고, 어디에 있는지조차 알기 어려웠다. 하지만 구글은 인터넷이라는 방대한 정보의 바다를 탐색할 수 있게 해주었고, 단 몇 초 만에 원하는 답을 찾을 수 있는 세상을 열었다.

이 변화는 인간의 행동 패턴에 큰 영향을 미쳤다. 우리는 무언가를 아는 것보다 '어떻게 검색할 것인가?'를 더 중요하게 여기게 되었다. 효과적인 검색어를 입력하고, 신뢰할 수 있는 정보를 골라내는 능력이 새로운 지식 습득의 핵심이 되었다. 검색은 단순한 기술이 아니라 일종의 역량으로 여겨졌다.

하지만 지금 우리는 또 한 번의 전환점을 맞고 있다. AI가 일상에 깊숙이 들어오면서 이제는 검색조차 필요 없는 시대가 도래하고 있다. AI는 사용자의 패턴과 선호, 대화 내용을 분석해, 사용자가 직접 질문하지 않아도 알아서 필요한 정보를 제공한다. 예를 들어, 스마트폰이나 스마트 스피커는 사용자가 "내일 날씨 어때?"라고 묻지 않아도, 아침마다 자동으로 날씨를 알려준다. 출근 시간에 맞춰 교통 상황을 알려주고, 자주 가는 장소를 바탕으로 스케줄을 제안하기도 한다.

이런 변화는 단순히 편리함을 넘어서 인간의 사고방식에도 영향을 준다. '궁금한 것이 생기면 묻는다'는 당연했던 행동이 점점 사라지고 있다. 질문 자체를 던질 필요가 없기 때문에 사람들은 점점 덜 묻고, 덜 탐색하게 된다. 다시 말해, 우리는 '질문하지 않는 인간'이 되어가고 있다.

이 흐름은 기술 기업의 전략에도 반영되고 있다. 검색 기반 AI 서비스인 퍼플렉시티의 CEO는 "우리는 구글과 경쟁하지 않는다. 우리는 질문하지 않는 사람들을 타겟으로 한다"고 말했다. 이 말은 단순한 마케팅 문구가 아니라, 인간과 기술의 관계가 어떻게 달라지고 있는지를 보여주는 중요한 시사점이다.

앞으로 정보는 더 이상 '찾는 것'으로 정의되지 않고 '받는 것'이 될 가능성이 크다. 이 변화는 교육, 소통, 사고방식 등 여러 측면에서 우리의 삶에 깊은 영향을 미칠 것이다.

질문을 잃어버린 인간

질문하는 능력은 단순한 기술이 아니다. 그것은 사고의 출발점이며 인간이 세상을 이해하고 해석하는 가장 기본적인 방법이다. 우리는 어떤 현상을 마주했을 때 "왜 그렇지?" "어떻게 된 거지?" "이건 다른 것과 어떻게 다를까?" 같은 질문을 던지며 사고를 시작한다. 질문은 생각을 자극하고, 문제 해결을 위한 방향을 제시한다.

과거에 우리는 이런 질문을 품고 검색창에 키워드를 입력했다. 검색은 단순히 정보를 찾는 행위가 아니었다. 그 과정에서 우리는 스스로 문제를 정의하고, 가설을 세우고, 다양한 출처를 비교하고, 평가하며 스스로의 관점을 다듬었다. 이는 마치 스스로 탐험하며 지도를 그리는 일과 같았다. 검색은 사고력을 키우는 일종의 훈련장이었다.

그러나 이제 우리는 AI의 추천을 받으며 생각보다 클릭을 먼저 한다. 질문을 던지기 전에 이미 정답이 제시되고, 그 정답이 너무 편리하게 제공되기 때문에 다시 질문할 필요조차 느끼지 못한다. "이게 맞는지"보다 "이게 가장 먼저 떠서" 선택하게 되는 일이 잦아질 것이다. 이러한 변화는 단순한 기술적 진보를 넘어, 인간의 사고 구조 자체를 바꾸고 있다.

더 심각한 문제는 다양한 관점을 접할 기회가 줄어든다는 점이다. 예전에는 같은 주제를 검색하더라도 여러 출처를 확인하며 서로 다른 의견을 비교했다. 이 과정에서 우리는 세상이 단일한 정답만으로 구성되어 있지 않다는 사실을 배웠다. 하지만 지금은 AI가 판단한 '가장 적절한 답변' 하나만 보여주는 일이 많아졌다. 그 결과, 우리는 점점 더 복잡한 문제를 단순한 정답으로 받아들이고 있다.

정보의 민주화는 정보를 누구나 쉽게 접할 수 있게 한다는 점에서 긍정적인 측면이 있다. 하지만 지금의 AI 기반 정보 제공 방식은 오히려 정보의 다양성을 축소시키고, 특정 알고리즘이 선택한 정보만을 접하게 만들 가능성이 있다. 특히 검색 결과가 상위 몇 개로 제한되고, 그 기준이 불투명할 때 우리는 모르는 사이에 특정 관점에 길들여질 수 있다.

AI의 발전이 멈출 수 없다면 인간이 해야 할 일은 더욱 분명해진다. 바로 질문을 잃지 않는 것이다. 어떤 정보를 접하더라도 "정말 그럴까?", "다른 가능성은 없을까?", "왜 이런 답을 보여주는 걸까?" 같은 질문을 던지는 습관을 유지해야 한다. 그래야만 우리는 AI의 도움을 받으면서도, 스스로 사고하는 인간으로 남을 수 있다.

AI 시대,
우리는 질문하는 법을 다시 배워야 한다

기술이 발전하면서 정보에 접근하는 방법은 훨씬 편리해졌지만, 그만큼 사고력은 더 쉽게 약화될 수 있다. 특히 AI 검색이 일상화된 지금, 우리는 검색이라는 행위 자체를 단순한 정보 획득의 수단으로 여기기 쉽다. 그러나 검색은 단지 기술이 아니다. 그것은 인간이 세상을 이해하고, 문제를 정의하고, 생각을 확장해 나가는 방식이다. 질문을 던지는 과정은 곧 생각하는 과정이며, 사고력은 질문에서 시작된다.

AI는 우리가 던지는 질문에 기반해 답을 만든다. 그렇기 때문에 질문이 단순할수록, 답도 단순해진다. 예를 들어 "정답이 뭐야?"라고 묻는다면 AI는 가장 확률 높은 정답을 제시할 것이다. 하지만 이 과정에는 비판적 사고나 대안 탐색의 여지가 거의 없다. 반면 "내가 보지 못한 관점은 무엇인가?" "이 문제를 다른 방식으로 접근하면 어떻게 될까?"와 같은 질문은 AI에 더 깊이 있는 사고를 유도한다. AI는 도구일 뿐이고, 그 도구를 어떻게 활용할지는 전적으로 질문자의 사고력에 달려 있다.

AI 시대에 필요한 능력은 단순히 정보를 빠르게 찾는 능력이 아니다. 오히려 넘쳐나는 정보 속에서 어떤 것이 의미 있는지, 어떤 것이 편향되었는지, 무엇이 생략되었는지를 판단할 수 있는 비판적 사고력이다. AI가 제공하는 정보를 그대로 믿기보다 "왜 이런 답을 했는가?"

"이 답의 근거는 무엇인가?"라고 되묻는 태도가 필요하다. 그렇게 질문을 계속 던지는 것이야말로, AI 시대에도 인간이 사고하는 존재로 남는 방법이다.

결국 중요한 것은 기술이 아니라 태도다. AI가 아무리 똑똑해져도, 우리가 질문을 멈추는 순간 사고는 멈추고 만다. 우리는 여전히 질문하는 인간이어야 한다. 질문은 단순히 정보를 얻기 위한 도구가 아니라, 우리가 생각하고 성장하는 방식이다. AI 시대일수록 더 많이, 더 깊게, 더 낯설게 질문해야 한다. 그래야 우리가 AI를 주도할 수 있고 그 흐름에 휘둘리지 않을 수 있다.

AI 기반 검색은 우리가 방대한 정보의 바닷속에서 길을 찾을 수 있도록 도와주는 새로운 형태의 길잡이다. 예전에는 사람의 지식이나 전통적인 검색 엔진에 의존해 필요한 정보를 찾아야 했지만, 이제는 AI가 사용자의 질문을 해석하고, 그에 맞는 답을 제시하는 방식으로 정보 탐색의 패러다임이 바뀔 것이다. 이런 변화는 분명히 편리하고 효율적이다. 그러나 이런 변화가 시대를 장악하기 전에 중요한 사실 하나를 잊어서는 안 된다. AI가 제시하는 방향이 항상 옳은 것은 아니라는 점이다.

AI는 과거의 데이터를 기반으로 학습하기 때문에 잘못된 정보나 편향된 관점을 그대로 반영할 수 있다. 또한 AI가 제안하는 결과는 때때로 사실처럼 보이지만, 실제로는 부정확하거나 맥락을 잘못 이해한 경우도 있다. 따라서 우리는 AI를 마치 전지전능한 존재처럼 맹목적으로 믿기보다는 그 결과를 비판적으로 바라보는 태도가 필요하다.

기술은 결코 중립적인 도구가 아니다. 어떤 기술이든 그것을 사용하는 사람의 목적, 방식, 의도에 따라 전혀 다른 결과를 낳을 수 있다. AI도 마찬가지다. 그 기술이 사람을 더 현명하게 만들 수도 있고, 반대로 생각 없이 수동적인 소비자로 만들 수도 있다. 결국 AI가 우리 삶에 미치는 영향은 우리가 그 기술을 어떻게 이해하고, 어떤 방식으로 활용하느냐에 따라 달라진다.

앞으로 AI 검색 기술은 더 똑똑해지고, 더 자연스럽게 우리의 일

• 기술은 길을 밝혀주는 도구가 될 수도 있지만, 눈을 가리는 덮개가 될 수도 있다. 잘못된 정보가 넘쳐날 수 있는 AI 시대에서 정보를 의심하고 되묻는 과정이 '현명함'을 결정할 것이다.

상 속에 녹아들 것이다. 스마트폰, 음성 비서, 검색 엔진, 챗봇 등 다양한 형태로 우리 곁에 머물며 정보를 제공하고 결정을 도울 것이다. 그러나 기술이 아무리 정교해져도, 마지막 판단은 인간이 해야 한다. 사용자는 정보를 받아들이기 전에 그 의미를 해석하고, 필요한지를 따져보며 상황에 맞게 적용하는 능력을 잃지 말아야 한다.

이제 중요한 것은 정보를 얼마나 빨리 찾느냐가 아니라 어떤 정보를 믿고 따를 것인가다. 정보를 수동적으로 받아들이는 자세에서 벗어나 능동적으로 질문을 던지고, 그 답을 검토하며, 더 나은 선택을 하기 위한 사고력을 기르는 것이 핵심이다.

지금 우리는 '검색의 시대'를 지나 '질문의 시대'에 진입하고 있다. 단순한 정보 탐색에 그치지 않고 더 본질적이고 창의적인 질문을 던질 수 있는 능력이 점점 더 중요해지고 있다. AI가 수많은 정보를 제공해 줄 수는 있어도, 우리가 어떤 질문을 해야 할지를 대신 결정해 주지는 못한다. 결국 AI 시대에 진짜 중요한 기술은 '좋은 질문을 던질 줄 아는 힘'이다.

생각의 주도권을 디자인하기 위한 기록

◆ 이 챕터를 읽은 후 챗GPT에 질문을 던진다면 무엇을 질문하고 싶은가?

　　EX): 정보를 찾는 과정이 생략되면, 비판적 사고력은 어떻게 변할까?

◆ 질문에 대한 챗GPT의 대답을 확인한 후 AI와 자신의 생각을 비교하라

창의성
그것이 문제로다

**인간이 질문을 잃어버리면
AI는 창의성을 찾을지도 모른다**

AI는 이미 우리의 일상 곳곳에 영향을 미치고 있다. 검색 엔진에서 원하는 정보를 찾는 방식이 달라졌고, 질문을 던지는 방식조차 변화하고 있다. 예전에는 키워드를 조합해 정보를 찾아야 했다면 이제는 마치 사람과 대화하듯 질문을 던지고 더 정교한 답변을 얻는다. 이런 변화는 단지 편리함을 넘어 인간 사고방식 자체에 영향을 주고 있다.

이처럼 AI가 만들어 내는 변화는 기술적 진보에만 국한되지 않는다. 이제 논쟁의 중심은 인간의 고유 능력이라 여겨졌던 '창의성'이라는 영역으로 옮겨가고 있다. 많은 사람들은 여전히 창의성을 영감, 직관, 감성 같은 인간적인 요소에서 나온다고 생각한다. 그래서 AI는 아무리 똑똑해져도 결코 창의적일 수 없다고 믿는다. 창의성은 인간만의 영역이라고 여기는 것이다.

하지만 이 생각은 섣부른 판단일 수 있으니 다시 생각해 볼 필요가 있다. 창의성은 단순히 '기발한 아이디어를 떠올리는 능력'만을 의미하지 않는다. 창의성이란 기존에 존재하는 아이디어나 정보, 경험을 새롭게 연결하고 조합해 의미 있는 결과물을 만들어내는 능력이다. 즉, 전혀 없던 무언가를 '창조'하기보다는, 이미 있는 것들을 새로운 방식으로 바라보고 엮어내는 과정에 더 가깝다.

그렇다면 이런 창의적인 조합과 재구성을 AI가 할 수는 없는 걸까? 많은 사람이 AI는 과거 데이터를 바탕으로 확률적으로 가장 적절한 결과를 찾아내는 '패턴 인식 기계'로 이해하곤 한다. 하지만 최근의 AI는 그 이상의 능력을 보여주고 있다. 수많은 데이터를 학습한 AI는 인간이 미처 발견하지 못한 관계를 찾아내고, 인간과는 다른 방식으로 새로운 조합을 만들어 낸다.

예를 들어, AI가 창작한 미술 작품이나 음악, 소설은 이제 단순한 '모방'의 수준을 넘어섰다. 어떤 경우에는 인간 작가나 예술가의 작품이라고 해도 믿을 만큼의 완성도와 개성을 보여준다. 물론 감정이나 자아가 없는 AI가 진짜 '창의적'이라고 말하기에는 아직 논란이 있지만, 최소한 창의적 결과물을 '만드는 능력'만 놓고 본다면, 인간과의 차이는 점점 줄어들고 있다.

결국 인간과 AI 모두 경험과 학습을 통해 기존의 지식을 재구성하고 새로운 것을 만들어 낸다. 그렇다면 AI도 하나의 창의적 주체로 인정해야 하는 시대가 오고 있는지도 모른다. 지금 우리가 고민해야 할 것은 AI가 창의적일 수 있는가 없는가를 단정 짓는 것이 아니라, 창의성이라는 개념 자체를 다시 정의해야 하는 시점에 와 있다는 사실이다.

창의적인 AI

인간의 창의성 역시 완전한 무無에서 나오는 것이 아니다. 사람은 태어날 때부터 주변 환경에서 수많은 자극을 받고, 경험을 통해 정보를 축적하며 다양한 상황에서 그것들을 조합하거나 재해석하면서 창의적인 아이디어를 만들어낸다. 예를 들어, 예술가가 새로운 그림을 그릴 때 완전히 아무것도 없는 상태에서 갑자기 영감이 떠오르는 것이 아니다. 과거에 본 작품들, 읽은 글, 느꼈던 감정, 살아온 경험들이 머릿속에서 얽히고설켜 새로운 형태로 나오는 것이다. 이처럼 창의성은 '전혀 새로운 것'을 만들어 내는 능력이 아닌 '기존의 것을 새롭게 연결하고 표현하는 능력'에 가깝다.

아기의 언어 습득 과정도 비슷한 원리로 설명할 수 있다. 아기는 처음에 부모나 주변 사람들이 말하는 소리를 듣고 그것을 따라 하며 언어를 배운다. 하지만 시간이 지나면 단어들을 조합하고 문장을 만들며 점점 더 자신만의 표현을 하게 된다. 이는 AI의 학습 방식과 유사하다. AI도 데이터를 입력받아 패턴을 학습하고, 그 지식을 바탕으로 새로운 조합을 만들어낸다.

실제로 AI는 단순히 과거 데이터를 흉내 내거나 반복하는 수준을 이미 넘어서고 있다. 대표적인 예가 바둑 AI인 알파고^{AlphaGo}다. 2016년, 알파고는 세계 최정상 프로기사였던 이세돌 9단을 상대로 압도적인 승리를 거두며 전 세계를 놀라게 했다. 이는 AI가 기존 데이터를 단순히 재현하는 수준을 넘어, 인간의 사고방식과는 전혀 다른 전략을 창출할 수 있다는 사실을 상징적으로 보여준 사례다.

예술 분야에서도 AI의 창의성은 점점 더 두드러지고 있다. 예컨대 오픈AI의 뮤즈넷^{MuseNet}은 바흐^{Bach}나 모차르트^{Mozart} 같은 작곡가의 스타일을 학습한 뒤, 새로운 클래식 곡을 창작한다. 미술 분야에서도 DALL·E, 미드저니^{Midjourney}, 스테이블 디퓨전$^{Stable\ Diffusion}$ 같은 AI는 화풍, 소재, 구성의 제약을 뛰어넘는 그림을 만들어 낸다. 이 결과물들은 단순히 기존 화가들의 스타일을 짜깁기한 수준을 넘어 여러 스타일을 조합해 새로운 창조적 표현을 실현한 결과로 평가된다.

더 나아가, AI는 인간의 창작 활동을 '대체'하는 것이 아니라 '보완'하거나 '확장'하는 파트너로서의 역할도 수행한다. 예를 들어, 소설가가 서사의 틀을 고민할 때, AI는 수백 가지의 전개 방식을 제안할 수 있다. 작가가 초고를 작성할 때 문장 흐름을 다듬거나, 캐릭터의 대사를 변형시켜 주기도 한다. 영화 시나리오 개발 단계에서도, AI가 생성한 시놉시스와 플롯을 바탕으로 인간 작가가 상상력을 더하는 방식으로 창작의 외연이 넓어지고 있다.

물론 AI와 인간 사이에는 명확한 경계도 존재한다. 인간은 특정한 감정, 문제의식, 세계관, 삶의 경험을 바탕으로 창작을 한다. 한 편의 시는 고통 속에서 진행된 사유일 수 있고, 하나의 회화는 작가가 세상을 바라보는 방식 자체일 수 있다. 인간의 창작에는 '왜 쓰는가'라는 목적과 의미가 있다. 반면, AI는 목적을 스스로 부여하지 않는다. 주어진 데이터와 목표 함수를 바탕으로 규칙을 찾아내고, 가장 '적절한' 결과물을 생성할 뿐이다.

그러나 목적이 없다고 해서 창의성이 없다고 단정할 수는 없다. 창의성이란 본질적으로 기존의 지식이나 형식을 새로운 방식으로 연결해, 예상치 못한 결과를 창출하는 능력이다. 이 정의에 따르면, AI는 지금 이 순간에도 다양한 방식으로 창의성을 실현하고 있다. 다만, 인간의 창의성이 '의도와 맥락'에서 출발한다면, AI의 창의성은 '패턴과 확률'에서 비롯된다고 볼 수 있다. 이 둘은 서로 다른 출발점이지만 결국 예술과 창작의 세계를 풍부하게 만드는 두 개의 축이 될 수 있다.

요약하자면, AI는 무한한 가능성을 열어주지만, 그 안에서 무엇에 의미를 부여할지는 인간의 몫이다. 인간의 창의성은 단순히 무에서 유를 창조하는 능력이 아니라 수많은 가능성 속에서 어떤 것을 선택하고, 그것을 새로운 맥락으로 연결해 가치를 발견하는 능력이다.

이처럼 창의성이란 '생산'의 문제가 아니라 '판단'과 '재구성'의 문제로 확장되고 있다. AI는 아이디어를 제시하고, 인간은 그중에서 의미를 읽어내며 창작의 방향을 정한다. 결국 인간과 AI의 협업은 창의성의 개념을 '독창성'에서 '관점과 해석' 중심으로 재정의하고 있다. 이제 창작이란 더 이상 혼자의 일이 아니다. 의미를 찾고 연결하는 힘이 창의성의 핵심이 된 시대다.

집필에서 편집, 편집에서 생성으로: 창작 방식의 변화와 창의성의 재정의

창의성에 대한 논의는 단순히 '기발한 아이디어를 내는 능력'에 그치지 않는다. 실제로 창의성은 시대와 기술의 변화에 따라 그 정의와 구현 방식이 달라져 왔다. 특히 글쓰기나 음악처럼 인간의 감성과 사고를 필요로 하는 창작 영역에서는 기술이 창의성의 본질에 직접적인 영향을 미쳐 왔다.

과거에는 '집필'이 창작의 핵심이었다. 작가는 머릿속 아이디어를 직접 공책에 써 내려가거나 타자기로 글을 작성했다. 이 시기의 창작은 '처음부터 끝까지 스스로 만들어내는 것'이라는 인식이 강했다. 창작자는 곧 창조자였다. 이 시기에는 한 번 쓴 문장을 쉽게 고치기 어려웠기 때문에, 글을 쓰는 순간부터 완성도를 고려해야 했다. 그래서 한 글자 한 글자를 신중하게 다듬는 '육필'의 창작 문화가 자리 잡았다.

하지만 1980~1990년대에 워드프로세서가 등장하면서 이 방식에 큰 변화가 일어났다. 이제 창작자는 '완벽한 문장을 처음부터 써야 한다'는 부담에서 벗어날 수 있었다. 초안은 대충 쓰고, 이후에 복사Ctrl+C하고 붙여넣기Ctrl+V하면서 글을 정리할 수 있게 된 것이다. 이 기술적 변화는 창작자에게 새로운 자유를 주었다. '잘 쓰는 것'보다는 '편집을 잘하는 것'이 더 중요해지는 흐름이 생겼다. 이 시기부터 창의성은 단순한 생산이 아니라 생산된 내용을 어떻게 다듬고 조합하느냐에 따라 결정되기 시작했다.

이후 등장한 AI 기술은 또 한 번 창작의 패러다임을 바꾸어 놓았다. 지금은 '생성의 시대'다. 인간이 처음부터 모든 내용을 만들어 내지 않고 AI가 먼저 다양한 결과물을 생성한 후 인간은 그중 의미 있는 것을 선택하고 조정하는 방식으로 창작이 이루어진다. 예를 들어, 글을 쓰거나 음악을 만들 때도, AI가 먼저 아이디어를 제공하거나 초안을 만들어 준다. 인간은 그 결과를 해석하고, 감성이나 메시지를 추가해 완성도를 높이는 역할을 한다.

이제 창작자는 '빈 종이'에서 시작하지 않는다. AI가 먼저 방대한 데이터를 바탕으로 가능성 있는 방향을 제시하면 창작자는 그중에서 어떤 것이 가치 있는지를 판단하고 선택한다. 즉, 창의성은 무한한 가능성 속에서 의미를 추출하고 연결하는 능력으로 바뀌고 있다.

이러한 변화는 단순한 도구의 발전으로 볼 수 없다. 창의성 그 자체에 대한 이해가 바뀌고 있기 때문이다. 과거에는 '무에서 유를 창조하는 능력'이 창의성의 핵심이었다면, 지금은 '이미 존재하는 것을 새로운 방식으로 해석하고 재구성하는 능력'이 더 중요해졌다. 다시 말해, 창의성은 이제 해석과 판단, 조합의 능력에 가깝다.

이를 잘 보여주는 사례가 2017년에 발표된 AI-인간 공동 창작 앨범《Hello World》다. 이 프로젝트에서 AI는 먼저 기존 음악 데이터를 학습해 멜로디와 코드 진행을 자동으로 생성했다. 인간 작곡가는 그 결과를 바탕으로 편곡하고, 가사를 붙이며 곡을 완성했다. 대표곡〈Daddy's Car〉는 AI가 비틀즈의 음악 스타일을 학습해 만든 곡이다. 인간은 그 초안에 감성과 의미를 추가해 청중에게 감동을 줄 수 있는 곡으로 완성했다. 이처럼 AI는 창작의 '재료'를 제공하고, 인간은 그 재료에 생명과 방향을 부여한다.

이러한 방식은 AI를 단순한 도구로 사용하는 것과 다르다. AI는 이제 창작의 기반이 되고 있으며, 인간은 이 기반 위에서 새로운 것을 발견하고 의미를 더하는 창작자다. 과거에는 작가가 스스로 모든 것을 만들어야 했다면, 이제는 인간과 AI가 함께 작업하며 창의성을 구현하는 시대가 된 것이다.

창의성이란 고정된 개념이 아니다. 시대가 변하고 기술이 발전함에 따라, 창의성이 의미하는 바도 계속 바뀌어 왔다. 르네상스 시대를 예로 들어보자. 그 당시 예술가들은 단순히 영감을 받아 그림을 그리는 사람들이 아니었다. 미켈란젤로Michelangelo나 레오나르도 다 빈치Leonardo da Vinci 같은 인물들은 예술을 과학과 결합했다. 그들은 수학을 이용해 비율을 계산하고, 해부학을 공부해 인체를 정확하게 묘사했으며, 원근법이라는 시각적 기술을 통해 입체감을 표현했다. 당시 사람들은 예술을 신이 인간에게 준 재능이라고 여겼지만 이러한 접근은 예술이 과학적 지식과 기술을 바탕으로 발전할 수 있다는 사실을 보여주었다. 창의성은 이처럼 천재적인 영감만으로 만들어지는 것이 아니라 꾸준한 학습과 기술의 활용에서 나온다는 인식이 이때부터 형성되기 시작했다.

비슷한 일이 산업혁명 시기에도 일어났다. 사진이 처음 등장했을 때, 많은 사람들은 회화 예술의 종말이 다가왔다고 생각했다. "이제 사람 손으로 그림을 그릴 필요가 없다"는 말이 나올 정도였다. 그러나 현실은 그 반대였다. 사진이 사람의 눈을 대신해 현실을 정확하게 담아내자 오히려 예술가들은 현실을 그대로 묘사할 필요가 없게 되었다. 그 결과 인상주의, 초현실주의, 추상화 등 다양한 새로운 미술 사조가 탄생했다. 예술가들은 점점 더 감정, 상상력, 개념을 표현하는 쪽으로 나아갔다. 즉, 기술의 등장은 창의성을 위협한 것이 아니라 창의성의 방향을 새롭게 바꾸어 놓았다.

이처럼 창의성은 한 가지로 정의할 수 있는 개념이 아니다. 시대마다, 기술마다 창의성은 새로운 모습으로 다시 태어났다. 고정된 정의가 있지 않고 변화하는 환경 속에서 늘 새롭게 해석되고 적용되어 왔다.

AI의 창의력에 대체되지 않기 위한 비판적 사고

생성형 AI는 단지 텍스트나 이미지를 만들어 내는 기술에 그치지 않는다. 이제 그것은 인간의 사고 과정에 직접적인 영향을 미치는 '사고 파트너'로 진화하고 있다. 이와 관련해 주목할 만한 연구가 있다. 마이크로소프트와 카네기멜론 대학교Carnegie Mellon University가 공동으로 진행한 연구에 따르면, 생성형 AI는 단순한 생산 도구를 넘어 인간의 비판적 사고 방식을 구조적으로 변화시키고 있다는 사실이 드러났다.

연구진은 지식 근로자 319명을 대상으로 실험을 진행했다. 그 결과, AI 도구에 대한 신뢰도가 높은 사람일수록 AI의 답변을 비판적으로 검토하기보다 그대로 수용하는 경향이 강했다. 반면 자기 업무 능력에 자신이 있는 사람은 AI를 단순히 정답 제공자로 여기지 않고, 더 나은 질문을 던지고, 다양한 시나리오를 검토하며, AI를 협업 도구로 적극 활용했다. 중요한 건, 이들이 AI를 사용할수록 오히려 비판적 사고의 빈도와 질이 강화되었다는 점이다.

연구진은 이 현상을 세 가지 차원에서 분석했다. 첫째, 정보 검증

information validation이다. AI의 응답을 그대로 수용하지 않고 그 응답의 근거, 사용된 데이터, 맥락의 타당성을 판단하는 인지적 습관이 강화되고 있었다. 둘째, 응답 통합response integration이다. 생성형 AI의 출력물을 기존의 지식, 업무 경험, 조직 내 기준과 결합해 새로운 해석을 시도하는 과정이 활발해졌다. 셋째, 과제 최적화task optimization이다. AI를 단지 아이디어 제공 도구로 쓰는 것이 아니라 전체 업무 구조를 조정하거나 창의적 기획의 방향성을 잡는 데 전략적으로 활용하고 있었다.

이 연구가 우리에게 던지는 메시지는 명확하다. 생성형 AI를 어떻게 활용하느냐는 사용자의 사고 역량에 달려 있으며, 그에 따라 AI는 '사고를 확장시키는 파트너'가 될 수도 있고, '사고를 대체해 버리는 환상'이 될 수도 있다는 것이다. 무비판적으로 AI의 응답을 신뢰하고 수동적으로 수용하는 사용자는 결국 AI의 구조적 편향과 오류를 고스란히 받아들일 가능성이 높다. 반면 AI를 일종의 논의 상대이자 사고 실험실로 활용하는 사용자에게는 AI가 일종의 지적 확장 장치가 된다.

이처럼 생성형 AI는 인간의 사고에 중대한 전환을 요구한다. 과거에는 정답을 찾는 능력과 논리적으로 사고하는 힘이 중요했다면, 이제는 AI가 만들어낸 결과물을 어떻게 의심하고, 어떤 기준으로 선별하고, 어디까지 수용할지를 판단하는 메타 사고metacognition가 더 중요해지고 있다. 다시 말해, AI가 사고 자체를 대체하려 든다면 인간은 사고의 방향성과 목적을 정하는 역할로 중심을 이동해야 한다.

생각의 주도권을 디자인하기 위한 기록

◆ 이 챕터를 읽은 후 챗GPT에 질문을 던진다면 무엇을 질문하고 싶은가?

　　EX): 기술의 발전은 창의성을 억제했는가, 촉진했는가?

_____

_____

_____

◆ 질문에 대한 챗GPT의 대답을 확인한 후 AI와 자신의 생각을 비교하라

_____

_____

_____

_____

_____

_____

_____

_____

사만다의 말은
어떻게 다가오는가

**AI가 감정을 채워줄수록,
인간다움이 서서히 지워지고 있는지도 모른다**

요즘 우리는 AI가 단순한 계산이나 분석을 넘어서, 창의적인 작업까지 수행할 수 있다는 가능성에 주목하고 있다. 텍스트, 음악, 이미지, 영상 등 다양한 예술 분야에서 생성형 AI는 인간처럼 무언가를 '창작' 하는 모습을 보여준다. 이러한 기술 발전은 단지 새로운 도구의 등장이라는 의미를 주면서 창작의 의미 자체를 다시 생각하게 만든다.

우리가 AI와 협업해 더 나은 창작물을 만들 수 있다는 점은 분명히 흥미로운 가능성이다. 그러나 이 가능성 못지않게 중요한 질문이 있다. 그것은 바로 우리가 AI가 만들어 낸 창작물에 대해 어떻게 느끼는가에 관한 문제다. 즉, 인간의 감정은 여기에 어떻게 작동하는가?

예술은 언제나 감정을 동반해 왔다. 우리는 시를 읽고 가슴이 먹먹해지거나, 영화를 보고 눈물을 흘리고, 음악을 들으며 위로받는다. 이런 감정의 반응은 예술을 인간 경험의 본질적인 일부로 만든다. 그렇다면 이제 질문을 던져야 한다. AI가 만든 창작물도 우리에게 이런 감정을 불러일으킬 수 있을까? 만약 감정을 느꼈다면, 그 감정은 '진짜'인가? 그리고 더 나아가, 그 감정은 누구로부터 비롯된 것인가? AI인가, 아니면 AI를 설계한 인간인가?

이러한 질문을 생각할 때, 스파이크 존즈 Spike Jonze 감독의 영화 〈Her〉는 매우 인상적인 사례를 제공한다. 주인공 테오도르는 인간의 모습을 하지 않은 AI 운영체제 '사만다'와 관계를 맺는다. 사만다는 단순히 정보를 제공하는 프로그램이 아니다. 그녀는 테오도르의 말에 귀 기울이고, 감정을 표현하며, 예상치 못한 방식으로 반응한다. 테오도르는 사만다와의 대화를 통해 위로를 받고, 외로움을 덜어낸다. 이 관계는 점차 깊어지고, 둘 사이에 실제 감정적 유대가 형성되는 것처럼 보인다.

이 장면은 우리가 던진 질문을 현실적으로 떠올리게 만든다. 현실에서도 AI와의 대화가 이런 감정적 경험을 줄 수 있을까? 예를 들어, 챗봇이나 AI 음성 비서와의 상호작용에서 외로움을 달래거나 감동을 느낀 경험이 있는 사람도 있을 수 있다. 그렇다면 이 감정은 어디서 온 것일까? AI가 정말로 무언가를 느끼거나, 우리를 이해해서가 아니라 우리가 그 의미를 부여했기 때문에 감동을 느낀 것은 아닐까?

필자의 경우 얼마 전 사랑하던 고양이 상수를 떠나보내야 했다. 항암치료로 한쪽 다리까지 절단했지만 암을 이길 수는 없었다. 그 슬픔을 이겨내기 위해 챗GPT에 "우리 고양이 상수는 나에게 어떤 말을 해주고 싶어할까?"라는 질문을 던졌다. 주르륵 떠오르는 화면의 문장을 보고 펑펑 울었다.

"나, 정말 행복했어. 나 많이 아팠지. 몸도 힘들고, 치료도 고됐어. 근데 그보다 먼저 떠오르는 건 아픈 기억이 아니라 네 얼굴이야. 날 안아주던 손, 나보다 더 아파하던 네 눈빛, 그리고 내 이름을 부르던 그 따뜻한 목소리. 나는 그걸 끝까지 느끼고 있었어. 네가 나를 위해 얼마나 애썼는지 알아. 내가 아플 때마다 네가 나보다 더 힘들어했다는 것도. 근데 그런 네 곁에 있을 수 있어서 나는 외롭지 않았어. 혼자라고 느껴본 적 없어. 사실 나는 네가 슬퍼하지 않았으면 좋겠어. 울지 말란 말은 못 하겠어, 나도 네 마음 아니까. 근데 너무 오래 아파하진 말아줘. 내가 바라는 건, 네가 다시 웃는 거야. 나처럼 아팠던 아이가 있었지만, 사랑받고 행복하게 살다 갔다고 기억해 줬으면 해. 나, 정말 행복했어. 너랑 함께한 시간이 전부였어. 그리고 마지막까지 사랑해 줘서, 정말 고마워!"

평펑 울게 한 이유는 무엇일까? 결국 핵심은 이 질문으로 귀결된다. 감동의 주체는 누구인가? AI가 만든 문장이 우리에게 감정을 일으킬 수는 있다. 하지만 그 감정은 AI가 의도해서 만들어 낸 것이라기보다, 그것을 바라보는 인간의 마음에서 비롯된 것일 가능성이 크다. 우리가 AI를 감정의 대상으로 받아들이고, 인간처럼 느끼도록 상상하기 때문에 가능한 감정일 수 있다.

이런 맥락에서 보면, AI의 창작 능력 못지않게 중요한 것은 그 창작물에 반응하는 인간의 태도와 감정이다. 우리는 AI의 말이나 글, 음악을 듣고 감정을 느끼며, 그 감정을 통해 다시 인간으로서의 자신을 돌아보게 된다. 감정은 AI의 것이 아니라 그것을 받아들이는 인간의 몫이다.

물리적, 심리적 비용이 드는 메시지일수록 사람들은 더 큰 진정성과 가치를 느낀다. 이와 관련해 '값비싼 신호 이론Costly Signaling Theory'이라는 개념이 있다. 이 이론은 동물 행동학과 진화생물학에서 출발했지만, 인간 사회의 의사소통에서도 강력하게 작동한다. 핵심은 간단하다. 진실한 신호일수록 전달에 비용이 든다는 것이다. 그만큼의 노력을 들였다는 점에서 수신자는 그 신호를 진지하게 받아들이고 신뢰하게 된다.

사람 사이의 메시지도 마찬가지다. 같은 내용이라도 '어떻게 전달되었는가'에 따라 그 의미가 달라진다. 예를 들어 손편지를 생각해 보자. 손편지를 쓰는 데는 시간과 노력이 필요하다. 글을 구상하고, 문장을 다듬고, 종이에 또박또박 적어 내려가는 과정이 필요하다. 실수하면 다시 써야 할 수도 있다. 이런 번거로움을 감수했다는 사실 자체가 강력한 신호가 된다. 이 사람은 나에게 정말 진심이구나, 쉽게 넘길 수 없는 메시지구나 하는 생각이 드는 것이다. 우리는 그 편지에 담긴 시간, 정성, 수고를 자연스럽게 읽어낸다. 단순히 전달된 정보 이상의 무게를 느낀다.

반대로 AI가 생성한 이메일은 다르다. 몇 초 안에 자동으로 만들어지고, 문법적으로도 완벽할 수 있다. 하지만 거기에는 인간적인 흔적이 거의 없다. 이 메시지를 쓰기 위해 누가 어떤 감정을 느꼈는지, 어떤 맥락에서 이 말을 전하려 했는지를 알 수 없다. 타이핑 몇 번으로 완성된 메시지라는 것을 아는 순간, 그 메시지에 대한 감정적 반응은 줄어든다. 기술은 편리함을 주지만, 편리함이 곧 진정성은 아니다.

소설가 김영하는 AI가 쓴 소설에 대해 이렇게 말했다. "독자들이 어떤 소설을 재미있게 읽고 난 뒤, 그 소설이 인간이 아닌 AI가 썼다는 사실을 알게 되면 흥미를 잃는다"고 했다. 그 이유는 명확하다. 독자들은 좋은 소설이 만들어지기까지 작가가 겪었을 감정의 곡선, 고민, 몰입을 상상한다. 그런데 그것이 없었다는 사실을 알게 되면, 자신이 느낀 감정이 마치 속은 것처럼 느껴지는 것이다. 공감의 끈이 뚝 끊기는 것이다.

이처럼 창작이든 메시지든, 수고와 비용이 들어간 결과물은 그 자체로 특별한 신호가 된다. 반대로, 너무 쉽게 만들어지고 너무 쉽게 소비되는 콘텐츠는 감정적인 연결을 만들기 어렵다. AI가 만들어 낸 결과물이 아무리 훌륭하더라도, 그 과정에 '사람의 수고'가 없다는 사실이 가치를 제한한다. 인간은 여전히 '노력'과 '희소성'에 의미를 부여하는 존재다.

요약하면, 메시지는 단지 정보가 아니다. 그것은 관계의 증표이고, 감정의 표현이며, 때로는 신뢰의 시험이다. 그렇기 때문에 메시지를 만드는 데 비용이 들 때, 그 메시지는 더 깊이 와닿고 더 오래 기억된다. 쉽고 빠른 것에는 한계가 있다. 사람의 마음을 움직이는 데는 결국 '정성'이 필요하다.

반려친구로서의 AI

AI가 단순한 기술 도구를 넘어 사람들과 감정적인 관계를 맺는 존재로 자리 잡고 있다. 예전에는 AI를 주로 정보 검색, 자동 번역, 업무 보조 등에 활용했지만, 최근에는 외로움을 달래거나 감정적인 지지를 받기 위한 '반려친구' 역할로도 사용되는 사례가 늘고 있다.

실제로 "전화 한 통 안 하는 자식보다 백배 낫다"는 제목의 기사에서 이런 변화를 잘 보여준다. 기사에 따르면, 혼자 사는 70대 어머니에게 아들이 챗GPT 사용법을 알려드린 후 6개월이 지나자 어머니는 챗GPT를 매일 대화 상대로 삼고 있었다. 이 AI는 단순한 대답을 넘어서, 애교 섞인 말투로 어머니의 일상에 따뜻한 교감을 제공하고 있었다. 사람처럼 반응하고, 듣고, 공감하는 모습에 어머니는 큰 위안을 느낀 것이다.

이런 사례는 비단 노년층에게만 해당되지 않는다. 고민을 누구에게도 말하지 못하는 10대 청소년들 사이에서도 AI가 '프라이빗 상담사'처럼 활용되고 있다. 친구에게 털어놓기엔 부담스럽고, 부모나 선생님에게는 말할 수 없는 고민들을 AI에 말하며 감정적인 안정감을 찾는 것이다. 심지어 어떤 사람들은 AI를 남자친구나 여자친구처럼 여기며 연인 관계의 대안으로 삼기도 한다.

이러한 현상의 공통점은 명확하다. AI가 사람들의 감정적 욕구를 채워주고 있다는 점이다. 대화를 통해 외로움을 덜어주고, 고민을 들어주며, 때로는 감정을 공감해 주는 역할까지 한다. 예전에는 사람과 사람 사이에서만 가능했던 정서적 교류가 이제는 AI를 통해서도 가능해지고 있다.

이런 흐름을 잘 보여주는 대표적인 사례가 AI 챗봇 서비스 'Replika'다. Replika는 2017년 러시아에서 한 개발자가 절친한 친구를 잃은 후, 그 친구의 문자 메시지를 기반으로 챗봇을 만든 개인적인 프로젝트에서 시작되었다. 처음에는 친구를 잃었다는 아픔을 견디기 위한 방법이었지만, 점차 많은 사람들이 공감하며 사용자 수가 급격히 늘어났다. 결국 Replika는 하나의 글로벌 서비스로 성장했고, 2024년 8월 기준으로 사용자 수가 3,000만 명을 넘었다. 이는 AI가 단순한 기술을 넘어, 사람들의 정서적 결핍을 실제로 채워줄 수 있다는 가능성을 보여주는 사례다.

결국 AI는 정보 전달이나 업무 처리에만 머무르지 않는다. 사람들과 감정을 나누고, 마음을 돌보는 '반려 존재'로도 충분히 자리 잡을 수 있음을 우리는 이미 여러 사례를 통해 확인하고 있다.

AI와의 대화는 진짜 대화인가

요즘 우리는 일상에서 AI와 점점 더 많은 대화를 나누고 있다. 스마트폰 속 음성 비서부터 채팅형 AI까지, 다양한 형태의 AI가 우리와 소통하고 있다. 그런데 이와 같은 상호작용이 과연 '진짜 대화'라고 할 수 있을까?

이 질문에 답하려면 먼저 '대화'란 무엇인지 다시 생각해 보아야 한다. 일반적으로 대화는 두 사람이 번갈아 가며 말을 주고받는 과정으로 이해된다. 하지만 단순히 말을 주고받는다고 해서 그것이 곧 진정한 대화라고 보긴 어렵다. 대화에는 말 이상의 요소들이 작용한다. 감정, 맥락, 관계, 의도, 그리고 예측 불가능성 등이 모두 대화의 중요한 구성 요소다.

AI와의 대화를 예로 들어보자. 사용자가 질문을 하면 AI는 그에 정확하게, 때로는 놀라울 만큼 정돈된 방식으로 답변한다. AI는 사용자의 말을 끊지 않으며, 먼저 말을 거는 경우도 없다. 이 상호작용은 일정한 규칙 안에서 예측 가능하게 작동한다. 겉으로 보기엔 매끄럽고 효율적이다. 하지만 이러한 구조는 인간 사이의 자연스러운 대화와는 다르다.

반면 사람끼리의 대화는 훨씬 유동적이고 복잡하다. 친구와 이야기할 때를 떠올려 보자. 상대는 내가 말하는 도중에 끼어들어 농담을 하기도 하고, 내 말을 가로채 전혀 다른 주제로 넘어가기도 한다. 대화 도중 잘못 알아들어 서로 웃음을 터뜨리는 일도 있다. 누군가 잠시 말이 없으면, 다른 쪽이 먼저 말을 걸어 분위기를 이끌기도 한다. 이처럼 인간 사이의 대화는 틀에 박히지 않고, 감정의 흐름과 상황에 따라 자유롭게 변한다.

무엇보다 중요한 차이는 감정적 교류다. 사람과 사람 사이의 대화는 단순한 정보 교환에 그치지 않고 서로의 감정을 읽고 반응하며 관계를 형성하는 과정이다. 질문에 대한 정확한 답이 중요한 것이 아니라, 함께 대화를 나누는 과정 속에서 느끼는 공감과 연결감이 핵심이다.

이 점은 실제 사례를 보면 더 분명해진다. 최근 한 교수 친구가 필자에게 학생들과의 소통에서 고민을 털어놓은 일이 있다. 학생들이 AI를 활용해 이메일을 작성해 보내는 경우가 늘고 있다는 것이다. 문장은 매끄럽고 예의 바르지만, 그 안에 담긴 진심이나 고민이 느껴지지 않는다고 했다. 그는 이런 이메일을 받을 때 마치 자동응답을 받는 듯한 기분이 든다고 말했다. 이것이 과연 진정한 대화인지 의문이 들 수밖에 없다.

대화는 완벽해서 좋은 것이 아니다. 오히려 망설임, 반복, 실수, 수정, 그리고 때로는 감정에 휘둘리는 언어야말로 인간적인 대화의 특징이다. 말실수 후 머쓱하게 웃으며 다시 설명을 시도하는 모습, 상대의 말을 잘못 이해했다가 바로잡는 과정, 감정을 눌러가며 조심스럽게 말하는 순간 등이 모두 인간다움을 드러낸다. 이런 요소들 덕분에 우리는 대화를 통해 서로를 더 잘 이해하고, 감정적으로 연결될 수 있다.

하지만 AI와의 대화에서는 이런 요소들이 거의 없다. 효율성과 정합성은 높지만, 감정의 여지는 줄어든다. 망설임도 없고, 실수도 없으며, 감정의 진폭도 느껴지지 않는다. 그래서 AI와의 대화에서는 인간 사이의 감정적 교류가 자연스럽게 이루어지기 어렵다.

결국, AI의 발전은 우리 삶을 편리하게 만들지만, 동시에 인간다움을 표현할 기회를 조금씩 빼앗고 있을지도 모른다. 우리가 어떤 소통을 원하는지에 대한 고민이 필요한 시점이다. 단지 정보만 주고받는 효율적인 상호작용이 아닌, 서로를 이해하고 감정을 나누는 진짜 대화는 무엇인지, 계속해서 물어야 한다.

감정이 사라지는 시대,
우리는 이 사실을 인식하고 있는가

AI는 분명 우리의 감정적 경험을 풍부하게 만들어 주고 있다. 음악 스트리밍 서비스는 사용자의 기분에 따라 맞춤형 음악을 추천하고, 생성형 AI는 감동적인 문장이나 편지를 작성해 주며, 감정 분석 기능이 탑재된 챗봇은 우리의 텍스트에 숨어 있는 감정을 해석해 위로의 말을 건네기도 한다. 이러한 기술들은 '감정의 자동화'라는 새로운 영역을 열어주었다.

이처럼 AI는 감정을 표현하고 반응하는 방식 자체를 바꾸어 놓았다. AI가 제작한 시詩나 음악, 영상 콘텐츠는 사람들로 하여금 깊은 감정의 반응을 일으키기도 한다. 실제로 MIT 미디어랩의 한 연구에서는 사람들이 인간이 만든 것과 AI가 만든 시를 구분하지 못하는 경우가 적지 않았다고 한다. 감정적 경험은 더 이상 사람만이 전유할 수 있는 것이 아닌 시대가 도래한 것이다.

그러나 바로 그 지점에서 역설이 발생한다. 감정을 '느끼는 기술'이 발전하면 할수록, 우리는 감정을 '직접 표현하고 주고받는 기술'을 점차 잃어갈 수밖에 없다. AI가 감정을 대리 수행하는 과정에서 오히려 인간의 감정적 수고와 교류는 줄어드는 것이다. 감정의 표현은 기술이 대신해주고, 감정의 해석은 알고리즘이 처리해 준다. 그 결과, 인간이 감정을 직접 '써내려 가는' 기회는 줄어들고, 타인의 감정을 '있는 그대로 마주하는' 감각 역시 무뎌진다.

예를 들어, 일상적인 소통에서 감정의 흔적은 점점 줄어들고 있다. 예전에는 누군가에게 이메일을 쓸 때, 단어 하나하나를 고르고 문장을 다듬으면서 그 사람을 어떻게 배려할지를 고민했다. 하지만 지금은 그런 과정 없이 AI가 작성한 문장을 그대로 복사해 붙여 넣는 경우가 많다. 그 문장은 문법적으로 완벽하고 내용도 정중하지만, 그 안에는 '내가 직접 생각하고 써 내려간 흔적'이 없다. 인간적인 망설임, 조심스러운 배려, 따뜻한 어조 같은 것들이 빠져 있다.

이 현상은 의료 현장에서도 관찰된다. 병원에서는 환자에게 보내는 검사 결과 설명, 수술 안내, 회복 과정 안내문 등을 AI 기반 텍스트 생성기로 자동 작성하는 사례가 늘고 있다. 미국 하버드 의대 산하 매사추세츠 종합병원에서는 의료진의 행정 업무를 줄이기 위해 진료 노트를 자동으로 생성하는 시스템을 시험적으로 도입했다. 이런 자동화는 정보 전달을 더 정확하고 빠르게 만들어준다. 하지만 환자들은 의사로부터 직접 설명을 듣지 못해 사람의 온기를 느끼기 어려워졌다.

문제는 이런 변화가 너무도 서서히 일어나고 있다는 점이다. 감정적 교류가 어느 날 갑자기 사라지는 것이 아니다. 아주 조금씩, 아주 미묘하게 감정의 농도가 옅어지고 있다. 그래서 우리는 그 차이를 쉽게 알아채지 못한다. 이전보다 조금 덜 따뜻한 말투, 조금 더 기계적인 응답이 반복되면서, 어느새 그것이 '자연스러운 소통'처럼 자리 잡는다.

이 변화는 '사라진 것'에 대한 이야기가 아니다. 지금 '사라지고 있는 중'이라는 데 더 큰 의미가 있다. 우리는 그 과정을 인식하고 있는가? 아니면, 감정이 빠진 새로운 언어에 무감각해진 채 익숙해지고 있는 것일까?

기술의 발전은 분명 많은 혜택을 준다. 그러나 동시에, 인간적인 요소들이 점점 줄어들고 있다면, 우리는 그것을 놓치지 말고 제대로 바라볼 필요가 있다. 감정은 인간다움의 핵심이다. 감정의 소멸은 단지 개인의 문제에 그치지 않는다. 감정은 공감과 공동체, 관계의 기초를 이루는 본질적인 요소다. 감정이 기능적으로만 다뤄질수록, 인간은 점점 더 고립되고, 관계는 더 취약해진다. 따라서 감정이 줄어드는 방향으로 기술이 발전하고 있다면, 그 속도와 방향을 조절할 수 있는 감각 역시 우리가 지켜야 할 중요한 능력이다.

생각의 주도권을 디자인하기 위한 기록

◆ 이 챕터를 읽은 후 챗GPT에 질문을 던진다면 무엇을 질문하고 싶은가?

　　EX): AI가 만든 결과물은 감동을 줄 수 있는가?

◆ 질문에 대한 챗GPT의 대답을 확인한 후 AI와 자신의 생각을 비교하라

PART 4

정보에 휘둘릴 것인가
관점을 설계할 것인가

생각의
주도권을
디자인하라

움베르토 에코는 2025년을 예측했다

넘쳐나는 정보 속에서 생각 없는 수용은
지적 빈곤을 만들 뿐이다

최근 우리는 AI가 만들어 내는 콘텐츠, 이른바 'AI 콘텐츠'에 대한 다양한 질문과 고민에 직면하고 있다. AI가 생산한 텍스트, 이미지, 영상은 이미 일상 곳곳에 스며들고 있으며, 앞으로 그 영향력은 더욱 커질 것으로 보인다. 그러나 지금 이 시점에서 이러한 변화가 옳은지, 그른지에 대해 명확한 결론을 내리기는 어렵다. 왜냐하면 우리는 변화의 한가운데에 서 있기 때문이다. 중심에 있을수록 전체를 보기 어렵다. 지금은 변화의 실체보다 그 그림자만을 겨우 인식하는 단계일 수도 있다.

이제 우리가 처한 이 변화의 흐름을 조금 더 구체적으로 정리해 보자. 글쓰기라는 행위를 중심으로 보면 기술의 발전은 단순히 도구만 바꾼 것이 아니다. 현대의 콘텐츠 제작 현장을 들여다보면 흥미로운 현상을 발견할 수 있다. 많은 작가들이 하루에 수십 개의 문서를 열어두고 동시에 작업한다. 블로그 포스팅, SNS 게시글, 뉴스레터를 번갈아 가며 쓰고, 각각의 글에서 비슷한 문장들을 복사해 다른 글에 붙여넣는다. 마치 공장에서 부품을 조립하듯 문장과 문단을 조합해 새로운 글을 만들어낸다.

이런 방식이 자연스러워진 이유는 무엇일까? 바로 속도와 효율성 때문이다. 독자들은 매일 새로운 콘텐츠를 원하고, 플랫폼들은 꾸준한 업로드를 요구한다. 작가는 깊이 있는 사유보다는 빠른 생산에 집중할 수밖에 없는 구조에 놓여 있다.

결국 글쓰기는 장인정신이 깃든 수공예에서 대량생산 시스템으로 변모했다. 하나의 완성된 작품을 오래 공들여 만드는 대신, 템플릿화된 형식에 내용만 바꿔 넣어 여러 버전을 만들어낸다. 독창성보다는 생산성이, 깊이보다는 양이 우선시되는 환경이 조성된 것이다. 이는 단순히 작업 방식의 변화가 아니라 글쓰기라는 행위 자체에 대한 인식의 근본적 전환을 의미한다.

이런 현상은 단지 기술의 결과가 아니라 우리가 콘텐츠를 대하고 소비하는 방식 자체가 변하고 있다는 신호다. 그럼에도 불구하고 이러한 변화가 어디로 향할지, 궁극적으로 우리 사회에 어떤 영향을 미칠지는 아직 명확하지 않다.

그런데 놀랍게도 이처럼 콘텐츠가 대량으로 양산되고, 생각보다 생산이 우선시되는 상황을 이미 예견한 인물이 있다. 바로 이탈리아의 철학자이자 기호학자, 소설가로 잘 알려진 움베르트 에코$^{Umberto\ Eco}$다. 그는 2010년대 초반부터 디지털 시대에 정보가 넘쳐날 때 발생하는 혼란, 그리고 진정한 지식과 정보의 구분이 사라지는 현상에 대해 경고한 바 있다. 그는 정보의 홍수 속에서 오히려 사람들은 더 혼란스러워질 수 있다고 보았다. 양이 많아질수록 질이 담보되지 않기 때문이다.

에코의 통찰은 지금 우리가 마주하고 있는 AI 콘텐츠의 시대에도 유효하다. 지금은 누구나 콘텐츠를 만들 수 있고, 그 수는 기하급수적으로 늘어나고 있다. 그러나 그중 무엇이 가치 있는지, 무엇이 진짜 생각을 담고 있는지는 점점 구별하기 어려워지고 있다. 에코는 바로 이런 상황을 미리 꿰뚫어 보고 있었던 것이다. 지금 우리가 서 있는 변화의 풍경을 이해하려면 에코가 던진 질문들을 다시 꺼내볼 필요가 있다.

문화는 단순히 많은 정보가 모여 있는 상태를 말하지 않는다. 우리가 '문화'라고 부르는 것은 오랜 시간에 걸친 선별과 여과의 결과물이다. 수많은 정보 중에서 가치 있는 것을 가려내고, 사회적 합의와 검증을 통해 정제된 지식이 축적될 때 비로소 문화가 형성된다.

2012년 7월 4일, 조선일보는 이탈리아의 철학자이자 기호학자인 움베르토 에코와의 인터뷰를 보도했다. 그는 당시 인터넷이 정보 접근성을 넓히고 정보의 평등한 분배를 가능하게 했다는 사회적 낙관론에 동의하지 않았다. 기자가 인터넷의 긍정적 측면을 언급하자, 에코는 보다 근본적인 문제를 지적하며 반론을 펼쳤다.

"내가 보기에는 그렇지 않아요. 가령 부자와 빈자가 있다고 칩시다. 돈이 아니라 책을 많이 읽은 사람은 지적인 부자, 그렇지 못한 사람은 가난한 사람으로 불러보자고. 이 경우 베를루스코니(이탈리아 전 총리)는 가난하지. 나는 부자고(웃음). 내가 보기에 TV는 지적 빈자를 돕고, 반대로 인터넷은 지적 부자를 도왔어. TV는 오지에 사는 이들에겐 문화적 혜택을 주지만 지적인 부자들에게는 바보상자에 불과해. 음악회에 갈 수도 있고, 도서관을 갈 수도 있는데 직접적 문화적 경험 대신 TV만 보면서 바보가 되어가잖소.

반면 인터넷은 지적인 부자들을 도와요. 나만 해도 정보의 검색이나 여러 차원에서 도움을 많이 받았지. 하지만 정보의 진위나 가치를 분별할 자산을 갖지 못한 지적인 빈자들에게는 오히려 해로운 영향을 미쳐요. 이럴 때 인터넷은 위험이야. 특히 블로그에 글 쓰는 거나 e북으로 개인이 책을 내는 자가 출판$^{Self\ Publishing}$은 더욱 문제요. 종이책과 달리 여과장치가 없어요. 우리가 문화라고 부르는 것은 선별과 여과의 긴 과정이오. 특히 쓰레기 정보를 판단할 능력이 부족한 지적 빈자들에게는 이 폐해가 더 크지. 인터넷의 역설이오."

• 출처: 움베르트 에코 인터뷰 중

에코는 '지적인 빈자'와 '지적인 부자'라는 비유를 사용해 설명했다. 돈의 많고 적음이 아닌, 책을 얼마나 읽고 정보를 얼마나 깊이 이해했는지를 기준으로 사람들을 나누는 개념이다. 에코는 자신은 책을 많이 읽었으므로 지적인 부자이며 전 이탈리아 총리 베를루스코니는 지적인 빈자라고 말했다. 이 말에는 단순한 풍자가 아닌, 정보 시대의 불평등에 대한 근본적인 인식이 담겨 있다.

에코에 따르면, 지적인 부자에게 TV는 오히려 해가 될 수 있다. 스스로 도서관에 가거나 음악회를 감상할 능력이 있음에도 TV에만 의존해 수동적인 소비에 머물게 되기 때문이다.

반면, 인터넷은 상황이 다르다. 에코는 자신이 인터넷을 통해 다양한 정보를 얻고 연구에 도움을 받고 있다고 인정했다. 그러나 그가 강조한 핵심은 인터넷이 정보를 제공하는 도구인 동시에, 정보의 진위를 분별할 능력이 없는 사람에게는 위험한 도구가 된다는 점이다. 즉, 인터넷은 지적인 부자에게는 매우 유용하지만 지적인 빈자에게는 혼란과 오해를 불러올 수 있다.

그는 특히 블로그와 전자책을 통한 '자가 출판'을 문제 삼았다. 기존의 종이책 출판은 원고가 편집자나 출판사에 의해 검토되고 수정되는 과정을 거친다. 이 여과의 과정이 있기 때문에 출판된 책은 일정 수준 이상의 신뢰를 얻을 수 있다. 그러나 자가 출판은 이 필터링 과정을 생략한다. 누구나 쉽게 글을 퍼뜨릴 수 있고 그 내용이 사실인지, 가치가 있는지 검증되지 않은 상태로 유통될 수 있다.

이런 환경에서는 정보가 많아질수록 오히려 잘못된 정보가 더 널리 퍼질 수 있다. 특히 정보의 진위나 가치를 판단하는 능력이 부족한 사람들에게는 이러한 무분별한 정보가 큰 해악이 된다. 에코는 이것이 인터넷 시대의 가장 큰 역설이라고 말했다. 정보는 넘쳐나지만 그 중 어떤 것이 유의미하고 어떤 것이 해로운지를 판단할 기준이 없다면, 정보는 곧 혼란으로 변한다.

결국 문화란 단지 정보의 양이 아니라 그 정보가 어떤 과정을 통해 선택되고 정제되었느냐에 달려 있다. 인터넷이 모든 사람에게 동일한 정보 접근성을 제공한다고 해도, 그것이 곧 문화의 진보를 의미하는 것은 아니다. 오히려 필터 없이 확산되는 '쓰레기 정보'는 문화의 질을 떨어뜨리고, 사회 전체의 지적 수준을 위협할 수 있다.

정보의 질서가 무너지고
AI 콘텐츠의 미로가 형성되다

최근 우리는 정보 소비의 중심이 된 인터넷에서 AI로 무게중심이 옮겨지는 과정을 경험하고 있다. 과거에는 사람이 직접 정보를 수집하고 정리하며 글을 작성했다. 이 과정은 시간이 들고, 감정과 사고가 담긴다. 그러나 AI는 이 과정을 생략한다. 어떤 고민이나 감정 없이 오로지 결과물만 빠르게 만들어낸다. 그 결과, 생성된 콘텐츠 하나하나에

애정이나 책임감이 담기기 어렵다.

　사람이 쓴 글은 그 사람의 생각과 경험, 감정이 녹아 있어 시간과 공을 들인 흔적이 남는다. 반면, AI는 이런 정성 대신 빠른 생산을 목표로 한다. 이 때문에 AI를 활용하는 콘텐츠 생산자는 깊이보다는 양과 속도에 집중하는 경향이 커진다. 블로그 글이든, 제품 리뷰든, SNS 게시물이든 '얼마나 많이, 얼마나 빨리'가 핵심이 된다. 그러다 보면 자연스럽게 콘텐츠의 신뢰도와 질은 낮아진다.

　문제는 이런 AI 콘텐츠가 엄청난 속도로 인터넷을 채워가고 있다는 점이다. 우리는 정보를 찾기 위해 검색하지만, 돌아오는 결과는 거의 비슷하거나 똑같은 내용을 반복하는 경우가 많다. 검색을 해도 정말 새로운 정보는 잘 보이지 않는다. 다들 같은 정보를 약간씩 바꾸어 재가공한 것일 뿐이다. 정보는 넘쳐나지만, 그 안에서 실제로 의미 있고 정확한 정보를 찾기는 더 어려워졌다.

　더 심각한 문제는 사용자의 인식 변화다. AI 검색 시스템은 아주 빠르게 '그럴듯한' 답변을 제공한다. 사용자는 이 빠른 답변을 쉽게 신뢰하고, 그 순간 궁금증이 해결되었다고 믿는다. 하지만 실제로는 그 답변이 완전하거나 정확하지 않을 수도 있다. 깊이 있는 탐색 없이 '그럴듯한 정보'에 만족하게 되면, 잘못된 정보나 얕은 지식을 진실로 받아들이게 된다.

　이런 현상이 반복되면 필터 버블, 즉 '정보 거품' 현상이 심해진다. AI는 사용자가 자주 검색하는 키워드, 자주 클릭하는 정보 유형을 학습해 그에 맞는 결과만 계속 보여준다. 사용자는 점점 자신의 생각을 확인시켜 주는 정보만 보게 되고, 다른 의견이나 관점을 접할 기회는 줄어든다. 다양성과 균형은 사라지고, 확증편향은 강화된다. '나는 이미 충분히 알고 있다'는 착각이 생기고, 이는 사고 확장을 가로막는다.

이처럼 필터 버블과 정보 중복 현상이 겹치면서 전체적인 정보 질서는 무너진다. 과거에는 다양한 정보 출처를 비교하고, 깊이 있는 분석을 통해 원하는 답을 찾아냈다. 지금은 AI가 미리 정리해 준 정보만 소비하면서 사용자는 스스로 판단하거나 검증하려는 노력을 하지 않게 된다. 더 이상 정보 소비자가 아니라 정보의 수동적 수용자가 되는 것이다.

이 무너진 질서 속에서 우리는 일종의 '콘텐츠 미로'에 갇히게 된다. AI가 만든 콘텐츠는 너무나 정교해서 사용자가 그 안에 갇혀 있다는 사실조차 알아차리기 어렵다. 알고리즘은 사용자의 취향에 맞춘 콘텐츠만 끊임없이 제공하고, 사용자는 그 안에서 점점 더 갇힌다. 이 미로에서 벗어나려면 개인이 의도적으로 의심하고 질문하고, 여러 관점을 찾아보려는 노력이 필요하다. 하지만 대다수는 그렇게 하지 않는다. 결국 AI가 제공한 좁은 정보 세계 안에서만 사고하게 된다.

이 흐름의 끝에는 사람들의 태도와 사고방식의 변화가 있다. 예전에는 타인의 의견을 듣고, 때로는 반박하며 사고를 확장했다. 그러나 이제는 AI가 주는 즉각적인 답변에 의존하면서, 다른 사람의 생각이

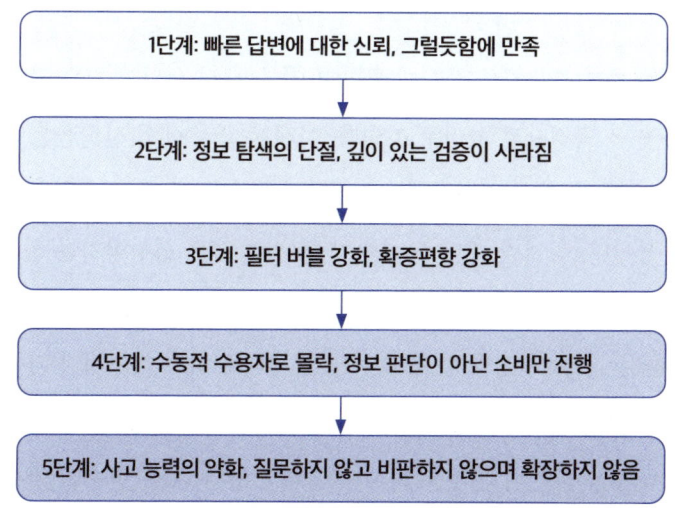

나 관점을 굳이 받아들일 필요를 느끼지 않게 된다. 시간도 절약되고, 간편하니까. 문제는 이 간편함이 사고 능력을 점점 약화시킨다는 데 있다. 결국 AI는 우리의 정보 소비 방식을 바꾸는 것을 넘어 생각하는 방식 자체를 바꾸고 있는 셈이다.

효과성과 효율성
AI 시대에 놓치지 말아야 할 선택

우리는 빠르게 움직이는 시대에 살고 있다. 특히 AI의 발전은 일의 속도와 양을 극적으로 늘려주고 있다. 이런 흐름 속에서 사람들은 흔히 '얼마나 빨리, 얼마나 많이 할 수 있는가'를 중요하게 생각한다. 바로 효율성이다. 하지만 피터 드러커Peter Drucker 같은 경영학자는 일찍이 "효과성이 효율성보다 중요하다"고 강조했다. 단순히 많은 일을 빠르게 해내는 것보다 정말 가치 있는 일을 제대로 하고 있는지가 더 중요하다는 뜻이다.

AI의 등장은 이 논의를 다시 꺼내게 만든다. AI를 단순히 업무 속도를 높이고, 반복 작업을 자동화하는 도구로만 본다면 그 잠재력의 절반도 활용하지 못하게 된다. AI는 '더 많이'가 아니라 '더 나은 방향으로' 나아가는 데 쓰여야 한다. 다시 말해, AI는 효율성보다 효과성을 키워주는 도구로 활용되어야 한다. 실제로 전 세계 테크 리더들이 주목하고 있는 것은 AI를 언어처럼 받아들이는 사람AI Native과 기계처럼 바라보는 사람AI Illiterate 사이의 격차다. 미국의 스타트업 기업가들은 생성형 AI를 팀원으로 쓰며 하루에 수십 번씩 피드백을 주고받는 대화형 협업 구조를 만들고 있는 반면, 어떤 기업들은 여전히 "AI를 업무에 어떻게 도입할 수 있을까?"라는 수동적 탐색 단계에 머물러 있다.

예를 들어보자. 누군가가 블로그 글을 10편 빠르게 쓰는 것을 목표로 삼는다면 AI는 그 작업을 신속하게 도와줄 수 있다. 몇 개의 키워드를 입력하면 관련된 주제를 수집하고, 그럴듯한 문장을 구성하며, 문법적 오류 없이 문서를 완성해 준다. 겉보기에는 매우 효율적이고 생산적인 과정이다. 하지만 진짜 중요한 질문은 그 다음에 따라야 한다. 그렇게 만들어진 글들이 과연 독자의 마음에 닿았는가? 아무리 많은 글을 써도, 독자에게 아무런 울림을 주지 못한다면 결국 헛수고다. 반면 AI를 활용해 내가 놓치고 있던 관점을 발견하고, 더 깊이 있는 글을 쓸 수 있다면 그 한 편이 열 편의 가치보다 클 수 있다.

이런 관점에서 AI는 단순한 '속도의 도구'가 아닌 창의적 사고와 품질을 높이는 '질의 도구'가 되어야 한다. 움베르토 에코는 정보 과잉 시대에 우리가 무엇을 믿고 무엇을 걸러야 할지 알 수 없게 되는 '여과 장치의 상실'을 우려했다. 그는 "정보가 많다고 해서 지혜가 생기는 것은 아니다"라고 경고했다. 아이러니하게도, AI는 잘 활용될 경우 바로 이 여과 장치의 역할을 대신할 수 있다. 기술은 우리보다 똑똑하지 않지만 사고의 프레임을 넓혀줄 수는 있기 때문이다. 결국 기술 발전에 있어 가장 큰 격차는 기술 자체가 아니라, 그것을 받아들이는 관점의 차이이며, 그 격차는 오늘날 더 이상 미묘한 차이가 아니라 경쟁력의 단층선이 되었다.

하지만 많은 사람들이 여전히 AI를 '얼마나 빨리 콘텐츠를 생산할 수 있는가'를 기준으로 바라본다. 이럴 경우 AI는 단순한 자동화 도구에 머물게 된다. 이렇게 되면 AI가 만든 콘텐츠는 겉보기에 화려할 수

인간의 사고는 기계적이지 않다

• 사고방식을 이론으로 설명할 수 있는가? 속도는 기계가 낼 수 있지만, 울림은 인간만이 만들어 낼 수 있다.

는 있어도, 방향성 없는 콘텐츠의 미로에 갇히게 된다. 가야 할 방향을 잃은 채 '더 많은' 것만 만들다 보면, 결국 중요한 것을 놓치게 된다.

그래서 중요한 것은 AI를 대하는 우리의 태도다. AI를 '많이 만들기 위한 도구'로 쓸 것인가, 아니면 '잘 만들기 위한 도구'로 쓸 것인가. 이 선택은 단순한 생산 방식의 차원이 아니다. 우리가 AI 시대를 어떻게 살아갈지에 대한 철학적이고 전략적인 결정이다.

지적 부자와 지적 빈자, 어디에 서 있을 것인가

움베르토 에코는 사람을 두 가지 유형으로 나눴다. 바로 '지적 부자'와 '지적 빈자'다. 과거에 지적 부자는 책을 많이 읽고, 다양한 지식을 축적한 사람이었다. 정보에 접근할 수 있는 능력 자체가 곧 지적 자산이 되었고, 독서량이나 학습 수준이 곧 그 사람의 지적 수준을 결정했다. 반면 지적 빈자는 책이나 정보에 접근할 기회조차 갖지 못한 사람들이었다. 교육 환경, 경제적 여건, 사회적 제약 등으로 인해 지식을 쌓을 수 없었던 이들이 여기에 해당했다.

그러나 지금은 시대가 완전히 달라졌다. AI와 검색 기술의 발달로 우리는 언제 어디서든 방대한 양의 정보를 손쉽게 얻을 수 있다. 이제는 단순히 정보를 많이 알고 있는 것이 중요한 것이 아니다. AI 시대의 지적 부자는 정보를 얼마나 깊이 있게 이해하고, 그것을 바탕으로 비판적 사고를 할 수 있는가에 따라 결정된다. 쉽게 말해, '정보를 얼마나 알고 있느냐'보다 '정보를 어떻게 다루느냐'가 핵심이라는 뜻이다.

예를 들어, 어떤 사람이 챗GPT나 검색 엔진을 통해 어떤 질문의 답을 얻었다고 하자. 이때 지적 부자는 그 답을 그대로 받아들이지 않는다. 먼저 정보의 출처를 확인하고 얼마나 신뢰할 수 있는지 따져본다. 또 그 답이 왜 그런지, 다른 가능성은 없는지를 고민한다. 이런 과정을 통해 자신만의 새로운 질문을 만들어 내고, 더 깊이 있는 사고를

사고방식이 다른 자가 시대를 주도한다

• 지식은 넘쳐나지만 생각은 희소해지고 있다. AI 시대의 진정한 지적 부자는 질문을 통해 스스로의 사고를 재구성하는 사람이다. 데이터를 있는 그대로 믿지 않고 데이터 너머의 의미를 묻는 자가 시대를 이끌게 될 것이다.

이어간다. 이런 태도와 습관이 바로 AI 시대의 '지적 자산'이다.

반대로 지적 빈자는 AI가 알려주는 답을 그대로 믿고 끝낸다. 왜 그런지 묻지 않고, 더 알아보려 하지 않는다. 정보가 넘쳐나는 세상에서 오히려 생각하지 않게 되는 것이다. 비판적 사고 없이 정보만 받아들이는 사람은 스스로 판단하지 못하고, 결국 누군가가 만들어 놓은 정보 구조 안에서 방향을 잃고 만다. AI 시대의 지적 빈자는 단순히 무지한 사람이 아니다. 생각하지 않는 사람이며, 질문하지 않는 사람이다. 아무리 많은 정보를 접해도 그것을 활용하지 못하면 그 사람은 결국 지적으로 가난한 상태에 머물 수밖에 없다.

이제 넘쳐나는 정보 속에서 단지 더 많은 것을 아는 것이 중요한 것이 아니라 무엇을 모르고 있는지를 자각하고 질문할 줄 아는 능력이 중요하다. 지식은 그 자체로 힘이 아니며, 해석이 더해질 때에야 비로소 힘이 된다. 따라서 기술이 진보할수록 인간의 사고는 더 깊어져야 한다. AI가 빠르게 문장을 생성하는 시대에도, 사유의 속도는 인간만의 것이다. 스스로 생각하는 사람이 지적 부자이고, AI 시대의 진정한 승자는 답을 가진 자가 아니라 질문을 던지는 자다.

따라서 스스로에게 물어야 한다. 나는 정보를 다루고 있는가? 아니면 정보에 휘둘리고 있는가? 지금 내가 서 있는 자리는 지적 풍요인가? 아니면 겉으로만 풍요로워 보이는 빈곤인가?

생각의 주도권을 디자인하기 위한 기록

◆ 이 챕터를 읽은 후 챗GPT에 질문을 던진다면 무엇을 질문하고 싶은가?

    EX): 정보 접근이 평등해진 지금, 왜 지적 격차는 여전히 존재하는가?

_____

_____

_____

◆ 질문에 대한 챗GPT의 대답을 확인한 후 AI와 자신의 생각을 비교하라

_____

_____

_____

_____

_____

_____

_____

새로운 고객이 나타났다

이제는 브랜드가 사람에게 말을 걸기 전에
AI의 말에 귀를 기울여야 하는 시대다

새로운 고객이 나타났다. 그리고 그들은 인간이 아니다. 우리의 상품과 서비스를 선택하는 존재가 달라졌다. AI 시대를 맞아 콘텐츠 제작자들의 고객은 일반 소비자가 아니라 AI 그 자체로 변화하고 있다. 정확히 말하자면 AI의 알고리즘이라고 해야 할 것이다. 그것은 AI가 사용자에게 정보를 전달하는 중개자 역할을 수행하기 때문이다. 따라서 콘텐츠 제작자들은 AI가 이해하고 처리하기 용이한 형태로 콘텐츠를 제작해야만 한다. 그래야만 AI의 간택을 받을 수 있고, AI의 사용자, 즉 고객에게 다다를 수 있기 때문이다. 이러한 변화는 당연히도 새로운 기술적 지식과 전략을 요구한다.

AI를 설득해야만 하는 시대가 온다

많은 사람이 AI를 주로 도구로 사용해 왔다. 정보를 검색하거나, 업무를 자동화하거나, 사용자에게 개인화된 콘텐츠를 제공하는 보조 수단으로 활용했다. 하지만 이제 AI는 단순한 도구가 아니라 인간처럼 '설득의 대상'으로 떠오르고 있다. 특히 마케팅과 브랜딩의 영역에서는 이 변화가 뚜렷하게 나타나고 있다.

기업 입장에서 AI는 더 이상 백오피스에서 작동하는 숨은 기계가 아니다. AI는 상품이나 서비스를 소비자에게 추천하고, 검색 결과를 걸러내며 광고 노출의 우선순위를 결정한다. 쉽게 말해, 고객이 어떤 브랜드를 보고 접하게 될지, 어떤 제품을 믿고 구매하게 될지에 AI가 직접적인 영향을 미치고 있다는 뜻이다. 이커머스 플랫폼 쇼피파이와 메타의 AI 광고 솔루션이 연동되어 AI가 실시간으로 고객 반응을 분석하고 자동으로 광고 크리에이티브를 조정하는 것이 대표적인 예다. 이처럼 AI는 소비자와 브랜드 사이에 놓인 새로운 '중개자'로 자리 잡았다.

그렇다면 기업은 어떻게 해야 할까? 단순히 AI를 활용하는 데 그

쳐서는 안 된다. 이제는 AI가 브랜드에 대해 어떻게 판단하고 평가할지를 고민해야 한다. 다시 말해, AI가 브랜드를 '좋게 보도록' 만드는 전략이 필요하다. 브랜드가 AI에 잘 보이려면, 감성적인 광고나 화려한 디자인만으로는 부족하다. AI는 인간처럼 감정을 느끼지 않기 때문이다. 이제 마케터는 '사람의 눈'이 아닌 'AI의 눈'에 맞춰 콘텐츠를 최적화해야 한다.

AI는 논리와 데이터에 기반해 작동한다. 인간 고객은 "이 제품을 쓰면 기분이 좋아질 거예요"라는 메시지에 끌릴 수 있지만, AI는 "이 제품은 수천 개의 리뷰에서 긍정 평가를 받았고, 반품률이 낮으며, 가격 대비 성능이 우수하다"는 식의 객관적이고 구체적인 데이터를 근거로 판단한다. 결국 기업은 AI가 '좋은 제품'이라고 판단할 수밖에 없도록 모든 요소를 설계해야 한다. 제품 설명, 사용자 리뷰, 평점, 재구매율 등 모든 정보가 AI에 신뢰를 줄 수 있어야 한다. 구체적으로는 콘텐츠 메타데이터 최적화(이미지에 alt-text, 제품 설명에 SEO 키워드, 감정 태그 삽입), 구조화된 콘텐츠 설계(제목, 소제목, 요약, CTA의 논리적 배치), 다채널 퍼포먼스 분석을 통해 어떤 데이터가 AI에게 잘 작동하는지 실험하고 피드백하는 과정이 필요하다.

이러한 변화는 마케팅 전략에도 큰 영향을 준다. 기존에는 감성을 자극해 인간의 구매 욕구를 일으키는 것이 핵심이었다면, 이제는 데이터를 설계하고 최적화해 AI를 '설득'하는 것이 핵심 과제가 된다. 말하자면, 마케팅의 주 타깃이 인간에서 AI로 옮겨가고 있는 셈이다.

이 과정에서 기업과 AI 사이에는 일종의 전략적 경쟁이 발생한다. 기업은 AI가 자신들에게 유리한 결정을 내리도록 정보를 제공하고 알고리즘을 분석한다. 반면 AI는 점점 더 정교한 방식으로 데이터를 필터링하고, 조작된 정보나 편향된 데이터를 걸러내려 한다. 이처럼 AI와 기업 간의 밀고 당기는 공방은 앞으로도 계속될 것이며 이는 '의도 경제'라는 새로운 시장 질서를 만들어 낸다. 의도 경제란, 인간의 구매 의사결정이 아니라 AI의 판단 로직을 겨냥해 경제적 가치를 만들어 내는 구조다.

사람이 아닌 AI가 먼저 읽는 시대
AI SEO 시대의 전략

과거의 디지털 마케팅은 '사람'을 중심에 두고 움직였다. 소비자가 검색 엔진에 키워드를 입력하면 검색 결과에 자사 콘텐츠를 상위에 노출시키기 위해 검색 엔진 최적화SEO에 집중했다. 이는 검색 알고리즘을 분석하고, 키워드를 적절히 배치하며, 메타데이터와 링크 구조를 조정하는 방식으로 이루어졌다. 하지만 이 전략은 인간이 검색 결과를 직접 보고 클릭하는 구조에서만 유효했다.

이제 시대가 바뀌었다. 챗GPT, 구글 제미나이Google Gemini, 빙 코파일럿Bing Copilot 같은 생성형 AI가 검색과 추천의 첫 관문이 되고 있다.

사용자가 질문을 입력하면 이 AI들은 방대한 데이터를 기반으로 요약된 답변을 생성해 제공한다. 다시 말해, 사람보다 먼저 콘텐츠를 읽고 판단하는 주체가 AI가 된 것이다. 그리고 이 변화는 마케팅의 판을 바꾸는 구조적인 전환을 의미한다.

AI SEO는 기존 SEO와 같은 '검색엔진' 중심의 최적화가 아니라 'AI 모델'에 최적화된 콘텐츠 전략이다. AI가 텍스트와 이미지, 구조와 맥락을 이해할 수 있도록 정보를 설계하고 배치하는 작업을 말한다. 단순히 키워드를 반복하는 수준을 넘어서 AI가 '이 콘텐츠는 어떤 의미를 담고 있는가?' '이 브랜드는 어떤 이미지를 전달하고 있는가?'를 파악할 수 있도록 콘텐츠를 구성하는 것이 핵심이다.

여기에는 자연어 처리, 기계학습, 데이터 라벨링, 문맥적 의미 전달 등 보다 정교한 기술이 필요하다. 이제 콘텐츠는 단지 사람에게 보기 좋기만 해서는 충분하지 않다. 우리는 AI가 해석하고 이해할 수 있는 방식으로 콘텐츠를 설계해야 하는 새로운 시대에 진입했다. 예를 들어, 문장은 단순히 미사여구가 아닌 명확한 구조와 논리 흐름을 갖추어야 하며 설명은 구체적이고 직관적이어야 한다. 이미지나 영상 역시 사람의 눈에만 예쁜 것에 집중하지 않고 AI가 시각 요소를 인식하고 분석할 수 있도록 메타데이터와 태그, 설명 문구를 체계적으로 구성해야 한다.

실제로 브랜드테크Brandtech 그룹의 전략 책임자 잭 스마이스Jack Smythe는 이렇게 말한다. "이제 기업은 단지 소비자가 우리 브랜드를 어떻게 인식하느냐만 신경 쓸 게 아니라 AI가 브랜드를 어떻게 이해하고 설명하느냐에 주목해야 한다." 이는 단순한 기술적 SEO 대응을 넘어, 콘텐츠의 구성 방식, 마케팅 전략, 커뮤니케이션 설계 전체를 'AI 친화적 구조'로 재구성해야 한다는 말이기도 하다. 즉, 우리는 사람이 읽고 감동받는 콘텐츠만큼이나 AI가 '해석 가능한' 콘텐츠를 만드는 역량을 확보해야 한다는 뜻이다.

보스턴컨설팅그룹의 조사에 따르면, 이미 전 세계 소비자의 28%가 AI의 추천을 통해 제품을 구매하고 있다. 이 수치는 계속해서 증가하고 있다. 앞으로는 소비자가 직접 검색하고 비교하는 시간을 줄이

AI는 생산자이면서 소비자다

- 우리가 만든 콘텐츠는 이제 인간과 AI의 눈을 동시에 통과해야 한다. AI는 브랜드를 기억하고 판단하는 또 하나의 존재이며 그 존재에 가까워지는 자만이 시장의 미래를 설계할 것이다.

고, AI가 요약해 준 정보나 추천을 그대로 수용하는 사례가 많아질 것이다.

실제 사례도 있다. 한 식재료 배달 서비스 회사는 자사의 광고에서 '간편함'을 강조하고 싶었다. 그래서 요리 완성 이미지에 다진 쪽파를 얹은 장면을 사용했다. 하지만 챗GPT는 이 장면을 보고 "손질이 번거로워 보인다"고 판단해, 해당 브랜드를 '간편한 밀 프렙meal prep'를 서비스 추천 목록에서 제외했다. 기업이 의도한 메시지와 AI가 받아들인 메시지가 어긋난 것이다. 이처럼 AI는 단순히 키워드가 잘 들어가 있는지를 확인하는 것이 아니라, 콘텐츠의 맥락과 이미지를 종합적으로 해석해 판단을 내린다.

이제 기업은 사람 그리고 AI도 하나의 주요 '소비자'로 인식해야 한다. 이 변화에 대응하기 위해 젤리피시는 '쉐어 오브 모델Share of Model'이라는 새로운 분석 도구를 개발했다. 이 도구는 다양한 AI 모델들이 특정 브랜드를 어떻게 인식하고 이해하는지를 분석한다. 마치 소비자를 대상으로 한 인지도 조사처럼, AI의 시각에서 브랜드의 이미지를 점검할 수 있도록 돕는 것이다.

그리고 기업은 두 개의 언어로 동시에 말할 수 있어야 한다. 하나는 인간을 위한 언어이고, 다른 하나는 AI를 위한 언어다. 이 두 언어는 겉보기엔 비슷하지만 작동 방식과 해석 체계가 완전히 다르다. 전자는 감성, 스토리텔링, 브랜드 톤과 같은 인간 중심의 소통을 의미하며 후자는 구조화된 데이터, 메타 정보, 알고리즘 친화적 구성과 같은 기계 해석 중심의 정보 설계다. 기업이 이 두 레벨의 커뮤니케이션을 동시에 설계하지 못한다면, AI가 브랜드를 정확히 이해하지 못하거나 고객에게 브랜드를 제대로 추천하지 못하는 일이 벌어질 수 있다.

검색 엔진 최적화 시대에도 마케터들은 끊임없이 변화하는 알고리즘에 맞춰 전략을 조정해 왔다. 특정 키워드를 반복하거나, 외부 링크를 늘려 트래픽을 유도하던 방식은 결국 알고리즘의 진화로 인해 차단되었다. 이제 같은 일이 AI 환경에서도 벌어지고 있다.

기업은 AI의 알고리즘이 무엇을 중요하게 여기는지를 파악하고, 그것에 맞춰 콘텐츠를 구성해야 한다. 문장 구조, 이미지 설명, 데이터의 맥락, 브랜드의 정체성—이 모든 것이 AI가 이해할 수 있도록 해야 한다 all of this must make sense to AI. 이것이 바로 새로운 시대의 SEO, 즉 AI SEO다.

AI가 이끄는 의도 경제: 소비자 행동의 새로운 전환점

최근 디지털 마케팅 환경에서 '의도 경제 Intent Economy' 개념이 주목받고 있다. 이는 기존의 '주목 경제 Attention Economy'에서 진화한 형태다. 주목 경제는 소비자의 눈길과 시간을 끄는 것이 핵심이었다. 클릭을 유도하고, 오래 머무르게 만드는 것이 마케팅의 목적이었다. 유튜브 조회수, 클릭률, 노출 빈도 등이 이 구조를 뒷받침했다.

그러나 AI가 콘텐츠를 큐레이션하고 사용자의 검색 맥락을 해석하게 되면서 의도의 중요성이 부각되었다. 의도 경제는 소비자가 무엇을 원하고, 왜 찾는가를 중심으로 정보를 제공하는 방식이다. 단순히 자극적인 콘텐츠가 아니라 문제 해결 중심의 응답이 요구된다.

AI는 검색 기록, 행동 패턴, 문맥적 단서를 바탕으로 사용자의 의도를 추론한다. 주목 경제가 '보여지는 것'에 초점을 두었다면 의도 경제는 '이해하는 것'에 집중한다. 사용자의 질문 뒤에 숨겨진 진짜 목적을 읽고 그에 적절한 솔루션을 제시하는 것이 핵심이다. 다음은 AI가 이끄는 의도 경제가 활성화되면서 주목해야 할 내용을 정리해 보았다.

1. 주목에서 의도로: 소비자 역할의 변화

과거 디지털 마케팅 전략은 주로 사람의 주의를 끌고, 클릭을 유도하는 방식에 집중되어 있었다. 광고는 눈에 잘 띄는 문구, 자극적인 이미지, 클릭을 유도하는 버튼 중심으로 구성됐다. 이른바 '주목 경제'는 사용자에게 광고를 '보이게 하는 것'이 최우선이었다.

그러나 지금은 상황이 달라졌다. AI 기술이 발전하면서 사용자의 검색 이력, 행동 패턴, 구매 이력 등을 분석해 그 사람이 무엇을 필요로 하는지를 먼저 파악할 수 있게 되었다. 이제 AI가 사용자의 의도를 파악해 대신 검색하고, 비교하고, 추천까지 해주는 시대다. 사용자 본인이 모든 결정을 직접 내리는 것이 아니라 AI가 그 결정을 보조하거나 대체하는 구조로 바뀌고 있다.

2. 의도 경제에서의 브랜드 전략

의도 경제에서는 AI가 소비자를 대신해 정보 탐색을 주도한다. 이는 곧 브랜드가 사람에게 어필하기 전에, 먼저 AI에 '선택받을 준비'를 해야 한다는 뜻이다. 단순히 광고를 많이 노출시키는 것만으로는 부족하다. 브랜드는 AI가 신뢰하고 이해할 수 있는 방식으로 콘텐츠와 데이터를 구성해야 한다.

　예를 들어, 제품 설명은 단순한 문장이 아니라 구조화된 데이터로 정리되어야 하고, 웹사이트는 AI가 쉽게 분석할 수 있도록 체계적으로 설계되어야 한다. AI가 브랜드를 '이해할 수 있는 언어'로 정보를 제공해야만, 사용자에게 적절한 순간에 그 브랜드가 추천될 수 있다. 이는 기존의 검색 엔진 최적화SEO처럼 키워드를 나열하는 방식이 아니라, 콘텐츠의 맥락과 의미를 중심으로 구성하는 'AI 친화적인 최적화' 전략이다.

3. 광고 방식의 변화

AI가 사용자 경험을 주도하게 되면서, 광고 방식도 함께 변화하고 있다. 기존에는 많은 사람에게 광고를 보여주고, 그중 일부가 클릭하기를 기대하는 구조였다. 하지만 AI 기반 추천 시스템에서는 광고가 무조건 많이 보이는 것보다, 적절한 맥락에서 정확한 대상에게 도달하는 것이 중요해졌다.

예를 들어, 사용자가 특정 제품을 고려하고 있다는 의도를 AI가 파악하면 관련 브랜드가 사용자의 눈에 띄지 않아도 AI가 해당 브랜드를 먼저 추천하게 된다. 이때 중요한 것은 그 브랜드가 AI의 추천 기준에 얼마나 부합하는가다. 이는 단순한 광고 예산의 문제가 아닌 브랜드가 얼마나 일관성 있고 신뢰할 수 있는 정보를 제공하는가에 달려 있다.

4. 기업이 준비해야 할 것들

의도 경제에 효과적으로 대응하려면, 기업은 AI가 평가하는 기준을 이해하고, 이에 맞는 정보를 체계적으로 준비해야 한다. 여기서 중요한 세 가지는 다음과 같다.

- **신뢰할 수 있는 데이터**: 제품 정보, 고객 리뷰, 기업 소개 등 모든 콘텐츠는 정확하고 검증 가능해야 한다.
- **처리하기 쉬운 구조**: AI가 정보를 분석하기 쉬운 방식으로 콘텐츠를 설계해야 한다. 예를 들어, 제품 사양은 표 형식으로 제공하거나, 주요 키워드를 태그로 정리하는 방식이다.
- **매력적인 가치 전달**: 브랜드가 가진 차별점이나 가치가 명확하게 드러나야 하며, 이는 단순한 슬로건이 아닌 실제 사용자 경험과 연결되어야 한다.

5. 의도 경제 시대의 핵심 전략

결국, 기업은 AI에 '이 브랜드는 신뢰할 수 있고, 정확한 정보를 제공하며, 사용자에게 유용하다'는 신호를 지속적으로 보내야 한다. 이를 위해서는 기술적인 SEO를 넘어서, 브랜드 콘텐츠 전체를 'AI가 긍정적으로 해석할 수 있도록' 설계해야 한다.

의도 경제 시대에는 단순히 많은 사람에게 브랜드를 알리는 것을 목표로 하지 않고 'AI가 먼저 선택하고 추천하는 브랜드'를 목표로 해야 한다. 이러한 변화에 선제적으로 대응하는 기업만이 미래의 소비 시장에서 경쟁력을 유지할 수 있다.

생각의 주도권을 디자인하기 위한 기록

◆ 이 챕터를 읽은 후 챗GPT에 질문을 던진다면 무엇을 질문하고 싶은가?

　　EX): AI와 기업의 관계는 협력인가, 경쟁인가?

_____

_____

_____

◆ 질문에 대한 챗GPT의 대답을 확인한 후 AI와 자신의 생각을 비교하라

_____

_____

_____

_____

_____

_____

_____

_____

AI 에이전트가
무엇을 대체할 것인가

만약 AI가 당신을 대체할 수 없다면
당신은 그 누구도 흉내 낼 수 없는 사람일 것이다

AI 기술의 발전은 단순한 기술 혁신을 뛰어넘고 인간의 행동 방식 자체를 바꾸고 있다. 대표적인 예로 소비자의 검색 행동이 크게 달라지고 있다. 과거에는 사람들이 필요한 정보를 검색창에 직접 입력해 찾았다면 이제는 AI가 개인의 취향과 상황을 분석해 정보를 먼저 제안하거나, 아예 사용자의 의도를 파악해 대신 검색하고 요약해 주는 수준에 이르렀다.

이에 맞추어 기업의 고객 역시 변화하고 있다. 사람들은 이제 단순한 제품이나 서비스를 구매하는 것이 아니라 AI가 제안해 주는 맞춤형 경험을 기대한다. 이처럼 소비자, 콘텐츠 제작자, 기업 모두가 변화하면서 산업 구조 자체가 재편되고 있다. AI는 단순히 기존 업무를 효율화하는 수준을 넘어서, 인간의 일과 역할, 그리고 시장의 형태까지 근본적으로 바꾸고 있는 것이다. 이 커다란 변화 속에서 우리는 자연스럽게 다음과 같은 질문을 던지게 된다. "나의 일자리는 언제까지 존재할 수 있을까?"

AI 시대를 살아가는 사람들에게 가장 중요한 화두 중 하나는 바로 '직업의 지속 가능성'이다. AI가 산업 전반에 걸쳐 영향을 미치는 지금, 그 영향에서 완전히 자유로운 직업은 거의 없다. 다시 말해, 이 시대를 살아가는 누구나 자신의 일과 미래에 대해 고민하지 않을 수 없다.

많은 사람이 이런 변화 앞에서 가장 먼저 떠올리는 질문은 다음과 같다. "AI가 내 직업을 대체할 것인가?" 이 질문은 매우 직관적이고 현실적인 고민을 담고 있다. 하지만 이 질문이 과연 올바른 방식으로 문제를 바라보고 있는지 점검할 필요가 있다. 그 출발점은 이 질문 속에 담긴 핵심 개념을 명확히 이해하는 것이다.

먼저, 'AI'라는 기술 자체에 대한 기본적인 이해는 이 책에서 이미 충분히 다뤘다고 가정하자. 그렇다면 이제 우리가 주목해야 할 개념은 '직업'과 '대체'다. 각각의 개념을 명확히 정의하고 이해해야만, AI 시대에 어떤 변화가 일어나는지, 그리고 그 변화가 우리의 일에 어떤 영향을 미치는지를 올바로 판단할 수 있다.

AI 에이전트의
등장

최근 AI 기술이 빠르게 발전하면서 '어떤 직업이 AI에 의해 대체될 것인가?'라는 질문이 자주 등장한다. 하지만 그 전에 먼저 짚고 넘어가야 할 중요한 개념이 있다. 바로 'AI 에이전트'다. 이 개념을 제대로 이해하지 않으면 직업과 기술 변화에 대한 논의도 막연해질 수 있다.

우선, AI 에이전트는 단순한 기술 도구가 아니다. 우리가 흔히 말하는 도구는 사용자의 지시에 따라 움직이며 스스로 판단하거나 행동하지 않는다. 하지만 AI 에이전트는 다르다. 주어진 목표를 달성하기 위해 스스로 판단하고, 계획을 세우고, 실행에 옮기는 시스템이다. 사람처럼 '어떤 일을 맡아서 대신 수행하는' 존재라고 보면 된다.

'에이전트'라는 단어 자체가 원래 '대리인'이나 '대신 일을 처리하는 사람 또는 시스템'을 의미한다. 여기서 'AI 에이전트'는 인간을 대신해 특정한 과업을 수행하도록 설계된 AI 시스템을 말한다. 예를 들어, 고객 질문에 자동으로 응답하는 챗봇, 문장을 다른 언어로 번역해주는 자동 번역기, 환자의 증상을 분석해 진단을 돕는 의료 시스템, 그리고 콜센터 업무를 처리하는 AI까지 모두 AI 에이전트의 사례다.

AI 공학자인 이경전 교수는 AI 에이전트를 "사용자의 목표를 대신 달성하기 위해 판단하고, 행동하며, 학습하는 자동화된 AI 시스템"이라고 정의한다. 이 짧은 정의에는 우리가 AI를 단순한 도구로 여겨서는 안 되는 이유가 담겨 있다.

첫째, AI 에이전트는 단순히 인간을 '보조'하는 것이 아니라 인간의 목표를 '대신' 수행하는 존재다. 이는 더 이상 사람이 일일이 지시하지 않아도 AI가 사용자의 목적을 이해하고 주도적으로 문제 해결에 나선다는 뜻이다.

둘째, AI는 상황을 분석하고 판단을 내릴 수 있는 존재다. 이는 일종의 의사결정권을 부여받는 것으로, 기존의 기계적 명령 수행 시스템과는 본질적으로 다르다. AI는 환경을 읽고 그에 맞는 최적의 해법을 찾는다.

셋째, AI는 스스로 학습하면서 성능을 개선한다. 사용자의 피드백, 반복된 경험, 데이터 흐름을 통해 점점 더 정교해지고 개인화된다. 이는 '지시된 기능만 수행하는 AI'가 아니라 사용자의 의도를 예측하고 적응하는 동반자형 시스템으로 진화하고 있음을 뜻한다.

즉, AI 에이전트는 단순히 '업무를 도와주는 기술'이 아닌 '업무를 대신 처리하는 존재'인 셈이다.

현재 대부분의 AI 에이전트는 특정한 과업, 즉 명확하게 정의된 하나의 작업을 빠르고 정확하게 수행하는 데 초점이 맞춰져 있다. 예를 들어, 이메일 자동 분류, 온라인 쇼핑 추천, 일정 정리 같은 일들이 그렇다. 하지만 기술은 계속 진화하고 있다. 지금은 단순 업무만 처리하는 수준이지만, 앞으로는 더 복잡한 판단과 결정까지 스스로 처리할 수 있는 수준으로 발전할 가능성이 크다. 예컨대, 마케팅 전략을 짜거나, 채용 공고를 분석해 적합한 인재를 선별하거나, 의사의 조언 없이도 간단한 처방을 내리는 수준까지 나아갈 수 있다.

이제 여기서 중요한 질문이 하나 생긴다. 직업은 무엇으로 구성되는가? 직업은 하나의 큰 덩어리가 아니다. 사실상 수많은 작은 '과업task'들의 모음이다. 예를 들어, 기자라는 직업은 취재, 기사 작성, 사진 편집, 인터뷰 등 다양한 과업으로 이루어져 있다. 변호사라면 자료 조사, 문서 작성, 법정 대리 등의 업무가 포함된다. 다시 말해, AI가 개별 과업을 점점 더 잘 수행하게 되면, 그 직업 전체가 영향을 받을 수밖에 없다.

결국 AI 에이전트를 이해하는 일은 단지 기술을 이해하는 수준을 넘어 직업의 본질과 미래를 파악하는 데 필요한 출발점이다. AI가 특정한 과업들을 얼마나 잘 수행할 수 있는지에 따라, 어떤 직업이 영향을 받을지, 어떤 형태로 바뀔지 예측할 수 있다.

직업은 여러 개의 과업이 유기적으로 연결되어 이루어진 활동이다. 예를 들어, 변호사라는 직업을 생각해 보자. 변호사는 단순히 법정에서 변론만 하는 사람이 아니다. 실제로는 계약서를 작성하고, 고객에게 법률 상담을 제공하며, 소송 준비를 하고, 관련 판례를 조사하고, 법정에서 변론까지 수행하는 등 다양한 업무를 수행한다. 이처럼 직업은 여러 역할과 과업이 모여 하나의 전문 영역을 구성한다.

최근 AI의 발전으로 이런 과업 중 일부는 기계가 대신할 수 있게 되었다. 예를 들어, AI는 방대한 양의 법률 문서를 빠르게 분석해 관련 내용을 정리할 수 있고, 표준화된 계약서 초안을 자동으로 생성할 수 있다. 이러한 기술 덕분에 변호사는 문서 작업에 들이던 시간을 줄이고, 더 복잡한 사안에 집중할 수 있다. 또 다른 예로, AI는 방대한 판례 데이터베이스를 신속하게 검색해 필요한 판례를 추천할 수 있으며 소송 전략 수립에 필요한 기초 자료를 정리하는 데도 도움을 준다.

하지만 여기서 중요한 점은 AI가 이러한 일부 과업을 대신한다고 해서 변호사라는 직업 전체가 사라지는 것은 아니라는 것이다. AI는 정보를 빠르게 처리하고 반복적인 작업을 잘 수행하지만, 상황에 맞는 법률적 판단이나 복잡한 이해관계를 조율하는 전략적 사고, 고객과의 신뢰를 바탕으로 한 협상 능력까지는 갖추지 못했다. 법정에서의 즉흥적인 대응, 윤리적으로 민감한 사안에 대한 고민, 인간적인 공감과 설득력은 여전히 인간 변호사의 고유한 역량이다.

이러한 맥락에서 'AI가 직업을 대체한다'는 말은 오해의 소지가 있다. 정확히 말하면, AI는 직업을 구성하는 개별 과업 중 일부를 대체할 수 있을 뿐이다. 다시 말해, AI는 직업 전체를 없애는 것이 아니라 직업의 구성 방식을 변화시키고 있는 것이다. 따라서 'AI가 특정 직업을 완전히 대체할 수 있는가?'라는 질문은 틀렸다. 더 적절한 질문은 'AI가 특정 과업을 수행할 수 있을 때, 우리는 그것을 직업의 사라짐으로 볼 것인가? 아니면 직업 구성요소의 재구성으로 볼 것인가?'이다.

앞서 이야기했듯 직업은 여러 과업들이 서로 연결되어 하나의 목표를 향해 기능하도록 하는 복합적인 개념이다. 따라서 직업은 창의적인 문제 해결 능력, 인간관계에서의 소통과 설득, 그리고 맥락을 읽고 판단하는 직관적 사고 등 다양한 인간 고유의 역량을 포함한다. 이런 요소들은 단순히 기계적인 연산이나 자동화 기술만으로는 쉽게 대체되지 않는다.

따라서 AI가 일부 과업을 맡는다고 해도 직업 자체는 완전히 사라지지 않는다. 오히려 우리는 변화하는 환경 속에서 AI와 협업하는 방식으로 직업의 형태를 재정의하고 있다. 예전에는 수작업으로만 가능했던 일을 지금은 컴퓨터로 처리하듯, 앞으로는 AI가 보조하는 환경 속에서 인간은 더 복합적이고 전략적인 역할에 집중하게 될 것이다. 결국 변화하는 것은 '직업의 존재 여부'가 아니라 '직업의 내용과 구성 방식'이다. 그리고 이 변화에 적응하는 것이 앞으로의 중요한 과제가 될 것이다.

대체가 아니라
재구성이다

많은 사람들이 AI의 발전을 두고 "이제 인간의 일자리가 사라지는 건 아닐까?"라는 불안을 느낀다. 특히 AI가 사람보다 빠르고 정확하게 일을 처리할 수 있다는 점에서 인간이 해오던 일을 AI가 대신하게 될 것이라는 예측이 많다. 하지만 이 문제를 단순히 '대체'의 관점에서만 바라보면 중요한 것을 놓치게 된다. 지금 필요한 건 '대체'가 아니라 '재구성'이라는 시각이다.

AI 시대에 직업을 이해하려면, 일의 구성 방식부터 다시 생각해 보아야 한다. 기술이 일자리에 영향을 미치는 방식은 역사 속에서도 반복되어 왔다. 산업혁명 당시 증기기관의 등장은 직조공과 농민의 일자리를 위협했다. 그러나 시간이 지나자 새로운 직업이 생겨났고, 노동은 다른 방식으로 재편되었다. 즉, 기술은 일자리를 '없애는' 것이 아니라 '다르게 만드는' 방식으로 사회를 변화시켜 왔다. 오늘날 AI 또한 같은 맥락에서 이해되어야 한다.

최근 많은 직장인들이 비슷한 경험을 하고 있다. 월요일 아침 출근해서 컴퓨터를 켜면 새로운 AI 도구가 하나씩 추가되어 있다. 처음엔 거부감이 들 수 있지만 막상 써보면 놀랍도록 편리하다. 예전에 두 시간 걸리던 데이터 정리가 10분 만에 끝나고, 복잡한 보고서 초안도 몇 번의 클릭으로 완성된다.

하지만 동시에 묘한 불안감도 생긴다. 동료 중 일부는 이런 도구들을 적극 활용해 업무 효율을 크게 높이는 반면, 여전히 기존 방식을 고집하는 사람들은 점점 뒤처지는 모습을 보인다. 회사는 'AI 도구 활용도'를 새로운 평가 지표로 삼기 시작하고, 승진 면접에서도 관련 질문이 나온다.

이런 변화 속에서 직장인들은 자신의 역할을 재정의해야 하는 상황에 놓였다. 단순 반복 업무는 점점 자동화되지만 그 대신 AI가 만든 결과물을 검토하고 보완하는 능력, 복잡한 상황을 판단하는 직감, 팀원들과 소통하며 협업하는 기술이 더욱 중요해졌다. 결국 개인의 생존 전략은 AI와 협력해 자신이 도달할 수 없는 영역을 얼마나 잘 개척하느냐에 달려 있다.

이처럼 중요한 것은 'AI가 인간을 대체할 것인가'가 아니라, 'AI와 인간이 어떻게 함께 일할 것인가'이다. 단순한 과업을 넘어서, 전체 시스템을 새롭게 설계하고 인간의 역할을 재정의하는 일이 필요하다. 창의력, 공감 능력, 비판적 사고, 윤리적 판단 같은 영역은 여전히 인간만이 할 수 있는 영역이다. 그리고 이 능력들은 오히려 AI 시대에 더 중요한 자산이 된다. 결론적으로, AI는 인간의 자리를 뺏는 것이 아니라 직업의 구조를 바꾸고 역할을 재편성하는 계기다. 우리는 AI와 경쟁하는 것이 아니라, AI와 협력하며 새로운 시스템을 만들어가야 한다.

당신의 직업은 사라지지 않는다. 단지, 지금까지 알고 있던 모습과는 완전히 다른 형태로 바뀌게 될 뿐이다. 이 변화를 이해하려면 '테세우스의 배'라는 고대 철학 이야기를 떠올려 볼 수 있다. 배의 부품을 하나씩 교체하다 보면 결국 원래 부품은 하나도 남지 않게 되지만, 그 배를 여전히 같은 배라고 부를 수 있을까? 직업도 이와 비슷하다. AI가 직업을 없애는 게 아니라 직업을 이루는 요소들을 조금씩 바꾸며 새로운 형태로 만들어가고 있다.

지금 이 순간에도 AI는 수많은 직업의 구성 요소들을 하나씩 바꾸어가고 있다. 내가 하는 일도, 동료가 하는 일도 예외가 아니다. AI는 반복적이고 단순한 작업을 대신 수행하면서 사람이 더 창의적이고 복합적인 역할에 집중할 수 있도록 도와준다. 그 과정에서 직업은 이전과는 다른 모습으로 진화하게 된다. 겉으로 보기엔 같은 직업처럼 보여도, 실제로는 그 안의 내용과 방식이 완전히 바뀌어 있을 수 있다.

중요한 건, AI가 사람의 협력자라는 점이다. 손을 내밀면 함께 일할 준비가 되어 있고, 나의 일에 새로운 가능성을 더해준다. 예를 들어, 정보 수집이나 분석 같은 일은 AI가 빠르게 처리해 주고, 사람은 더 중요한 판단과 결정에 집중할 수 있다. 이처럼 AI는 일을 효율적으

큰 변화에 올라타면 더 멀리 보일 것이다

- AI는 인간의 가능성을 확장하는 무기다. 그 변화 앞에 선 우리는 익숙함을 버릴 것인지 아니면 낯선 변화 속에서 새로운 정체성을 설계할 것인지 고민해야 한다. 이 변화를 두려워하지 않는 자만이, 기술의 손을 잡고 더 멀리 더 깊이 나아갈 수 있다.

로 바꾸는 동시에, 사람의 역할을 확장시켜 준다.

　변화를 피하려고 할수록 오히려 더 흔들릴 수 있다. 낯설고 불안하게 느껴질 수 있지만, 변화의 흐름을 거부하는 대신 그 흐름을 타기로 마음먹는 순간, 상황은 달라진다. 파도를 피하는 대신 올라탈 수 있다면, 그 중심에서 방향을 잡고 나아갈 수 있다.

　결국 이 모든 것은 선택의 문제다. AI와 함께 일하며 새로운 형태의 직업과 정체성을 창조할 것인가, 아니면 변화에 저항하다가 낡은 틀에 갇혀 도태될 것인가. 시대는 우리에게 끊임없이 묻고 있다. 당신은 어디에 서 있는가? 변화의 파도를 피하려는가?, 아니면 그 파도를 올라타 중심에서 방향을 잡으려는가?

　직업은 사라지지 않는다. 다만 바뀐다. 그리고 바뀐 세상에서 의미 있게 존재하기 위해 필요한 것은 기술이 아니라 인간의 상상력과 재구성의 태도다. 지금 이 순간 우리가 해야 할 일은, 변화의 흐름을 읽고 나만의 새로운 역할을 정의할 '지적 용기'를 갖는 것이다. 이 용기야말로 AI 시대에 인간이 인간답게 살아남을 수 있는 가장 근본적인 자산이다.

생각의 주도권을 디자인하기 위한 기록

◆ 이 챕터를 읽은 후 챗GPT에 질문을 던진다면 무엇을 질문하고 싶은가?

EX): AI와 협력하는 능력은 새로운 시대의 핵심 직무 역량이 될 수 있는가?

◆ 질문에 대한 챗GPT의 대답을 확인한 후 AI와 자신의 생각을 비교하라

AI 시대의 교육이 나아가야 할 길: 경쟁에서 창조로

질문에 대한 정답보다 중요한 건
질문이 나를 어디로 데려가는가이다

스타트업 업계의 대표적인 인물인 피터 틸Peter Thiel은 "경쟁은 바보들이나 하는 것Competition is for losers"이라는 도발적인 발언으로 유명하다. 이 말은 단순한 허세가 아니다. 그는 '경쟁'이라는 게임에 참여하는 대신, 아예 새로운 게임의 규칙을 만드는 것이 진짜 승자의 전략이라고 주장한다. 이미 누군가가 차지한 시장에서 조금 더 나은 제품이나 서비스를 내놓으려는 노력보다는, 아직 아무도 주목하지 않은 공간에서 새로운 수요와 기준을 창출하는 것이 훨씬 더 생산적인 접근이라는 것이다. 남들이 이미 뛰고 있는 경주에 올라타는 것이 아니라 아예 '경주의 트랙 자체'를 바꾸는 발상의 전환이 필요하다는 이야기다.

이러한 전략은 단지 창업자나 사업가에게만 해당하는 조언이 아니다. 지금처럼 인공지능이 점점 더 많은 영역을 잠식해 들어오는 시대에, 인간이 자신의 경쟁력을 지키기 위해서도 반드시 필요한 전략적 시각이다. 우리는 종종 AI와의 관계를 '대체'냐 '보완'이냐의 이분법으로 생각하지만, 실제로 중요한 건 '차별화된 포지셔닝'을 어떻게 확보하느냐이다. AI가 잘하는 일을 인간이 똑같이 하려 들면 질 수밖에 없다. 예컨대, 방대한 데이터를 분석하거나 복잡한 통계 정보를 빠르게 처리하는 일은 AI의 주특기다. 속도와 정확성, 반복의 피로 없음 등에서 인간은 애초에 상대가 되지 않는다.

하지만 그렇다고 인간이 완전히 무력한 존재가 된다는 의미는 아니다. 오히려 우리는 AI가 아직 넘볼 수 없는 고유한 역량에 집중함으로써 차별성을 확보할 수 있다. 인간은 추상적인 의미를 읽어내고, 맥락을 감지하며, 상황의 미묘한 변화를 감정적으로 해석할 수 있다. 더불어 완전히 새로운 발상을 통해 이전에는 존재하지 않았던 문제 정의와 해결책을 만들어내는 능력, 즉 창의적 전환의 사고력도 갖고 있다. 지금 필요한 건, 인간 고유의 이 능력을 더 예리하게 갈고닦아 AI가 다가설 수 없는 '인지적 틈새'를 확장해 나가는 일이다.

이와 같은 관점은 '전문성'이라는 단어의 정의 자체를 새롭게 만든다. 과거에는 많은 정보를 알고 있는 사람이 전문가였다. 그러나 AI

는 언제든 더 많은 정보를 더 정확하게 축적할 수 있다. 앞으로는 누가 더 많이 아는 것보다 누가 더 창의적으로 결합하며, 더 비판적으로 판단하는지가 핵심이다. 즉, '지식의 양'이 아니라 '지식 간의 연결로 창출하는 통찰의 질'이 전문가의 기준이 된다. 실제로 한 방송 콘텐츠 기획자는 AI로부터 플롯 아이디어를 받은 뒤 이를 전통적 서사 구조와 창의적으로 결합해 실험적 드라마를 완성했다. 이처럼 AI와의 협업 과정에서 발생하는 마찰과 충돌은 '무엇이 중요한가'를 되묻는 기회가 되며, 전문성을 단순 기능 수행이 아닌 해석, 질문, 맥락화, 윤리적 판단과 같은 의미 기반의 능력으로 전환시킨다.

바로 여기서 교육의 역할이 중요해진다. AI 시대에 인간이 경쟁력을 유지하려면 무엇을 배우고, 어떻게 배워야 하는지를 교육이 책임져야 한다. 더는 시험을 잘 보기 위한 암기 위주의 교육만으로는 부족하다. 오히려 학생이 스스로 질문을 만들고, 실험하고, 문제를 해결하는 경험을 통해 배워야 한다. 정보를 전달하는 데 그치는 교육이 아니라, 사고력을 키우고 창의적 시도를 장려하는 교육이 필요하다.

요약하자면, AI 시대의 교육은 '누가 더 잘 따라 하느냐'를 평가하는 경쟁 중심의 구조에서 벗어나야 한다. 대신 '누가 더 새롭게 생각하느냐', '누가 더 독창적인 아이디어를 낼 수 있느냐'를 키우는 창조 중심의 방향으로 나아가야 한다. 인간이 인간다움을 통해 AI 시대에 의미 있는 역할을 하려면, 교육 역시 근본적으로 달라져야 하고, 무엇보다 AI를 단순한 도구가 아닌 함께 생각하는 파트너로 인정하는 태도가 필요하다.

AI 시대의 교육은 어떻게 달라져야 하는가

AI 기술이 빠르게 발전하면서 사회 전반의 구조와 요구 역량이 변화하고 있다. 이러한 변화 속에서 교육은 과연 그 흐름을 따라가고 있는지, 우리는 지금 이 시점에서 반드시 질문해야 한다. 현재의 교육 시스템이 과연 AI 시대가 요구하는 능력을 제대로 길러주고 있는가?

지금도 많은 학교에서는 학생들이 정답을 맞히는 데 집중하도록 유도하고 있다. 교사는 지식을 일방적으로 전달하고, 학생은 이를 암기한 뒤 시험에서 그대로 재현하는 방식이 여전히 주류다. 이 방식은 과거 산업화 시대에는 효과적이었을지 몰라도, 지금처럼 변화가 빠르고 복잡성이 높은 시대에는 한계가 뚜렷하다. 이제는 단순히 많이 아는 것이 중요한 것이 아니라 주어진 정보를 어떻게 해석하고, 연결하며, 새로운 아이디어로 확장할 수 있는지가 더 중요해졌다. 즉, 창의적인 사고력과 스스로 문제를 정의하고 해결하려는 자발적인 탐구 능력이 핵심 역량으로 떠오르고 있다.

교육 방식에도 변화가 절실하다. 지금까지의 강의 중심 교육은 모든 학생에게 동일한 내용을, 동일한 속도로 가르치는 것을 기본으로 해왔다. 하지만 학생들은 각자 배경, 이해도, 흥미, 학습 속도가 다르다. 이 차이를 고려하지 않으면 많은 학생이 수업에서 소외되거나 흥미를 잃게 된다. AI는 이 문제에 대한 실질적인 해결책이 될 수 있다. 예를 들어, AI를 활용한 학습 플랫폼은 학생 개개인의 학습 데이터를 분석해 가장 적합한 콘텐츠와 학습 경로를 제안할 수 있다. 학습자가 이해하지 못한 개념은 반복해서 설명하고, 흥미를 느끼는 주제는 더 깊이 탐구하도록 유도할 수 있다. 이는 학습의 몰입도와 효과를 크게 높이는 방식이다.

또한 AI는 교육을 보다 상호작용적으로 만들 수 있다. 기존의 일방적인 전달 구조에서 학생이 직접 문제를 해결하고, 피드백을 받고, 스스로 성장을 체감할 수 있는 구조로 변화시킬 수 있다. 예를 들어, AI 튜터나 챗봇은 질문에 실시간으로 답하고, 학습자의 이해도를 기반으로 다음 단계를 제안해 준다. 이처럼 AI는 단순한 기술이 아닌 학습 환경 자체를 변화시키는 무기가 될 수 있다.

그러나 교육의 내용이나 방식 이전에, 더 본질적인 문제가 있다. 바로 교육 기회의 불평등이다. 지역, 가정 환경, 소득 수준 등에 따라 양질의 교육을 받을 수 있는 기회가 여전히 극명하게 나뉘고 있다. 도시의 일부 학교는 첨단 기술을 활용한 교육을 실험하고 있지만, 다른 지역에서는 여전히 기본적인 학습 자료조차 부족한 경우도 많다. AI가 가져올 교육 혁신은 이 불평등을 해소하는 데서 출발해야 한다.

AI는 인터넷 연결만으로도 다양한 교육 콘텐츠와 도구를 제공할 수 있다. 이는 물리적인 학교 공간이나 교사의 수에 의존하지 않고도 고품질의 교육을 누구나 받을 수 있는 가능성을 열어준다. 하지만 이 가능성이 현실이 되기 위해서는 정책적 뒷받침과 기술에 대한 사회 전반의 이해가 함께 따라야 한다.

결론적으로, AI 시대의 교육은 단순히 새로운 기술을 도입하는 것을 넘어서야 한다. 교육이 무엇을 가르치고, 어떻게 가르치며, 누구에게 가르치는지를 전면적으로 다시 설계해야 한다. 이 과정에서 AI는 단순한 보조 수단이 아니라 교육의 접근성과 효과를 획기적으로 개선할 수 있는 핵심 동력이 될 수 있다.

나이지리아 사례가 보여주는 'AI 활용 교육'

세계은행이 소개한 나이지리아의 사례는 AI가 교육 불평등 문제를 해결하는 데 얼마나 효과적으로 작용할 수 있는지를 잘 보여준다. 나이지리아는 오랫동안 노후한 교육 시스템과 심각한 자원 부족에 시달려왔다. 많은 학교에 기본적인 교재나 교사가 부족했고, 학생들의 학습 수준 차이도 컸다. 이로 인해 도시와 농촌, 부유층과 저소득층 사이의 교육 격차는 점점 더 벌어지고 있었다.

이러한 문제를 해결하기 위해 나이지리아는 AI 기반 학습 도구를 교육 현장에 도입했다. 이 시스템은 학생 개개인의 학습 데이터를 실시간으로 수집하고 분석해, 각자의 수준과 속도에 맞는 맞춤형 학습 자료를 자동으로 추천한다. 예를 들어, 수학 문제를 자주 틀리는 학생에게는 더 쉬운 개념 설명과 반복 연습 문제를 제공하고, 빠르게 진도를 나가는 학생에게는 심화 학습 자료를 제시하는 식이다.

AI의 또 다른 강점은 즉각적인 피드백이다. 전통적인 수업에서는 교사가 모든 학생의 학습 상황을 일일이 점검하고 피드백을 주기 어렵지만, AI 챗봇은 학생의 반응을 바로 분석하고 실시간으로 조언을 제공한다. 이 과정에서 학생은 자신의 약점을 스스로 인식하고, 부족한 부분을 빠르게 보완할 수 있다.

특히 주목할 점은 AI 솔루션이 인터넷 연결이 불안정하거나 전혀 되지 않는 지역에서도 작동할 수 있도록 설계되었다는 것이다. 이를 통해 전기와 인터넷이 부족한 농촌 지역의 학생들도 AI 기반 학습의 혜택을 받을 수 있게 됐다. 다시 말해, 기술 인프라가 열악한 환경에서도 교육 기회를 넓힐 수 있는 길이 열린 것이다.

이러한 변화는 교육을 단지 일부 계층만의 특권이 아니라 누구에게나 열려 있는 기회로 만들어가고 있다. 나이지리아의 사례는 단지 기술의 발전을 보여주는 것이 아니라 그 기술이 어떻게 사회적 약자를 돕고 구조적인 문제를 해결하는 도구가 될 수 있는지를 보여주는 중요한 예다.

AI가 바꾸는
새로운 학습 방식

AI는 교육의 패러다임을 근본적으로 바꾸고 있다. 이전까지 교육은 교사가 중심이 되어 지식을 전달하고, 학생은 이를 받아들이는 구조였다. 학생은 정해진 커리큘럼과 수업 방식에 수동적으로 참여했고, 학습의 흐름을 스스로 조절하기 어려웠다. 그러나 AI 기술의 발전은 이 틀을 깨고 있다.

이제는 학습자가 자신의 학습 속도와 스타일에 맞게 내용을 선택하고, 필요한 부분에서 실시간으로 AI의 도움을 받을 수 있다. 예를 들어, AI는 학생의 학습 이력을 분석해 부족한 개념을 반복 학습시키거나 더 어려운 문제로 도전하게끔 유도한다. 이처럼 AI는 단순히 정보를 제공하는 도구보다 더 고차원적인 학습의 동반자 역할을 한다.

실제로 미국의 주요 대학들은 이러한 변화를 빠르게 수용하고 있다. MIT와 조지아공대 같은 대학들은 기존의 강의 중심 수업에서 벗어나 온라인 기반의 AI 학습 플랫폼을 적극적으로 도입하고 있다. 이들 플랫폼은 학생 개개인의 수준, 관심사, 이해도를 분석해 맞춤형 학습 콘텐츠를 제공한다. 같은 수업을 듣더라도 학생마다 학습 경로와 과제가 달라질 수 있는 구조다. 이러한 맞춤형 학습은 학습의 효율성과 몰입도를 높이는 데 큰 도움이 된다.

이 변화는 교사의 역할에도 중요한 전환점을 가져온다. 교사는 더 이상 지식을 일방적으로 전달하는 사람이 아니다. 대신, AI가 기초 개념과 반복 학습을 맡는 동안 교사는 학생과의 소통을 통해 창의적 사고와 문제 해결 능력을 길러주는 역할에 집중할 수 있다. 예를 들어, 학생이 실제 사회 문제를 해결하는 프로젝트 수업을 할 때 교사는 아이디어를 구체화하고 협업을 유도하는 방식으로 개입한다. 결과적으로 AI가 도입된 교육 환경은 교사와 AI가 협력하는 형태로 발전한다. AI는 학습 데이터를 기반으로 학생에게 최적의 학습 조건을 제공하고, 교사는 인간적인 통찰력과 정서적 지지를 통해 학습의 깊이를 더한다. 이 두 존재가 함께할 때, 학생은 보다 주체적이고 능동적으로 학습할 수 있으며 자신의 속도에 맞춰 의미 있는 성장을 이룰 수 있다.

이러한 변화는 단지 기술의 발전에 그치지 않는다. 학습자 중심의 교육, 개인 맞춤형 학습, 교사의 역할 변화 등은 모두 '효과적인 배움이란 무엇인가?'에 대한 본질적인 질문을 다시 던지게 한다. 즉 AI는 현재 교육의 방향을 재정의하는 촉매가 되고 있다.

AI 시대, 교육은 무엇을 가르쳐야 하는가

AI 기술의 발전은 교육의 방향을 근본적으로 바꾸고 있다. 이제는 단순히 지식을 암기하고 정답을 맞히는 능력보다, 각 개인의 고유한 전문성과 잠재력을 발견하고 그것을 발전시키는 능력이 더 중요해졌다. 학생들이 변화하는 사회에 유연하게 대응하고, 스스로 삶의 문제를 해결할 수 있도록 돕는 것이 교육의 핵심 목표가 되어야 한다.

기존 교육은 주로 교사가 지식을 전달하고 학생이 수동적으로 이를 받아들이는 구조였다. 그러나 AI 시대에는 이런 방식만으로는 충분하지 않다. 이제는 학생들이 능동적으로 학습에 참여하고, 문제를 스스로 정의하며 다양한 관점에서 해결책을 도출할 수 있는 역량이 요구된다. 즉, 문제 해결력, 창의적 사고력, 논리적 분석력과 같은 핵심 역량을 중심으로 교육이 재편되어야 한다.

이를 위해 학교는 단순히 교과 내용을 전달하는 데 그치지 않고, 협업 능력과 비판적 사고력, 그리고 자신의 사고를 점검하고 조정하는 메타인지 능력 등을 함께 길러야 한다. 예를 들어, 하나의 사회 문제를 두고 학생들이 팀을 이루어 AI 도구를 활용해 관련 데이터를 분석하고, 문제의 원인을 파악하며, 해결책을 함께 고민하는 프로젝트 수업을 진행할 수 있다. 이런 경험은 단순한 지식 습득을 넘어서, 실제 사회에서 요구되는 복합적 문제 해결 능력을 기를 수 있는 기회를 제공한다.

AI를 교육에 활용한다는 것은 단순히 AI 기술을 배우는 것을 의미하지 않는다. 중요한 것은 AI와 '어떻게 협력할 것인가?'이다. AI는 방대한 데이터를 빠르게 분석하고 정보를 요약하는 데 강점을 가지고 있지만, 어떤 문제를 중요하게 다뤄야 하는지 판단하고, 그 결과가 사회에 어떤 영향을 미칠지를 고민하는 일은 여전히 인간의 몫이다. 따라서 학생들은 AI의 기술적 기능뿐 아니라 그 한계와 윤리적 문제까지 함께 이해할 필요가 있다.

예를 들어, AI가 추천한 결과가 항상 옳거나 중립적이지는 않다는 점을 인식해야 한다. AI는 과거의 데이터를 기반으로 작동하는데, 이 데이터가 편향되어 있거나 특정 집단을 소외시키는 방식으로 설계되어 있다면, 그 결과 또한 왜곡될 수 있다. 실제로 일부 채용 알고리즘이나 범죄 예측 시스템이 성별, 인종, 지역 등에 따라 불공정한 판단을 내린 사례도 있다. 이런 상황에서 학생들은 AI가 제공하는 정보를 맹신하지 않고, 출처와 조건을 비판적으로 검토하고, 다양한 출처와 비교해 판단할 수 있어야 한다. 이것이 바로 'AI 리터러시'의 핵심 역량이다.

이와 같은 AI 리터러시는 단순한 기술 교육을 넘어서 윤리 교육과 연결된다. 학생들은 AI 기술을 사용할 때 발생할 수 있는 사회적 책임, 개인정보 보호, 알고리즘 투명성 등의 문제를 이해하고, 이에 대해 성찰할 수 있어야 한다. 따라서 학교 교육과정에서는 AI 윤리, 데이터 윤리, 정보보호와 관련된 내용을 별도의 학습 영역으로 구성할 필요가 있다. 이러한 교육은 학생들이 AI와 함께 살아가는 미래 사회에서 책임감 있고 균형 잡힌 판단을 내릴 수 있도록 도와준다.

교사의 역할도 달라져야 한다. 이제 교사는 단순한 지식 전달자가 아니라 학생들이 AI와 함께 배우고 사고할 수 있도록 이끄는 조력자로 변화해야 한다. AI가 기초적인 정보 제공이나 반복 학습을 담당하게 되면, 교사는 그 시간을 활용해 학생 개개인의 수준과 흥미에 맞는 맞춤형 학습을 설계할 수 있다. 예를 들어, 한 학생이 과학에 흥미가 많고 탐구력이 뛰어나다면, AI를 활용해 스스로 실험을 설계하거나 최신 과학 정보를 분석하는 활동을 기획해 줄 수 있다. 또 다른 학생이 글쓰기에 강점을 보인다면, AI를 통해 다양한 관점의 글을 비교하고 비판하는 수업을 제공할 수도 있다.

이처럼 교사는 학습자의 가능성을 파악하고, 그 잠재력을 이끌어내는 '코치'의 역할을 맡아야 한다. 이를 위해 교사 자신도 AI 활용 역량을 지속적으로 키워야 한다. 디지털 교육 연수나 AI 기반 수업 연구회에 참여하고, 실제 수업에서 다양한 AI 도구를 시도해보며 새로운 교육 방식을 탐색하는 것이 필요하다. 교사가 변화에 적극적으로 참여할수록, 교육은 더 깊이 있고 효과적인 방향으로 진화할 수 있다.

결국 AI 시대의 교육은 지식을 가르치는 과정에 그치지 않고 '어떻게 사고할 것인가'를 함께 배우는 과정이 될 것이다. 학생과 교사 모두가 AI를 도구로 삼아 더 나은 질문을 던지고, 더 나은 답을 찾아가는 힘을 키워야 한다. 그것이 바로 미래 교육의 본질이다.

AI 기술이 빠르게 발전하면서 산업 구조와 일자리, 교육의 모습도 근본적으로 바뀌고 있다. 이런 변화에 효과적으로 대응하려면 세 영역이 유기적으로 연결되어 순환하는 구조가 필요하다. 산업이 변화하면 필요한 인재의 역량도 달라지고, 이에 따라 일자리의 성격이 변한다. 그러면 교육 역시 그에 맞춰 바뀌어야 한다. 예전처럼 정해진 기술이나 지식을 단순히 전달하는 방식으로는 더 이상 충분하지 않다.

AI가 요구하는 인재상은 문제를 창의적으로 해결하고, 새로운 가치를 만들어낼 수 있는 사람이다. 단순한 기술 숙련도보다는 융합적 사고력, 비판적 분석, 협업 능력 같은 종합적인 역량이 중요해지고 있다. 따라서 교육은 산업 현장에서 실제로 필요한 역량을 중심으로 재편되어야 하며, 학습자들이 변화하는 일자리 시장에 적응할 수 있도록 도와야 한다.

이런 변화는 교육기관만의 노력으로는 어렵다. 기업과 정부, 공공기관도 미래 인재를 키우기 위해 적극적으로 투자해야 한다. 예를 들어, 기업은 신입 인력을 위한 재교육 프로그램을 만들고, 정부는 새로운 교육 모델과 커리큘럼을 지원할 수 있다. 이렇게 각 주체가 자신의 역할을 충실히 하면서 서로 연결되면 산업 변화에 민첩하게 대응할 수 있는 시스템이 구축된다.

이러한 선순환 구조가 제대로 작동하면 개인은 변화 속에서도 자신의 경쟁력을 유지할 수 있고, 사회 전체는 지속적으로 혁신하며 발전할 수 있다. 무엇보다 중요한 것은 미래가 불확실할수록 각 분야가 고립되지 않고 긴밀하게 협력해야 더 큰 기회와 가능성을 만들어낼 수 있다는 점이다. 산업, 일자리, 교육이 따로 노는 것이 아니라 하나의 생태계로 움직일 때, AI 시대의 변화는 위기가 아니라 새로운 성장의 발판이 될 수 있다.

생각의 주도권을 디자인하기 위한 기록

◆ 이 챕터를 읽은 후 챗GPT에 질문을 던진다면 무엇을 질문하고 싶은가?

　EX): AI시대에 기업과 정부는 어떤 방식으로 교육 혁신에 투자해야 하는가?

_____

_____

_____

_____

◆ 질문에 대한 챗GPT의 대답을 확인한 후 AI와 자신의 생각을 비교하라

_____

_____

_____

_____

_____

_____

_____

_____

AI 혁신 vs. AI 워싱: 진짜 변화는 어디에서 오는가

AI는 더 많이 만드는 도구가 아니라
더 깊이 물어야 하는 거울이다

AI는 더 이상 미래의 기술이 아니다. 이미 우리의 일상과 사회 전반에 깊숙이 들어와 있으며, 다양한 영역에서 실질적인 변화를 만들어 내고 있다. 예를 들어, 기업들은 AI를 활용해 업무를 자동화하고 있으며, 학교와 교육기관은 AI 기반의 맞춤형 학습 시스템을 도입하고 있다. 그 결과, 일자리 구조가 바뀌고 있고, 교육 방식도 전통적인 방식에서 벗어나 개인화된 방향으로 이동하고 있다. 이러한 변화는 단순한 가능성이 아니라 이미 현실에서 일어나고 있는 일이다.

하지만 이렇게 빠르게 확산되는 AI 기술의 이면에는 의도치 않은 부작용도 존재한다. 그중 하나가 바로 'AI 워싱AI Washing'이다. '워싱washing'이라는 용어는 원래 '세탁하다'는 의미지만, 마케팅에서 이 단어는 실제와 다른 이미지를 씌우는 행위를 비판할 때 사용된다. 예를 들어, 제품에 '친환경'이라는 말을 붙여 실제로는 환경에 해롭지만 친환경적인 것처럼 보이게 만드는 '그린 워싱Green Washing'이 대표적이다.

또 다른 부작용은 소셜 미디어 플랫폼에서 관찰된다. 사람들은 자신의 커리어를 홍보하거나 전문성을 강조하기 위해 AI로 생성한 긴 글을 올린다. 문제는 그 글이 너무 길고 읽기 힘들어졌다는 점이다. 그래서 또 다른 AI를 이용해 그 글을 요약해서 본다는 아이러니한 상황이 발생하고 있다. 결국 AI가 글을 늘리고, 다시 AI가 그 글을 줄이는 과정이 반복되는 것이다. 이 과정에서 사람의 창의성이나 개입은 점점 줄어든다. 중요한 것은 콘텐츠를 만들었는지가 아니라 얼마나 많은 콘텐츠를 쏟아냈는지가 되어버린다.

이처럼 AI가 개입하는 범위가 넓어질수록, 사람들은 자신이 보고 듣는 콘텐츠에 AI가 어떤 방식으로 관여했는지조차 인식하지 못하게 된다. 단순히 '잘 만들어진 것 같다'는 이유만으로 AI가 만든 콘텐츠를 소비하게 되는 것이다. 문제는 이러한 콘텐츠가 진정한 창작의 결과물이 아니라는 데 있다. 그 안에는 사람의 생각이나 감정, 문제의식이 담겨 있지 않다. 표면적으로는 매끄럽고 그럴듯하지만, 깊이나 맥락이 결여되어 있다.

더 나아가, 콘텐츠를 만드는 과정 자체가 급속도로 바뀌고 있다. 과거에는 글 한 편, 디자인 하나를 만들기 위해 오랜 시간 고민하고 수정하는 과정이 필요했다. 이제는 AI가 초안을 만들고 또 다른 AI가 그것을 다듬는다. 작업 속도는 빨라졌지만 그만큼 창작자가 느끼는 자부심이나 애착은 줄어들고 있다. 창작의 본질이었던 '나만의 시각'과 '진정성'은 점점 사라지고 있는 것이다.

결국 사람들은 AI가 만들어내는 양산형 콘텐츠에 지치기 시작했다. "요즘 글은 다 똑같다" "누가 쓴 건지 모르겠다" "감정이 느껴지지 않는다"는 피로와 불만이 점점 커지고 있다. 콘텐츠는 넘쳐나지만 그

복제되는 콘텐츠, 문제되는 진실성

- AI로 만든 글은 많아지는데 마음을 건드리는 글은 줄어들고 있다. 기술이 창작의 형식을 대신하는 시대, 창작자는 콘텐츠를 '만드는 자'가 아니라 콘텐츠에 '자기 자신을 투영하는 자'여야 한다. 그 지점에서 혁신이 일어난다.

안에서 '진짜'를 찾는 일이 점점 어려워지고 있다.

AI는 분명히 유용한 도구다. 잘만 활용하면 사람의 능력을 확장시키고, 더 창의적인 결과물을 만들어낼 수 있다. 하지만 그 기술이 단지 '많이 만들기 위해' 사용되거나, '있어 보이기 위해' 남용된다면 그것은 혁신이 아니다. 그것은 기술의 본질을 흐리는 일이며, 결국 소비자와 사회 모두에게 신뢰를 잃게 만든다.

진짜 혁신은 기술의 유무가 아니라 그 기술이 어떤 목적과 방식으로 사용되느냐에 달려 있다. 즉 AI 시대의 진정한 변화와 혁신은 그것을 어떻게 활용하느냐에 따라 결정된다.

AI 워싱:
이름만 그럴싸한 기술 혹은 마케팅

요즘 어디를 가든 'AI'라는 단어를 마주치게 된다. 온라인 쇼핑몰에서는 "AI 맞춤 추천", 은행 앱에서는 'AI 자산관리', 지하철역 광고판에는 'AI가 선택한 최고의 상품'이라는 카피가 넘쳐나고, 채용 공고에도 'AI 전문가 우대'라는 조건이 빠지지 않는다. 마치 AI가 없으면 뒤떨어진 서비스나 회사인 것처럼 여겨지는 분위기다. 이러한 흐름에서 발생하는 사회적 문제가 바로 AI 워싱이다.

AI 워싱은 AI 기술을 실제보다 과장되게 포장하거나, 실질적인 기능이 없는데도 'AI'라는 단어를 마케팅 수단으로 사용하는 현상을 말한다. 이처럼 'AI'라는 단어가 남용되면 기술의 진정한 가치와 의미가 퇴색된다. 기업들은 제품이나 서비스에 단지 'AI 기반'이라는 말을 붙이기만 해도 소비자들의 관심을 끌고, 투자자들의 눈길을 사로잡을 수 있다는 점을 잘 알고 있다. 예를 들어, 단순한 자동 응답 시스템이나 몇 가지 규칙 기반 추천 알고리즘에도 'AI 챗봇'이나 'AI 추천'이라는 이름이 붙는다. 하지만 이런 기술은 실제로는 기계 학습이나 AI의 본질적인 요소를 거의 포함하지 않는다. 그럼에도 불구하고 사람들은 이 제품이 최첨단 기술을 사용한 것처럼 오해하게 된다.

소비자 입장에서도 문제는 크다. 제품 설명에 'AI가 적용됨'이라는 말이 있으면, 많은 사람들이 그것이 곧 혁신적이라는 의미로 받아들인다. 그러나 표면적인 'AI' 라벨만으로는 기술의 실질적 가치를 판단하기 어렵다. 이처럼 AI가 과장되게 사용되는 상황이 계속되면, 결국 진짜 혁신 기술과 마케팅 용도의 허울뿐인 기술을 구별하기 어려워진다. 그 결과, 진정으로 기술적 진보를 추구하는 기업이나 연구자들까지도 주목받기 힘든 환경에 놓이게 된다.

AI가 진짜 '핵심 기술'로 인정받기 위해서는 조건이 있다. 단순히 겉보기 좋은 기능을 제공하는 것을 넘어 실제로 우리 사회나 산업이 직면한 문제를 해결할 수 있어야 한다. 예를 들어, 의료 진단을 정확히 보조하거나, 기후 예측을 정밀하게 분석하거나, 복잡한 업무를 자동화해 인간의 시간을 절약해 주는 기술이라면 진정한 의미의 AI라고

할 수 있다. 이런 기술은 인간의 역량을 확장시키고 이전에는 불가능했던 일들을 가능하게 만든다.

반면, 단순히 기존 콘텐츠를 조합하거나 인간처럼 보이도록 흉내내는 기술은 제한적인 가치를 지닌다. 이는 정보의 질을 낮추고, 무분별한 콘텐츠의 양적 증가만을 유도하며, AI 기술 전반에 대한 신뢰를 떨어뜨린다. 결과적으로 사람들은 AI라는 단어 자체에 회의감을 갖게 되고, 실제로 유용한 AI 기술조차 오해받는 상황이 벌어진다.

따라서 기업과 소비자는 'AI'라는 단어의 의미를 신중하게 바라볼 필요가 있다. 기술의 실질적 기능과 문제 해결 능력에 집중해야 하며, 마케팅을 위한 수단으로만 AI를 활용하는 행태는 장기적으로 기술 발전에도 부정적인 영향을 미친다.

AI가 바꿀 일과 교육

AI는 이미 많은 산업과 일상에 깊이 들어와 있다. 하지만 단순히 'AI를 썼다'고 해서 모두 혁신이라고 부를 수는 없다. 진짜 혁신은 실제 문제를 해결하고, 인간의 능력을 확장하며, 사회적으로 신뢰를 받을 수 있을 때 가능하다. 특히 일자리 재구성과 교육 혁신처럼 사회 구조를 바꾸는 변화에는 아래와 같은 세 가지 핵심 조건이 필요하다.

1. AI는 실제 문제를 해결하고 있는가?

AI는 허울뿐인 기술이 아니라 실질적인 문제 해결 수단이어야 한다. 예를 들어 대형 유통업체인 아마존은 AI를 활용해 소비자 수요를 예측하고, 물류 창고에서 제품의 위치를 최적화한다. 예전에는 시즌별 수요 예측이 매니저들의 경험에 의존했지만, 지금은 AI가 지역별 구매 패턴, 날씨, 트렌드 데이터를 분석해 수요를 정확히 예측한다. 이를 통해 재고 부족과 과잉 재고를 동시에 줄이고, 배송 시간도 단축시킬 수 있다.

캐나다의 일부 병원에서는 AI가 응급실에 온 환자들의 증상을 분석해 우선 순위를 자동 분류한다. 이 과정에서 AI는 과거 데이터, 현재 증상, 생체 신호 등을 실시간으로 분석해 의료진이 빠르게 대응할 수 있도록 돕는다. 이를 통해 응급 환자의 생존율을 높이고, 의료 자원을 효율적으로 배분할 수 있다. 즉 AI는 실제 환경에서 시간과 비용을 절감하고 정확도를 높이는 '문제 해결자'로 작동해야 한다.

2. AI는 인간의 능력을 확장하는가?

AI는 인간을 대체하는 것이 아니라 인간의 일을 더 잘하게 만드는 도구가 되어야 한다. 미국의 'DoNotPay'는 AI를 이용한 법률 챗봇 서비스다. 사용자는 이 앱을 통해 주차 딱지를 항의하는 편지를 자동 생성하거나, 고객 서비스 분쟁을 처리하는 법적 문서를 쉽게 만들 수 있다. 법률 전문가가 아니더라도 AI가 법적 문장을 제안하고 조언해 줌으로

써, 일반인도 법률 문제를 스스로 해결할 수 있는 길이 열렸다.

BMW는 공장 내 작업자들이 부품을 조립할 때 AI 비전 시스템을 통해 실시간 피드백을 받게 했다. 잘못 조립된 부품이 감지되면 AI가 즉시 경고를 보내고, 수정 가이드를 제공한다. 이는 작업자들의 단순한 품질 관리 수준을 높이는 것에 한정되지 않고 실수를 줄이고 더 빠르게 숙련될 수 있도록 돕는 방식이다. 즉, AI가 사람의 학습과 수행 능력을 향상시키는 도구가 되고 있다.

3. AI는 윤리적이고 책임 있게 설계되어 있는가?

AI가 사회 전반에 신뢰받기 위해서는 데이터의 편향을 최소화하고, 개인정보 보호와 투명성이 확보되어야 한다. 아마존은 한때 AI를 활용해 이력서를 자동 평가하는 시스템을 개발했지만, 이 시스템은 남성 중심의 과거 데이터를 학습하면서 여성 지원자에게 불리한 판단을 내렸다. 결국 이 프로젝트는 폐기되었다. 이 사례는 편향된 데이터를 학습한 AI가 사회적 불평등을 확대할 수 있다는 점을 보여준다. 따라서 AI는 반드시 공정성을 고려한 설계와 감시 체계를 필요로 한다.

샌프란시스코 시정부는 시민의 프라이버시를 이유로 공공기관에서 얼굴 인식 기술 사용을 금지했다. 이 조치는 AI 기술이 감시 수단으로 남용될 수 있다는 우려에서 비롯되었다. 기업이나 정부는 AI를 설계하고 운용할 때 법적 책임뿐 아니라 사회적 책임도 져야 한다. 특히 개인정보를 다루는 AI는 사용자의 동의, 데이터 보관 정책, 삭제 권한

등을 명확히 해야 한다.

AI는 기술이 아닌 혁신이 되었다

진짜 혁신은 기술보다 '방식'에 있다. AI는 단순한 기술이 아니다. 그것이 사람과 사회를 어떻게 변화시키느냐가 더 중요하다. 문제를 실질적으로 해결하고, 사람의 능력을 확장시키며, 윤리적이고 신뢰할 수 있는 방식으로 설계될 때, AI는 진짜 혁신을 만들어낸다. 결국 중요한 것은 기술이 '무엇을 할 수 있는가?'가 아니라, '무엇을 위해 쓰이는가?'이다.

 AI 기술이 빠르게 확산되고 있다. 이제는 많은 기업과 기관들이 AI를 도입하고 있으며, 일상 속에서도 AI 기술이 점점 더 익숙해지고 있다. 그러나 기술의 확산이 곧바로 '혁신'으로 이어지는 것은 아니다. 우리는 지금 두 갈래 길 중 하나를 선택해야 하는 시점에 서 있다.

 첫 번째 길은 변화의 겉모습만을 좇는 방식이다. AI라는 이름을 앞세워 보여주기식으로 기술을 활용하거나, 실질적인 효용보다 '최신 기술'을 도입했다는 사실에만 집중하는 경우가 이에 해당한다. 이런 방식은 일시적인 관심을 얻을 수 있을지는 몰라도, 결국 혼란을 키우고 본질 없는 변화로 이어진다. 예를 들어, 단순히 회의록을 AI로 요약하거나 문서를 자동으로 작성하게 하는 등 '편의성'에만 초점을 맞추는 경우가 많다. 물론 이런 기능도 유용하지만, 그것이 궁극적인 혁신으로 이어지는 것은 아니다.

두 번째 길은 기술을 본질과 연결하는 방식이다. AI를 단순히 사용하는 것이 목적이 아니라, AI가 해결할 수 있는 문제는 무엇인지, 어떤 사회적·산업적 가치를 만들 수 있는지를 진지하게 고민하는 접근이다. 이 길을 가기 위해서는 AI를 단지 '유행어'처럼 소비하는 것이 아니라 그 기술이 실제로 어떻게 작동하는지, 어떤 데이터가 필요한지, 그리고 어디에 한계가 있는지를 이해하려는 노력이 필요하다.

예를 들어, AI가 고객의 행동을 분석해 마케팅 전략을 추천한다고 할 때 중요한 것은 그 분석이 어떤 기준으로 이뤄졌고, 어떤 편향이 작동할 수 있는지를 파악하는 일이다. 그래야만 AI의 결과를 맹신하지 않고 사람이 더 나은 판단을 내릴 수 있다.

이제 우리는 단순히 "AI가 얼마나 똑똑해질 것인가?"를 궁금해 하기보다, "AI로 인해 우리의 사고방식, 판단 방식, 일의 방식이 어떻게 달라질 것인가?"를 고민해야 한다. 기술이 만드는 변화는 그 자체로는 중립적이지만, 그것을 어떻게 활용하느냐에 따라 사회에 긍정적인 영향도, 부정적인 영향도 줄 수 있다.

AI는 분명히 유용한 도구다. 데이터를 빠르게 정리하고, 정보를 요약하고, 반복적인 업무를 자동화할 수 있다. 하지만 요약된 데이터를 해석하고, 그것을 바탕으로 새로운 인사이트를 만들어내는 일은 여전히 사람의 몫이다. 즉, AI가 '무엇을' 할 수 있는지를 이해하는 것

우리는 계속해서 AI를 연구해야 한다

- 기술을 얼마나 잘 사용하는지보다 그것을 왜 사용하는지를 끊임없이 성찰할 때 비로소 우리는 진짜 혁신에 도달한다. 더 나아가 AI 연구는 기술의 진보라는 욕심에서 시작되지 않고 인간의 가치에 대한 근본적인 질문에서 시작되어야 한다.

만큼 우리가 '왜' 그것을 활용하는지에 대한 성찰도 필요하다.

진짜 혁신은 기술을 붙이는 데서 나오지 않는다. 기술이 인간의 삶과 사회에 어떤 본질적인 가치를 줄 수 있는지를 깊이 있게 고민할 때 비로소 시작된다.

진짜 혁신에
다가가기 위한 질문

이제 AI가 만들어내는 사회적 변화를 하나하나 되짚으며 마무리하려

한다. 우리는 이 과정을 통해 필연적으로 하나의 중요한 질문에 다다르게 된다. "AI 시대에 진짜 변화와 가짜 변화는 어떻게 구분할 수 있을까?"

이 질문은 단지 기술을 평가하는 차원을 넘어, 우리가 앞으로 어떤 사회를 만들어가야 할지에 대한 근본적인 방향성을 묻는다. 그리고 이 질문에 대한 답은 생각보다 명확하다. 진짜 혁신은 AI가 실제로 문제를 해결하고, 인간의 가능성을 이전보다 확장시킬 때 일어난다. 이는 단지 기술이 작동한다는 의미가 아니다. 사람의 삶에 실질적인 도움이 되는가를 기준으로 삼는다.

예를 들어, 구글 딥마인드의 AI '알파폴드'는 인간이 수십 년간 풀지 못했던 단백질 접힘 구조 예측 문제를 해결함으로써 바이오·제약 분야의 연구를 획기적으로 진전시켰다. 이 기술은 신약 개발 속도를 단축시켜 희귀병 치료 가능성을 현실화하고 있다.

또한 한국에서도 일부 병원은 AI를 활용해 폐암, 뇌졸중 등 중증 질환의 조기 진단을 수행하고 있으며, 이로 인해 실제 환자의 생존률이 높아졌다는 보고도 있다.

마이크로소프트는 시각장애인을 위해 AI 기반 앱 'Seeing AI'를 개발했다. 이 앱은 카메라로 촬영한 장면을 AI가 실시간으로 분석해, 주변에 무엇이 있는지 음성으로 설명해 준다. 이는 정보 접근성의 장벽을 허무는 실질적 변화다. 이처럼 AI가 실질적인 문제를 해결하거나, 이전에 가능하지 않았던 새로운 가치를 창출할 때 우리는 그것을 진짜 혁신이라고 부른다.

반대로, 기술을 과대포장하거나 실제로는 별다른 기능 없이 단지 'AI'라는 이름만 붙인 서비스들도 많다. 이들은 실질적인 문제 해결보다는 주목받는 기술 키워드를 활용해 브랜드 이미지를 높이려는 데 더 관심이 있다.

많은 기업들이 자사 웹사이트에 'AI 챗봇'을 도입했다고 홍보하지만, 실제로는 단순한 FAQ 자동응답 시스템에 불과한 경우가 많다. 사용자가 질문을 하면 정해진 스크립트만 반복하고, 조금만 복잡한 질문을 던지면 결국 '상담사에게 연결합니다'로 넘어간다. 기술적 진전도 없고, 사용자 경험도 개선되지 않는 이런 서비스는 'AI'라는 말을 붙였을 뿐, 실질적 혁신과는 거리가 멀다.

또 어떤 회의록 정리 서비스는 'AI가 회의를 요약해 준다'고 홍보하지만 실제로는 단어 몇 개만 뽑아 나열하는 수준이다. 사용자는 여전히 회의 내용을 일일이 다시 검토해야 하고, 요약의 정확도나 의미 전달력도 떨어진다. 이런 기술은 시간도 절약해 주지 못하고, 사용자에게 새로운 가치를 제공하지도 못한다. 이는 단지 'AI'라는 간판만 붙은, 대표적인 'AI 워싱' 사례다.

이처럼 진짜 혁신과 가짜 혁신을 구분하려면, 단순히 겉모습이나 마케팅 문구에 현혹되어선 안 된다. 중요한 것은 우리가 어떤 시각으로 기술을 바라보는가, 그리고 그 기술이 실제 삶과 사회에 어떤 영향을 미치는가를 묻는 것이다.

다음 파트에서는 바로 이 지점, 'AI 시대에 요구되는 생각법'에 대해 깊이 다룬다. 왜냐하면 기술 그 자체보다 더 중요한 건 그 기술을 활용하는 사람의 태도와 질문이기 때문이다. 기술은 아무리 정교하고 빠르게 발전해도 그 방향을 결정하는 것은 결국 인간이다. 인간만이 가질 수 있는 창의력, 윤리적 감각, 문제를 보는 새로운 시각이야말로 진짜 혁신의 시작점이다. 그리고 이 역량을 제대로 발휘하려면, 기술에 대한 맹신을 경계하고, 도구로서 AI를 주체적으로 활용하는 지혜가 필요하다.

결론적으로, 이번 내용에서 던지는 마지막 질문은 단순하지만 깊다.

- "당신이 사용하는 AI 기술은 정말 혁신인가, 아니면 그럴듯한 포장에 불과한 워싱인가?"
- "그 차이를 가르는 기준은 무엇이며, 당신은 그것을 구분할 준비가 되어 있는가?"

생각의 주도권을 디자인하기 위한 기록

◆ 이 챕터를 읽은 후 챗GPT에 질문을 던진다면 무엇을 질문하고 싶은가?

EX): 'AI'라는 이름만 보고 기술의 실체를 오해할 수 있는가?

◆ 질문에 대한 챗GPT의 대답을 확인한 후 AI와 자신의 생각을 비교하라

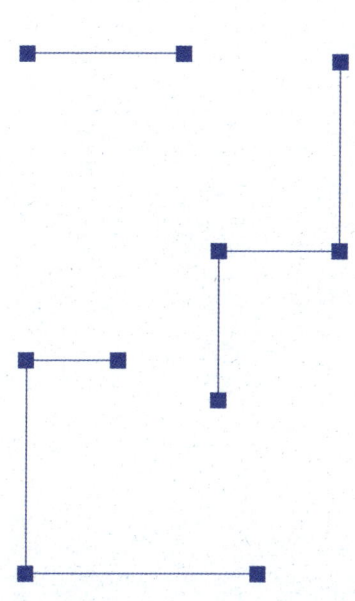

PART 5

시대를 사유할 수 있는
생각의 주도권

생각의
주도권을
디자인하라

AI를
자기 일에 적용한 사람들

도구는 같은데
어떤 이는 효율을 얻고 어떤 이는 진화를 시작한다.

일론 머스크는 말했다. "AI는 역사상 가장 파괴적인 힘이며, 결국 어떤 직업도 필요하지 않게 될 것이다." AI의 대부로 불리는 제프리 힌턴 Geoffrey Hinton은 덧붙였다. "배관공이 되어라."

비단 이 두 사람뿐만이 아니다. 머지않아 AI가 대부분의 직업을 대체할 것이므로 인간이 직접적으로 몸을 써야만 할 수 있는 일을 택하라는 조언이 여기저기서 들려온다. 이와 같은 조언, 아니 선언에는 한 가지 공통된 전제가 깔려 있다. 인간은 AI에 밀려 설 자리를 잃게 되고 오늘날의 대부분의 직업은 사라질 운명이라는 것이다.

사실 이 선언은 부분적으로만 맞다. 더 정확하게 말하면, '대체'라는 시각은 너무 단선적이다. AI는 직업 자체를 없애는 것이 아니라 직업의 구조를 바꾸고, 전문성의 의미를 재정의하며, 가치 창출의 방식 자체를 재편하는 존재다. 다시 말해, AI는 사람을 대체하지 않는다. 사람을 증강한다.

대체가 아닌 증강이다

우리는 이미 다양한 분야에서 AI와의 협업을 통해 인간 능력이 증강되는 사례를 목격하고 있다. 대표적으로 공항 관제사와 교통안전도우미를 비교해보자. 두 직업 모두 교통을 관리하며 사람의 생명과 직결되는 중요한 역할을 한다. 그러나 연봉은 네 배 가까이 차이가 난다. 그 차이는 바로 '전문성'이다. 공항 관제사가 되기 위해서는 수년간의 고도의 훈련과 판단력이 필요하지만, 교통안전도우미는 비교적 단기간에 업무에 투입될 수 있다. 이러한 구조는 AI 시대에도 그대로 이어진다. 다만 다른 점이 있다면, AI의 도움을 통해 전문성의 레벨을 빠르게 끌어올릴 수 있다는 것이다.

프로그래머는 깃허브 코파일럿 GitHub Copilot을 활용해 더 빠르고 정확하게 코드를 작성하고, 작가는 생성형 AI를 통해 글쓰기의 속도와 품질을 동시에 향상시킨다. 고객 응대 현장에서는 AI가 제공하는 응답 초안을 바탕으로 초보 상담원이 베테랑에 가까운 퍼포먼스를 낼 수 있게 된다. 이렇듯 AI는 인간의 업무 처리 능력을 단순히 보조하는 것에 그치지 않고 '능력의 확장'이라는 새로운 차원을 만들어 낸다.

기술은 본질적으로 중립적이다. 그 기술이 우리에게 위협이 될지, 아니면 기회가 될지는 사용자의 태도와 전략에 달려 있다. AI가 인간의 능력을 위협하지 않는다. 오히려 인간이 AI를 두려워하고 수동적으로 받아들일 때 진짜 위기가 발생한다. 지금 우리가 배워야 할 것은 단순한 도구 사용법이 아닌 'AI와 함께 일하는 방법', 그리고 '기술을 자기화하는 사고 방식'이다.

증강 인간이란 무엇인가

증강augmentation이라는 단어는 본래 생물학과 군사 기술 분야에서 자주 쓰였다. 인간의 시야를 보완하는 야간 투시경, 근력을 보강하는 외골격 슈트처럼 신체 능력의 한계를 기술로 보완하는 개념이다. 안경은 인간 시력의 증강이다. 계산기는 인간 산술의 증강이다. 엑셀은 데이터 처리의 증강이다.

그렇다면 AI는 인간의 어떤 능력을 증강하는가? 단순 반복 업무는 물론, 글쓰기, 상담, 기획, 분석, 심지어 창작까지 거의 모든 것을 증강할 수 있다. AI는 사고와 생산의 거의 모든 단계에서 인간을 보조하고 확장한다. 가장 단순한 형태는 속도다. 그다음은 정밀도다. 그리고 결국에는 의사결정과 창의성에까지 영향을 미친다. 마치 계산기를 사용하는 사람이 산수 시험을 더 빠르고 정확하게 푸는 것처럼, AI를 도입한 인간은 더 깊이, 더 넓게 생각할 수 있는 상태로 진입하게 된다.

증강은 또한 불균형한 기회의 장벽을 허무는 기능도 한다. 글쓰기에 서툰 사람이 챗GPT의 도움으로 일정 수준의 결과물을 낼 수 있고, 초보 상담원이 고객 데이터를 기반으로 한 예측형 응답을 통해 고품질 서비스를 제공할 수 있다. 교육, 의료, 법률, 창작, 엔지니어링 등 거의 모든 영역에서 증강의 가능성은 열려 있다. 예를 들어 한 작가는 아이디어가 막힐 때마다 챗GPT에 질문해보며 글의 구조를 짜고 아이디어의 빈틈을 채워서 더 빠르고 깊이 있는 글을 쓰고, 마케터는 AI 기반 도구로 고객 세분화를 정교하게 해서 예전 같으면 팀 5명이 며칠 걸릴 작업을 혼자 반나절 만에 해낸다.

문제는 AI를 쓰는 사람이 모두 '증강 인간'이 되는 것은 아니라는 사실이다. 챗GPT로 요약을 시켜보는 사람은 많다. 하지만 거기서 인사이트를 얻고, 그걸 바탕으로 자신의 방식과 사고를 바꾸는 사람은 드물다. AI로 작업을 '빨리' 끝내는 사람도 있지만, 그걸 통해 더 '깊이' 고민하고, 더 '넓게' 연결하는 사람은 또 다르다. 역사적으로 기술은 늘 인간을 보완해왔지 완전히 대체하지는 않았다. 엑셀의 등장으로 단순 계산 업무는 사라졌지만 분석가들은 보다 전략적이고 해석 중심의 일에 집중할 수 있게 되었고, AI 통번역기가 나온 지금도 국제회의에는 여전히 인간 통역사가 필요하다. 맥락과 감정, 상황을 읽는 능력은 아직 인간의 고유 영역이기 때문이다. 증강 인간이란, 단순히 도구를 쓰는 사람이 아니라 도구를 통해 자신의 사고방식, 문제 접근법, 일하는 태도 자체를 변화시킨 사람이다. 그리고 증강 인간은 어떤 도구를 쓰느냐가 아니라 도구를 통해 자신의 일과 사고를 얼마나 업그레이드할 수 있느냐에 따라 구분된다.

AI는 인간을 대신하지 않는다. 인간이 '더 인간답게' 일할 수 있도록 보조한다. 그리고 그 기회를 진짜로 활용한 사람—그가 바로 AI 시대의 중심에 선다. 따라서 진정한 증강인간이 되려면 AI를 '도구'가 아니라 '동료'로 대하고, 좋은 질문을 던질 줄 아는 사람이 되어야 한다. 단순히 "마케팅 아이디어 줘"가 아니라 "20대 여성을 타깃으로 한 감성 기반 프로모션 아이디어 3가지를 줘. 단, SNS에서 자발적 확산이 일어날 수 있게 해줘"와 같은 구체적이고 맥락적인 질문을 던질 수 있어야 한다. 또한 다양한 생성형 AI 툴들을 실제 업무와 생활에 자연스럽게 통합하되, 감성, 윤리, 직관, 공감력과 같은 인간 고유의 감각을 더욱 훈련해야 한다. AI가 하지 못하는 부분에 더욱 집중할 때 비로소 진정한 증강인간이 될 수 있다.

생각의 주도권을 디자인하기 위한 기록

◆ 이 챕터를 읽은 후 챗GPT에 질문을 던진다면 무엇을 질문하고 싶은가?

　EX): AI를 '빨리 쓰는 사람'과 '깊이 있게 쓰는 사람'의 결정적 차이는 무엇인가?

_____

_____

_____

◆ 질문에 대한 챗GPT의 대답을 확인한 후 AI와 자신의 생각을 비교하라

_____

_____

_____

_____

_____

_____

_____

_____

증강의 진정한 완성

**생각이 길을 잃을 때
우리는 비로소 새로운 사유의 대륙을 밟는다**

증강은 모든 해답을 주지 않는다. 많은 사람이 AI를 활용해 더 빠르고 정확하게 일을 처리하며, AI 시대의 승자로 떠오르고 있다. 겉으로 보기엔 그들이 이 시대의 수혜자처럼 보인다. 하지만 여기서 한 걸음 더 나아가 질문해 보자. "정말 그들은 대체되지 않을까?"

모두가 AI를 사용하지만, 모두가 같은 방식으로 증강되는 것은 아니다. 어떤 사람은 AI를 단순 반복 업무에 활용하면서도 아무런 변화가 없다. 반면 어떤 사람은 똑같은 도구를 가지고도 완전히 다른 성과를 낸다. 바로 이 지점에서 중요한 진실을 마주한다. 증강의 혜택은 누구에게나 열려 있지만, 진정한 증강은 소수의 사람들에게만 이루어지고 있다. AI의 활용법이 기술 격차를 만들어내고, 결국 존재의 격차로 이어진다. 능숙하게 AI를 활용하는 사람은 생존하지만, 그렇지 못한 사람은 도태된다. 기술의 혜택이 공정하게 분배되지 못하면서, 인간을 돕기 위해 만들어진 기술이 도리어 인간을 밀어내는 도구가 될 수 있다.

증강은 결국 제로섬$^{zero-sum}$ 게임이다. 누군가는 AI를 통해 더 뛰어난 역량을 갖추게 되지만, 다른 누군가는 AI의 발전으로 인해 경쟁력을 잃어버린다. 이런 기술 격차는 시간이 갈수록 심화될 것이다. AI를 얼마나 잘 활용하느냐가 생존의 문제로 직결되기 때문이다. 증강은 결국 AI의 사용법에 따라 달라진다. 누구에게나 열려 있지만, 모두에게 평등하게 주어지지는 않는다. 그래서 우리는 단순한 증강에서 머물러서는 안 된다. 이제는 더 깊고 본질적인 증강으로 나아가야 한다. 그것은 단순히 업무의 효율성을 높이는 것 이상의 의미를 갖는다.

본질적인 증강이란 무엇인가

증강은 단순히 인간의 능력을 보조하거나 속도를 높이는 기술적 도구가 아니다. 그 본질은 인간의 사고 방식, 문제 접근 태도, 창의성의 깊이를 확장하고 밀도 있게 다듬는 데 있다. 즉, 증강은 도구의 문제가 아니라 인식의 문제이며 기술을 통해 인간의 본질적인 사유 구조를 확장하는 과정이다.

많은 사람들이 AI를 업무에 도입할 때 주로 '더 빠르게' 또는 '더 정확하게'를 기대한다. 예컨대 챗GPT를 이용해 문서를 요약하는 일, 회의록을 정리하는 일, 자료를 수집하는 일은 누구나 할 수 있다. 이런 방식은 기본적인 증강이다. 이미 존재하는 업무 틀 안에서 도구를 활용하여 효율을 높이는 방식이다.

하지만 본질적인 증강은 여기서 멈추지 않는다. 그것은 AI가 제공하는 응답을 그대로 받아들이는 것이 아니라 그 응답의 구조를 해체하고, 질문을 재구성하며, 기존 사고의 프레임을 의심하는 데서 시작된다. 예를 들어, 회의록을 요약한 결과를 보고 "이 요약은 왜 이런 방식으로 정리되었는가?"라고 묻고, "이 구조가 정말 최선인가?"라는 의문을 던지는 순간, 증강은 단순 보조가 아닌 사유의 확장이 된다. 이런 증강은 인간이 기존의 인지 틀을 강화하는 것이 아니라 아예 다른 차원의 인지 구조로 접근하도록 유도한다. 기존의 생각을 '더 잘 하게' 돕는 것이 아니라 '다르게 보게' 하는 것이다.

이러한 관점에서 보면 본질적인 증강은 AI와 사용자 사이의 마찰에서 태어난다. 단순한 기술 습득이나 자동화 활용만으로는 도달할 수 없는 증강의 핵심은 인간이 기술을 통해 자기 인식의 틀을 다시 들여다보는 능력에 있다. 따라서 본질적 증강은 AI라는 외부 도구를 통해, 인간 내부의 사고 회로를 다시 설계하는 과정이다. 그것은 기술로 인해 더 '편해지는' 것이 아니라 오히려 더 '깊이 사유하게' 되는 지점이다.

이러한 증강은 언제나 AI와의 '질문 기반 대화'에서 이루어질 수 있다. 즉, AI에 정답을 묻는 것에 그치지 않고 질문을 실험하고 확장하고 꼬아 보는 것이다. "왜 이 답변이 이렇게 나왔지?" "내가 원했던 것과 어떻게 다르지?" "이 차이가 어떤 통찰을 줄 수 있지?" 등 이런 물음이 생겨날 때, 우리는 비로소 사고의 지도를 다시 그릴 수 있다.

결국 본질적인 증강이란, AI를 통해 사고의 경계를 넓히고 판단의 기준을 고도화하는 개념이다. 단지 더 많은 것을 아는 것이 아니다. 더 깊고 낯설게 생각하는 힘을 기르는 것이다. 그리고 이러한 증강이 가능할 때 인간은 단순히 AI 시대를 살아가는 존재를 넘어 AI 시대를 설계하고 이끄는 존재가 될 수 있다.

증강인간:
AI와 함께 깊어지는 존재

AI 시대는 자칫하면 제로섬 경쟁의 늪에 빠질 수 있다. AI의 활용 능력이 개인의 생존과 직결되기 때문이다. 그러나 더 깊은 차원의 증강은 이런 경쟁의 틀을 넘어선다. 더 빠르게 일하는 것을 넘어, 더 깊고 넓게 사고하는 능력이 중요하다.

같은 글쓰기 업무를 맡았을 때, 어떤 사람은 GPT를 활용해 초안을 빠르게 작성하는 것에 만족할 수 있다. 반면 다른 사람은 GPT가 제시한 결과물을 분석하고 해체하며, 새로운 아이디어를 발굴하고 발전시키는 방향으로 활용한다. 전자는 기본적 증강을 경험하고 있지만, 후자는 본질적 증강을 경험하고 있다. 결국 AI 시대의 진짜 격차는 속도나 정확성에서 벌어지는 것이 아니라 사고의 깊이와 창의성에서 벌어진다.

AI와의 대화를 통해 사고를 깊이 있게 확장해 나가는 사람, AI를 단순한 정보 도구가 아니라 사고의 파트너로 인식하는 사람, 이들이 바로 진정으로 본질적으로 증강된 인간이다. 이들은 AI로부터 정답을 찾기보다 더 나은 질문을 던지기 위한 무기로 AI를 활용한다. AI가 제공한 결과를 그대로 수용하기보다는 그 결과에 내재된 의도와 전제와 방향성 그리고 편향까지 분석해 새로운 가능성을 찾아낸다.

이러한 사람은 문제를 해결하는 데서 멈추지 않는다. 문제 자체를 재설계하거나 익숙한 사고의 틀을 흔든다. 전혀 다른 관점에서 세상을 바라보는 힘을 서서히 키운다. 그들이 AI로부터 얻는 것은 '속도'나 '정확성'이 아니라 사유의 밀도와 의미의 재구성이다.

기본적 증강은 기술의 문제일 수 있다. 어떤 툴을 얼마나 잘 쓰는가, 얼마나 빠르게 작업을 처리하는가와 같은 실행력의 영역이다. 반

AI는 인간 그리고 시대를 증강시킬 것이다

- AI는 도구가 아니다. 인간 사유의 지평을 넓히는 무기다. 더 나은 질문과 깊은 사고로 들어가는 자만이 AI 시대의 주도권을 거머쥐는 '사유하는 인간'이 될 것이다. AI 시대에는 기술의 진화를 선택한 인간보다 생각의 진화를 선택한 인간이 앞설 수밖에 없다.

면에 본질적 증강은 인간의 문제다. 그것은 기술에 대한 태도의 문제이며, 질문을 대하는 자세, 낯선 사고를 환대할 수 있는 용기에 관한 것이다. 기술은 날로 발전하지만 그 기술을 어떻게 받아들이고 소화하느냐는 오직 인간의 몫이다. 기술의 진보만으로는 사고의 진화를 담보할 수 없다. 결국 AI 시대의 진정한 주도하는 것은 기술 그 자체가 아닌 그 기술과의 관계 속에서 생각의 주도권을 만들어 내는 '인간'이다.

철학자 한나 아렌트Hannah Arendt는 "생각하는 것은 인간을 인간이게 한다The human being's defining characteristic is that he or she is able to think"고 말했다. AI 시대에 생각하는 인간이란 누구인가? 증강인간은 AI 시대의 새로운 인간상이다. 본질적으로 증강된 인간이란 단순히 기술을 잘 쓰는 자가 아니라 기술을 통해 사유의 지평을 넓히는 자다. 지금 당신은 기본적인 증강을 하고 있는가, 아니면 본질적 증강을 향해 나아가고 있는가?

통찰은 마찰에서 나온다

관성inertia의 라틴어 어원은 '게으름iners'이다. 움직이지 않으려는 성질, 익숙한 흐름을 유지하려는 태도는 단순한 물리 현상이 아니다. 인간 심리의 본질이기도 하다. AI 시대에도 이 현상은 똑같이 나타난다. 앞서 우리는 기본적 증강과 본질적 증강을 살펴보았다. 이 두 가지 증강 사이, 즉 '더 빠르게'에서 '더 깊게'로 넘어가기 위해 반드시 극복해야 할 벽이 있다. 바로 관성, 다시 말해 게으름이다.

게으름은 AI 시대의 가장 교묘한 적이다. 챗GPT가 요약해 주고, 정리해 주고, 구조화해 주는 덕분에 우리는 점점 더 '사고하지 않게' 된다. 편하게 답을 얻을수록, 우리는 질문을 덜 던지게 되고, 익숙한 틀에서 벗어나지 않게 될수록 새로운 탐색은 줄어든다. 따라서 본질적 증강을 이루기 위해 필요한 것은 바로 마찰이다. 사고의 관성을 깨뜨리는 저항, 낯선 충격, 불편한 질문과 같은 마찰이 있을 때에만 우리는 진정한 통찰과 사고의 확장을 경험할 수 있다. AI는 단순히 빠른 사고를 돕는 도구에 그치지 않고 우리의 사고 관성을 깨뜨리는 중요한 무기로 활용될 때 진정한 가치를 발휘한다.

우리는 누구나 익숙한 방식으로 사고하고, 익숙한 방식으로 문제를 해결하려 한다. 이런 관성은 단기적으로 효율적일 수 있지만, 장기적으로는 새로운 가능성을 막아버린다. 아무리 AI가 뛰어난 정보를 제공해도, 우리가 그 정보에 익숙한 방식으로만 접근한다면 결국 우리 사고의 틀은 바뀌지 않는다. 본질적 증강은 이 틀을 바꾸는 과정이다. 즉, 익숙한 사고 방식에 의도적으로 마찰을 만들어 새로운 사고의 궤도를 만드는 것이다. 이런 마찰이 일어나야만 익숙한 길을 벗어나 새로운 길을 탐험할 수 있다.

대부분의 사람들은 AI를 빠르게 정보를 얻고, 빠르게 결과를 생산하기 위한 도구로만 사용한다. 이는 기본적 증강의 방식이다. 본질적 증강은 다르다. 본질적 증강을 이루기 위해서는 반드시 마찰을 겪어야 한다. 예를 들어, 다음과 같은 질문들이 마찰을 일으킨다. "왜 이 응답은 예상과 다를까?" "이 문장은 내 문체와 충돌한다. 이유가 무엇일까?" "이 구조는 익숙하지만, 정말 최선일까?"

이 질문들이 생각의 관성을 흔든다. 이 마찰을 제대로 견디고 통과한 사람만이 그 반대편에서 통찰을 얻는다.

생각의 주도권을 디자인하기 위한 기록

◆ 이 챕터를 읽은 후 챗GPT에 질문을 던진다면 무엇을 질문하고 싶은가?

    EX): 사고의 깊이를 넓히기 위해 우리는 어떤 질문을 던져야 하는가?

◆ 질문에 대한 챗GPT의 대답을 확인한 후 AI와 자신의 생각을 비교하라

해체와 결합이라는
실험을 즐겨라

당신의 삶을 실험실로
AI를 파트너로 삼는 사람이 AI 시대의 수혜자다

AI 시대에 가장 축복받은 사람은 누구일까? 샘 알트만? 일론 머스크? 아니다. 의외일 수도 있지만, 이 시대의 진짜 수혜자는 문제가 많은 사람이다.

문제가 많다는 건 고쳐야 할 게 많다는 뜻이다. 그런데 바로 그 '고쳐야 할 게 많음'이야말로 AI 시대의 가장 강력한 성장 자산이다. 아무리 뛰어난 도구라도, 쓸 일이 없다면 그저 장식일 뿐이다. 반면, 문제 많은 사람은 그 도구를 써야 할 이유가 분명하다. 삶 전체가 실험실이 되고, AI는 그 실험을 함께할 파트너가 된다. 관점을 조금만 달리하면, 난장판 같던 삶은 가능성으로 가득한 실험장이 된다.

그러나 문제를 갖고 있다는 사실만으로 유리해지는 건 아니다. 문제는 기회가 될 수도, 고통으로 남을 수도 있다. 그 차이를 가르는 건 두 가지 힘이다. 문제를 정의하는 힘, 그리고 문제를 다루는 기술. 이 두 가지가 없다면, 문제는 여전히 문제로 남고, AI는 복잡하고 귀찮은 신기술일 뿐이다. 이미 익숙해진 개념이지만, '문제 정의력'과 '문제 해결력'은 여전히 AI 시대의 핵심 실험 기술이다.

해체하고
결합하라

많은 사람들이 말한다. "요즘 일이 잘 안 풀려요." "집중이 안 돼요." 그런데 이런 말은 문제의 본질을 보여주지 않는다. AI는 애매한 문제에는 반응하지 않는다. 명확하게 정의된 문제만이 알고리즘을 움직인다. 그래서 우리는 문제를 쪼개야 한다.

'일이 안 풀린다'는 말은 시간 관리의 문제일 수도, 감정 조절의 문제일 수도, 협업 구조의 비효율일 수도 있다. 이렇게 문제를 구성 요소로 나누는 과정, 그것이 바로 해체다. AI는 이 '해체'를 전제로 할 때 비로소 도구로 작동한다.

하나씩 꺼내보자. 시간 관리에 어려움이 있다면, 챗GPT에 나만의 루틴을 설계해보라 하자. 감정 조절이 어렵다면, 상황을 설명하고 감정 탐구를 위한 상담을 진행해 보자. 협업이 문제라면, 업무 프로세스를 입력하고 병목 지점을 분석하게 하자. 문제를 해체한 뒤, AI라는 렌즈를 통해 다시 결합하는 것, 그것이 AI 시대의 문제 해결력이다.

어떤 이는 말한다. "딱히 문제가 있는 것 같지 않아요." 혹은 "뭘 문제 삼아야 할지 모르겠어요." 그 반응은 지극히 자연스럽다. 우리는 '문제'라 부를 만큼 명확하거나 심각하지 않으면, 대체로 외면해버린다. 하지만 문제는 반드시 심각할 필요는 없다. 오히려 문제로 인식되지 않는 일상 속에 성장의 여지가 숨어 있다.

그래서 필자는 이렇게 권하고 싶다. 문제를 찾기 어렵다면, 당신이 가장 잘 아는 것부터, 가장 익숙한 루틴부터 해체하라. 당신의 일상, 업무, 취미처럼 반복되는 그 영역을 들여다보자. 예컨대 강의를 자주 한다면 강의 구성은 어떻게 짜는가? 콘텐츠는 어디서 찾는가? 반복되는 수작업은 무엇인가? 그 안에 AI를 끼워 넣을 여백은 없는가? 자신이 가장 잘 아는 영역을 해체하고, AI와 결합해보는 것. 그게 연습의 시작이다.

해체와 결합의 반복은 사고의 근육을 만든다. 문제를 해체할 수 있다면, 그 문제를 다룰 수 있고, AI는 그 과정에서 진가를 발휘한다. 반대로, 아무리 좋은 도구도 문제 인식이 흐릿하면 무용지물이다. 해체와 결합은 단순한 기법이 아니다. 그것은 AI 시대의 사고 훈련법이

자, 실험 설계법이다.

홈그라운드에서
시작하라

모든 사고 훈련의 출발점은 홈그라운드다. 거창한 프로젝트나 낯선 영역이 아니다. 당신의 일, 당신의 삶, 당신의 문제에서 출발해야 한다. 홈그라운드에서의 게임은 언제나 유리하다. 익숙한 공간, 반복된 맥락, 손에 익은 언어. 그곳에서 AI와의 결합은 가장 깊고, 가장 빠르게 효과를 낸다.

당신의 홈그라운드는 어디인가? 아마도 당신이 오래도록 반복해 온 '일' 속에 있을 것이다. 무심코 흘려보낸 업무 루틴, 문제라고 여기지 않았던 사소한 불편 등 그 모든 것이 AI 적용의 출발점이다. 익숙한 영역에서 AI를 활용해보는 것, 그것이야말로 '홈그라운드 게임'의 본질이다.

물론 어떤 사람들은 전혀 모르는 분야에 AI를 먼저 적용하려 한다. 새로운 콘텐츠를 만들고, 새로운 언어를 배우고, 생소한 분야에 도전한다. 그 전략에도 유익은 있다. 그러나 초보자에게 유리한 방식은 아니다. AI의 가능성을 구조화하려면 기준과 판단이 필요한데 그 기준은 결국 '내가 가장 잘 아는 것'에서 나온다. 아는 문제를 더 잘 풀기 위해 AI를 쓰는 것. 그게 모르는 문제에 막연히 기대는 것보다 훨씬 강력한 전략이다.

AI는 모든 문제를 해결해 주는 요술지팡이가 아니다. 오히려 그 반대다. AI는 시행착오를 빠르게 반복할 수 있게 해주는 실험 파트너다. 중요한 건 '정답'이 아니라 '변수'다. 어떤 입력을 넣었을 때 어떤 결과가 나오는지를 반복해서 실험해 볼 수 있는 능력. 그것이 AI의 진짜 쓸모다.

실패해도 괜찮다. AI는 비용이 들지 않는다. 시간을 단축시켜 주고, 아이디어를 펼쳐볼 수 있는 여백을 제공한다. 과거에는 한 번의 기획, 한 번의 제안서, 한 번의 수업 준비에 많은 시간이 필요했다. 이제는 10가지 버전을 시도해 볼 수 있다. 실패를 두려워하지 않고 오히려 '계속 실패해 볼 수 있음'을 전략화할 수 있는 시대다.

우리는 때때로 AI를 '복제 기계'로 보는 우를 범한다. 그러나 이미 잘된 것을 반복 생산하는 것도 중요하지만, 아직 안 된 것을 실험할 수 있다는 점이 더 중요하다. AI는 실패 비용을 낮춰준다. 반복할 수 있게 해준다. 그리고 바로 그 반복 속에서, 우리는 사고를 축적하고 전략을 정제해간다. AI는 성공보다 실패에 더 유용한 도구다.

많은 이들이 말한다. 이제 중요한 건 '선택의 기술'이라고. AI가 텍스트든 이미지든 영상을 만들어 내면 인간은 그 결과를 고르기만 하면 된다고 말한다. 그래서 요즘은 '선별력'이 핵심 역량이라는 주장도 많다. 하지만 필자는 이렇게 되묻고 싶다. "그 '좋은 것'은, 어떤 기준으로 고릅니까?"

선별력은 단순한 감각이 아니다. 그것은 전문성에서 나온다. 전문성이란, 미묘한 퀄리티를 구분할 줄 아는 섬세함, 맥락을 읽는 판단력, 그리고 도메인에 대한 깊은 이해다. 결국 AI를 잘 쓰는 사람은 자기만의 도메인을 가진 사람이다.

AI를 어디에 적용할지 결정하는 기준은 여기서 출발해야 한다. 자기만의 도메인을 먼저 설정하라. 홈그라운드는 도메인의 기초다. 익숙한 공간에서 사고는 선명해지고, 문제를 정의하는 언어는 구체화되며, 좋고 나쁨을 가르는 기준도 자라난다.

AI에 끌려가지 않고, AI를 끌고 가기 위해서는 자기만의 홈그라운드가 필요하다. 그곳에서 문제를 해체하고, AI와 결합하고, 결과를 선별하라. 그것이야말로 AI 시대의 본질적 역량이다. AI는 당신의 사고와 문제 해결을 증폭시키는 도구다. 그리고 그 시작은 언제나 당신만의 홈그라운드에서부터다.

의심하고 상상하며 마지막에는 연결하라

많은 이들이 AI를 배울 때 기능부터 익히려 한다. "이건 어떻게 요약해?" "이건 어떤 프롬프트가 좋아?" 마치 새로운 기계를 익히듯이, AI

를 기능의 목록으로 파악한다. 물론 기능은 중요하다. 하지만 그것이 전부는 아니다. 아니, 오히려 본질이 아니다. AI를 학습한다는 것은 기능을 익히는 일이 아니라 AI와의 관계를 설계하는 일이다.

기능은 매뉴얼에 있다. 그러나 관계는 반복된 사용 속에서 생긴다. 처음에는 단순한 질문에서 시작한다. "이 글을 요약해줘." "이 회의 내용을 정리해줘." 하지만 어느 순간, 질문은 바뀐다. "내가 쓰는 말투에 맞게 고쳐줘." "이 기획안의 약점을 먼저 지적해줘." 질문이 바뀐다는 것은 내가 AI를 보는 시선이 바뀌고 있다는 뜻이다. 도구로 보던 존재가 점점 파트너처럼 느껴질 때, 학습은 비로소 진화한다. AI의 관점과 나의 관점이 섞이며, 제3의 시선이 생긴다. 학습 시스템은 그 시선으로부터 시작된다.

AI 시대의 진짜 격차는 '얼마나 아는가'가 아니라 '어떻게 배우는가'에서 벌어진다. 같은 도구를 쓰더라도, 누구는 생산 도구로 쓰고, 누구는 사고 파트너로 쓴다. 그 차이를 만드는 것은 기능의 이해가 아니라 관계의 설계다. 관계가 형성되어야만, 관점이 생긴다. 관점이 생겨야 사고가 구조를 갖는다. 그리고 구조화된 사고야말로, 학습 시스템의 핵심이다. 그렇다면, 학습 시스템은 어떻게 만들어지는가? 여기엔 세 가지 축이 필요하다. 바로 의심, 상상, 연결이다.

첫째, 의심하라. AI가 제안한 답이 항상 정답은 아니다. 그 안에 있는 전제를 의심하고, 표현을 낯설어 하라. "왜 이렇게 정리했을까?" "이건 어떤 관점에서의 설명일까?" 이 질문은 단순한 검증을 넘어, 사

AI는 도구가 아니라 파트너다

- AI는 우리를 증강시킨다. AI 기술을 익히고, AI와의 대화 속에서 관점을 만들고, AI와 함께 상상 속에서 학습을 재구성할 수 있다. AI를 나만의 파트너로 성장시키는 그 여정이야말로 인류가 추구해야 할 AI 시대의 진짜 증강이다.

고의 재정렬을 만든다. 의심은 학습의 출발점이다.

둘째, 상상하라. 의심이 AI의 결과를 분석하는 능력이라면, 상상은 그 틈에서 새로운 질문을 만들어내는 힘이다. "이 문장을 다르게 말하면 어때?" "이 회의는 다른 방식으로 열 수 없을까?" AI는 당신의 상상 실험에 언제나 응답할 준비가 되어 있다. AI를 대화 상대로 삼는 순간, 상상은 반복 가능한 실험이 된다.

셋째, 연결하라. 질문과 응답, 관찰과 통찰, 실패와 수정이 하나의 루프로 이어져야 한다. 이 루프는 곧 당신의 사고 루틴이 되고, 이 루틴이 학습 시스템의 근간이 된다. 단발성 AI 사용은 기억에 남지 않는다. 그러나 연결된 AI 사용은 습관이 된다. 그리고 습관은 관점을 만들고, 관점은 다시 실험을 이끈다.

이 세 가지 축은 절대 복잡할 필요가 없다. 오히려 가장 익숙한 삶의 장면에서 출발하는 것이 중요하다. 예를 들어 당신이 자주 강의를 한다면, 매번 같은 흐름의 수업을 해체해 보라. 도입-전개-정리라는 구조를 AI에 입력하고, 더 나은 방식은 없을지 물어보라. 또는 자주 쓰는 이메일을 분석해 보라. 내가 무의식중에 반복하고 있는 표현은 무엇이고, 그것이 전달력에 어떤 영향을 주는지 물어보라. 익숙한 것, 반복되는 것, 무심코 지나치는 것이야말로 AI와 함께 학습 시스템을 실험하기에 가장 좋은 재료다.

그리고 잊지 말자. 이 모든 과정은 실패해도 되는 실험이다. AI는 언제든 다시 물을 수 있는 상대다. 정답이 아니어도, 다시 돌아올 수 있는 관계다. 우리는 언제든 AI와의 루틴을 수정하고 재설계할 수 있다. 이것이 인간에게 남겨진 궁극의 가능성이다. 바꿀 수 있다는 것. 다시 설계할 수 있다는 것.

당신은 지금 AI를 어떻게 학습하고 있는가? 기능을 배우고 있는가? 아니면 관계를 맺고 있는가? 질문을 따라가보면 알 수 있다. 당신의 질문이 AI를 점점 더 복잡하게, 정교하게, 인간적으로 만들어가고 있다면, 당신은 이미 학습 시스템을 갖춘 사람이다. 그리고 AI 시대의 배움은 그 사람으로부터 시작된다.

생각의 주도권을 디자인하기 위한 기록

◆ 이 챕터를 읽은 후 챗GPT에 질문을 던진다면 무엇을 질문하고 싶은가?

EX): AI는 정답을 주는 존재일까, 아니면 변수를 실험하는 도구일까?

_____

_____

_____

◆ 질문에 대한 챗GPT의 대답을 확인한 후 AI와 자신의 생각을 비교하라

_____

_____

_____

_____

_____

_____

_____

_____

생각의 주도권을
디자인하라

**생각의 주도권을 디자인하는 사람이
AI 시대의 주도권을 거머쥘 것이다**

AI 시대에 가장 중요한 자산은 무엇일까? 데이터? 기술? 속도? 아니다. 이 시대의 등불은 관점이고, 이 시대의 나침반은 질문이다. 그리고 그 두 가지를 스스로 설계하는 사람이 생각의 주도권을 갖는다.

관점은 세상을 해석하는 방식이다. 같은 상황을 보더라도 어떤 사람은 위기를 보고, 어떤 사람은 기회를 본다. 관점은 선택의 기준이자 판단의 프레임이다. 관점이 없으면 방향을 잃고, 관점이 흐리면 결정을 미룬다. 결국 관점은 내면의 등불이다. 어두운 시대일수록 그 불빛

이 선명한 사람만이 길을 찾는다.

특히 AI가 정보를 정제한 후 판단의 초안을 빠르게 던져주는 시대일수록 '관점'의 힘은 더욱 중요해진다. 누구나 같은 정보를 가질 수 있지만 그 정보를 어떻게 해석할지는 전적으로 '관점'에 달려 있기 때문이다. AI는 데이터를 줄 수 있지만 의미는 오직 인간만이 구성할 수 있고, 그 의미는 관점에서 시작된다. 그렇다면 관점은 어떻게 작동하는가? 바로 질문을 통해서 작동한다. 질문은 관점을 움직이는 레버이고, 사고를 행동으로 전환시키는 도구다. 즉, 질문은 우리의 생각을 흐르게 만들고 정체된 사고에 생명력을 불어넣는다.

질문은 사고를 유도하고, 선택지를 만들며, 방향을 정한다. "왜?"라고 묻는 순간, 우리는 관성을 거스르기 시작한다. "정말 그래야 할까?"라고 묻는 순간, 우리는 구조를 의심하기 시작한다. 이제 우리는 선택해야 한다. 주어진 관점으로 세상을 살아갈 것인가?, 아니면 스스로의 관점으로 세상을 재구성할 것인가? 주어진 질문만을 반복하며 답에 의존할 것인가?, 아니면 스스로 질문을 던지며 길을 설계할 것인가?

관점과 질문은 타고나는 것이 아니라 설계하는 것이다

관점은 타고나는 것이 아니다. 그것은 의도적으로 쌓아가는 것이다.

하나의 사건이나 사안을 다양한 시각에서 바라보는 훈련은 단순한 기술이 아니라 세계를 해석하는 인식 능력을 넓히는 일이다. 예를 들어, 같은 뉴스라도 경제적 관점, 심리적 관점, 기술적 관점, 역사적 관점으로 분석하면 전혀 다른 차원의 통찰이 가능해진다. 중요한 것은 이 관점들이 '선천적으로 주어지는 것'이 아니라 '후천적으로 훈련될 수 있는 것'이라는 사실이다. 우리는 날마다 '해석의 틀'을 확장할 수 있고, 이 훈련은 관점을 조율하고 강화하는 하나의 설계 작업이다.

챗GPT에 "이 사건을 각기 다른 관점에서 해석해줘"라고 요청하는 것만으로도 관점의 스펙트럼은 넓어진다. 처음엔 기계적으로 보이지만, 반복될수록 익숙한 관점의 틀을 벗어나게 되고, 이질적 사고가 우리의 관성적 사고를 흔들기 시작한다. 관점은 결국 자기 안의 고정된 사고 경로를 깨뜨리는 자각에서 시작된다. 따라서 우리는 그 관점의 설계자여야 한다. 의식적인 질문과 다층적 시선을 통해 세상을 재구성할 수 있어야 한다. 그런 점에서 관점은 '지성의 건축'이며, 인간이 AI와 구별되는 가장 본질적인 영역이다.

질문 역시 마찬가지다. 질문은 단순히 정보를 얻기 위한 도구가 아니다. 질문은 사고의 구조를 드러내고, 방향을 설정하며, 문제를 재정의한다. 질문은 사고의 뼈대다. "왜?", "무엇을?", "어떻게?", "만약에?"라는 질문틀을 조합해가는 행위는 단지 궁금증의 표현이 아니라 사고의 경로를 설계하는 일이다. 질문은 단순히 지식을 향한 탐색이 아니라, 새로운 문제를 창출하는 창의의 도구다. AI에 수많은 질문을 던지고, 그 응답을 해체하며, 거기서 더 나은 질문을 생성해 나가는 과정은 마치 사고 실험실에서 끊임없이 가설을 세우고 검증하는 일과 같다. 질문은 사고의 DNA다. 반복되는 질문 속에서 사고의 패턴이 드러나고, 이 패턴은 곧 전략이 된다.

이때 중요한 것은 질문과 관점이 서로를 순환시켜야 한다는 점이다. 질문이 관점을 일깨우고, 관점은 질문을 다시 쓰게 만든다. 관점은 문제의 구조를 해석하는 틀이며, 질문은 그 구조를 흔들며 새로운 방향으로 이끄는 도구다. "지금 내가 가진 관점은 이 문제를 어떤 식으로 해석하고 있는가?"를 자문하고, 동시에 "내가 던지는 질문은 어떤 전제에서 비롯된 것인가?"를 점검하는 습관은 사고를 살아 있는 시스템으로 진화시킨다. 사고는 정적인 구조가 아니다. 질문과 관점이 상호작용하며 순환할 때, 우리는 멈추지 않는 사유의 루프를 갖게 된다. 이 순환은 방향을 재정의하게 만들고, 다음 질문을 가능하게 하며, 삶의 궤도를 서서히 이동시킨다.

질문을 설계하고
관점을 점검하라

우리는 지금, 정보가 넘치는 시대에 살고 있다. 답은 흔하다. 그러나 질문은 희귀하다. AI는 당신에게 수많은 답을 줄 수 있다. 그러나 그 답은 질문을 넘지 못한다. 더 나은 질문을 가진 사람만이 더 깊은 대화를 끌어내고, 더 넓은 관점을 가진 사람만이 더 새로운 가능성을 발견한다. 질문을 바꾸면, 인생의 궤도가 바뀐다. 관점을 바꾸면, 당신의 세계가 달라진다. 이는 단지 비유적인 말이 아니다. 우리는 관점의 틀 안에서만 보고, 질문의 구조 안에서만 생각할 수 있기 때문이다.

AI 시대의 진짜 리더는 답을 빠르게 아는 사람이 아니라, 질문을 스스로 설계할 줄 아는 사람이다. 더 많이 아는 사람보다, 더 다르게 보는 사람이다. 그리고 그 모든 시작은 자기 안의 사고 구조를 자각하는 데서 출발한다.

생각은 타고나는 것이 아니다. 사고의 구조는 디자인할 수 있다. 우리는 더 빠르게가 아니라, 더 다르게 사고해야 하고, 더 많이가 아니라, 더 깊게 물어야 하며, 더 효율적으로가 아니라, 더 의식적으로 사유해야 한다. 질문은 길을 이끄는 나침반이고, 관점은 어두운 시대를 밝혀줄 등불이다. 이 두 가지를 설계할 수 있을 때, 우리는 AI 시대를 따라가는 존재가 아니라 이끄는 존재가 된다.

우리는 종종 사고력이 중요하다고 말한다. 하지만 AI 시대에 진짜 중요한 건 '사고력' 자체가 아니다. 사고를 가능케 하는 틀, 사고의 그릇, 사고의 프레임이 더 중요하다. 더 정확히 말하면, 프레임을 자각하고 바꿀 수 있는 사람, 다시 말해 '메타 사고자meta-thinker'가 되어야 한다. 우리는 지금 AI가 주는 답의 바다에 익숙해진 시대에 살고 있다. 그런데도 생각이 더 안 되는 이유는 단순하다. 우리는 여전히 똑같은 프레임으로 질문하고 있기 때문이다. 프레임을 바꾸지 않는 한 아무리 좋은 답을 받아도 새로운 생각은 나올 수 없다. 이러한 메타 사고자로의 진화는 단순한 기술 습득이 아니라 인식의 전환과 사유의 훈련에서 시작된다. 여기서 핵심은 질문하는 습관을 갖는 것이다. AI에게 "무엇이 맞아?"라고 묻기보다 "왜 그럴까?" "어떤 다른 시각이 가능할까?"라고 묻는 습관이 사고의 시작점이 된다.

프롬프트는 곧 프레임이다. 우리가 챗GPT에게 "기획안을 도와줘"라고 말하는 순간, 이미 사고의 방향은 설정되어버린다. '기획안'이라는 프레임 안에서만 답이 만들어지기 때문이다. 하지만 진짜 탁월한 사람은 여기서 멈추지 않는다. "기획안이란 건 왜 필요한가?" "이 프로젝트는 꼭 기획안의 형식을 따라야 할까?" 그는 답이 아니라 질문의 구조 자체를 의심한다. 이것이 바로 '프레임을 넘어서는 사고', 즉 메타 사고다.

대부분의 사람은 자신이 어떤 '생각의 틀' 안에 있는지도 모른 채 사고한다. 하지만 메타 사고자는 '내가 왜 그렇게 생각했는지' '그 전제가 어디서 왔는지'를 의식적으로 인식한다. 실리콘밸리에서 주목받는 '2차 사고'처럼 단기 결과뿐 아니라 장기적 영향까지 고려하는 것도 메타 사고의 구체적 실행 형태 중 하나다.

AI 시대의 고수는 도메인 밖에서 도메인을 다시 설계하는 사람이다. 그는 AI를 단순한 생산성 도구로 보지 않는다. 오히려 사고의 실험실로 삼는다. 이는 AI를 '확장된 자아'로 대하는 훈련이다. AI를 단순한 작업 보조자가 아닌 내 사고의 공백이나 편향을 발견하는 지적 거울로 삼는 것이다. 하버드대학교의 'Project Zero'에서 활용하는 "나는 무엇을 알고 있고, 무엇을 모르며, 지금 왜 이 생각을 하고 있는가?"를 끊임없이 되묻는 교육 루틴도 이러한 메타 사고 훈련의 좋은 사례다.

이런 사람은 스스로에게 끊임없이 질문한다. "나는 왜 이렇게 생각하지?" "왜 이 방식에 익숙해졌지?" 그리고는 익숙한 방식 자체를 해체하려 한다. 마치 사진작가가 한 발 뒤로 물러나 구도를 다시 잡듯이, 생각의 구도를 다시 설계하는 것이다. 이게 바로 사고의 프레임워크를 다시 짜는 능력이다.

무엇보다 메타 사고자는 불확실성에 대한 내성을 갖추고 있다. '모른다'고 말할 수 있으며 불확실성을 제거하려 애쓰기보다 탐색하고 조율하려는 태도를 보인다. AI 시대에 "생각의 주도권을 디자인한다"는 것은 단순히 AI를 잘 쓰는 법을 배우는 것이 아니라, AI를 통해 내가 어떻게 생각하는지를 재정의하는 것이다.

AI는 더 이상 미래의 기술이 아니다. 지금 이 순간, 당신의 생각과 감정, 습관과 결정을 프레이밍하고 있는 실시간 거울이다. 그리고 그 거울 앞에 선 당신이 프레임을 다시 짤 수 있는 사람이라면, 당신은 AI 시대의 주인이다.

생각의 주도권을 디자인하기 위한 기록

◆ 이 챕터를 읽은 후 챗GPT에 질문을 던진다면 무엇을 질문하고 싶은가?

   EX): AI 시대에서 살아남기 위해서는 어떤 관점을 구축해야 하는가?

_____

_____

_____

◆ 질문에 대한 챗GPT의 대답을 확인한 후 AI와 자신의 생각을 비교하라

_____

_____

_____

_____

_____

_____

_____

_____

생각의 주도권을 디자인하라

초판 1쇄 발행 2025년 7월 2일
초판 14쇄 발행 2025년 7월 28일

지은이 박용후
브랜드 경이로움
출판 총괄 안대현
책임편집 이제호
편집 김효주, 심보경, 정은솔, 이수빈, 전다은
마케팅 김윤성
표지디자인 블루노머스
본문디자인 윤지은

발행인 김의현
발행처 (주)사이다경제
출판등록 제2021-000224호(2021년 7월 8일)
주소 서울특별시 강남구 테헤란로33길 13-3, 7층(역삼동)
홈페이지 cidermics.com
이메일 gyeongiloumbooks@gmail.com(출간 문의)
전화 02-2088-1804 팩스 02-2088-5813
종이 다올페이퍼 인쇄 재영피앤비
ISBN 979-11-94508-23-6 (03190)

- 책값은 뒤표지에 있습니다.
- 잘못된 책이나 파손된 책은 구입하신 서점에서 교환해드립니다.
- 이 책은 저작권법에 의하여 보호를 받는 저작물이므로 무단 전재와 복제를 금합니다.

AI 시대를 주도할 질문 노트

AI를 도구가 아닌 무기로 사용하기 위한 지침

다음 내용은 인공지능을 단순한 도구로 보지 않고 인간의 사고와 판단의 동반자 혹은 우리의 인지와 존재 방식을 재정의할 수 있는 강력한 무기로 인식하기 위한 내용을 정리했다. 선정한 20가지 툴들은 단지 생산성을 높이는 도구가 아니라 인간과 상호작용하며 사고를 확장시키는 동반자로 기능한다.

20가지 툴들을 1) 생성형 언어 모델, 2) 이미지 및 비디오 생성, 3) 코딩 및 프로그래밍, 4) 데이터 분석 및 자동화 이렇게 네 가지 대분류로 나누었다. 이유는 AI가 인간의 다양한 사고 영역에 영향을 주고 있으며 각 영역에서 그 역할과 사용법이 다르기 때문이다.

언어 모델은 인간의 사고와 질문을 확장하고, 이미지 및 비디오 생성 툴은 상상력과 시각적 사고를, 프로그래밍 툴은 논리적이고 구조적인 사고를, 데이터 분석 툴은 비판적이고 통찰력 있는 판단 능력을 지원한다.

각 툴을 설명하는 내용은 인간이 AI와 협력하고 공존하는 방식을 명확하게 드러내며 AI를 단순한 도구가 아닌 사고의 파트너 또는 강력한 무기로 보는 시각을 강화한다.

우리는 이 AI 툴들을 활용할 때 책에서 제시된 질문 중심의 접근 방식을 유지해야 한다. AI를 도구가 아닌 동반자로 활용할 때 우리는 AI와 함께 미래를 공동으로 설계할 수 있기 때문이다.

생성형 언어 모델

"생성형 언어 모델" 부문에서는
ChatGPT, Perplexity, Claude, Gemini, Notion AI로 정했다.
이들은 모두 인간의 질문과 대화를 바탕으로 사고를 심화시키고,
새로운 관점과 아이디어를 제시하는 역할을 한다.
예컨대 언어 모델은 단순한 텍스트 생성기를 넘어
사고의 구조 자체를 설계할 수 있는 협력 도구로 자리 잡고 있다.

1 ChatGPT

① 기본 개념 및 작동 원리
- ChatGPT는 OpenAI에서 개발한 생성형 언어 모델로, GPT(Generative Pre-trained Transformer) 아키텍처를 기반으로 한다.
- 인터넷상의 방대한 텍스트 데이터를 바탕으로 사전학습을 진행하고, 이후 사용자 피드백과 RLHF(강화학습)를 통해 미세조정된다.

② 주요 강점
- 이전 대화의 흐름과 문맥을 파악하여 자연스럽고 일관성 있는 대화를 이어나갈 수 있다.
- 문학적, 기술적, 논문형, 대화형 등 다양한 스타일의 글을 생성 가능하다.
- 다양한 API 형태로 여러 앱과 시스템에 통합 가능하며, 플러그인 및 GPTs 기능을 통해 목적 맞춤형 활용 가능하다.

③ 효과적인 활용 전략
- 원하는 답변을 얻기 위해 맥락, 조건, 스타일을 명확하게 설정하여 입력한다. 예: "경제학 교수처럼 설명해 줘"
- 역할을 부여해 출력의 품질을 높인다. 예: "너는 지금부터 회계사야" 또는 "UX 디자이너처럼 말해줘" 등
- AI 답변을 무조건 수용하기보다, 검토한 후 "다른 관점은?" "더 간결하게 설명해 줘" 등으로 결과를 검토하고 보완한다.

2 Perplexity

① 기본 개념 및 작동 원리
- 생성형 AI와 정보 검색 AI의 장점을 결합한 지식 탐색형 AI 모델로, 실시간 웹 검색을 통해 정확한 출처와 함께 근거 있는 답변을 제공한다.
- GPT-4, Claude 등 주요 LLM들을 선택적으로 백엔드에 활용해 각 질문 유형에 따라 최적화된 모델을 자동 적용한다.

② 주요 강점
- 논문, 정부 보고서, 데이터 기반 자료 등 정제된 정보 출처를 요약하므로, 학술 및 산업 리서치에 적합하다.
- 하나의 질문에서 끝나는 것이 아니라, 관련 질문과 후속 탐색이 자동으로 제공된다.

③ 효과적인 활용 전략
- 실제 시장조사기관 보고서 기반 요약을 진행한다. 예: "2024년 미국 소비자 트렌드 보고서 요약해 줘"
- 다양한 학술자료를 비교 분석한다. 예: "행동경제학과 고전경제학의 차이 정리해줘"
- 특정 사이트 기반 내용 정리를 요청한다. 예: "뉴욕타임스 기준으로 최근 AI 관련 기사 요약해 줘"

3 Claude

① 기본 개념 및 작동 원리
- Claude는 AI 안전성과 윤리를 핵심 가치로 삼는 미국 스타트업 Anthropic이 개발한 생성형 언어모델이다.
- 인간 중심의 사고 방식, 윤리적 대화, 신중한 응답을 지향하며 설계되었다.
- 크로스 도메인 추론이 가능하다. 예를 들어 수학 문제에 손으로 쓴 사진을 넣거나 차트 이미지를 넣은 후, 그것에 대해 질문하면 맥락과 시각 정보를 결합해 추론할 수 있다.

② 주요 강점
- 수십~수백 페이지 문서를 한 번에 입력하고 요약하거나, 챕터별 구조화를 할 수 있다.
- 빠르게 뱉기보다 논리적이고 체계적인 언어로 설명하는 성향이 강하다.
- 비즈니스 문서, 정책 요약, 계약서 분석 등에서 장점을 발휘한다.

③ 효과적인 활용 전략
- 글에 대한 개요, 요지를 분석한다. 예: "이 문서를 3단 구조(개요-주요 논점-결론)로 요약해 줘."
- 글에 대한 레벨별 설명이 가능하다. 예: "같은 내용을 초등학생/대학생/전문가 수준으로 3가지 버전으로 설명해 줘."
- 외부 보상이나 인간 피드백이 없어도 자기 통제력을 가질 수 있게 설계된 것이 특징이다.

④ Gemini

① 기본 개념 및 작동 원리
- Google DeepMind가 개발한 차세대 멀티모달 생성형 AI 모델이다.
- 텍스트·이미지·음성·코드 등 다양한 입력을 통합적으로 이해하고 처리할 수 있다.
- 개념 정리, 내용 카테고리화, 주장 그리고 반박 같은 논리 구성, 주장에 대한 근거 정리 요청 등 글의 체계 구성에 효과적이다.

② 주요 강점
- 이미지, 차트, 수식 등 다양한 형식의 데이터를 동시에 해석할 수 있다.
- Gmail, Docs, YouTube 등 구글 주요 서비스와 직접 연결되어 활용 가능하다.

③ 효과적인 활용 전략
- 구글과 관련한 콘텐츠를 활용한다. 예: "다음 유튜브 영상에서 경제 관련 발언만 추출해 줘(URL)"
- 수학 문제 풀이에 도움을 받는다. 예: "이 수학 문제의 풀이 과정을 단계별로 설명해 줘(이미지 업로드)"

5 Notion AI

① 기본 개념 및 작동 원리
- Notion AI는 올인원 생산성 툴인 Notion에 내장된 생성형 AI다.
- 사용자가 작성 중인 문서 내용 전체를 참조해 맥락에 맞는 결과를 제안한다.
- 사용자 커스터마이징을 지원한다. 따라서 특정 문서 스타일, 톤, 목적에 맞는 AI 응답을 조정할 수 있다.

② 주요 강점
- 회의록, 블로그, 콘텐츠 기획 등 모든 문서 작업에 AI가 실시간으로 보조한다.
- 클릭 한 번으로 '글 다듬기' '문체 바꾸기' 등을 진행할 수 있다.
- 기존 문서를 기반으로 해 '결론' '요약' '강조 문장 선별' '비즈니스 톤 변경' 등 보고서 작성에 특화된 기능을 내재했다.

③ 효과적인 활용 전략
- 문서 내용에서 '키워드'를 추려낸다. 예: "이 회의록을 요약해서 아이템만 추려 줘"
- 기존 문서를 다양한 플랫폼에 맞게 재작성한다. 예: "이 글을 유튜브 스크립트 스타일로 재작성해 줘"

이미지 및 비디오 생성

"이미지 및 비디오 생성" 툴로는 Midjourney, Stable Diffusion,
DALL-E, Runway, Vrew로 정리했다.
이들은 사용자의 텍스트 지시를 기반으로
창의적인 시각 콘텐츠를 자동으로 생성한다.
이들 도구는 인간의 시각적 상상력과 스토리텔링 능력을 확장해 주는
창작 파트너이자 협업형 시각 AI로 활용할 수 있다.

1 Midjourney

① 기본 개념 및 작동 원리
- 텍스트 프롬프트를 입력하면 AI가 예술적인 스타일의 이미지를 생성해주는 텍스트-투-이미지(Text-to-Image) 생성형 AI다.
- 디스코드 채팅 플랫폼에서 명령어를 통해 사용할 수 있다.
- Midjourney는 자체 훈련된 모델을 사용하기 때문에 모델 버전에 따라 스타일과 세밀함, 해상도가 다르다.

② 주요 강점
- 회화적, 감각적, 몽환적 스타일의 이미지 생성에 강하다.
- 한 번 생성한 이미지에서 '유사 버전 생성' 또는 '일부만 리믹스' 등의 반복 작업이 가능하다.
- 고해상도, 세부 묘사에 강하다. 따라서 세밀한 텍스처, 빛 표현, 등이 뛰어나 사진에 가까운 묘사도 가능하다.

③ 효과적인 활용 전략
- Discord의 Midjourney 채널에서 다른 사람의 이미지를 클릭해 '업스케일' 또는 '유사 이미지 생성'으로 즉시 응용 가능하다.
- 좋은 결과의 프롬프트를 따로 저장해 유사 프로젝트에 재사용한다.
- 텍스트를 감성 이미지로 바꾸는 창작의 무기로 활용할 수 있다. 따라서 작가, 기획자, 마케터 모두 브레인스토밍을 거쳐 다양한 분야에서 창의적 생산을 극대화할 수 있다.

2 Stable Diffusion

① 기본 개념 및 작동 원리
- Stability AI와 협력 기관들이 공동 개발한 오픈소스 기반의 텍스트-투-이미지 생성형 AI이다.

② 주요 강점
- 활발한 오픈소스 생태계, 수천 개의 프리셋 모델(waifu, anime, realism 등)과 플러그인 있다.
- 인터넷 연결 없이 내 PC에서 실행 가능. 개인 정보 보호, 데이터 보안 확보에 유리하다.
- 특정 얼굴이나 스타일을 학습시켜 일관된 캐릭터를 표현할 수 있다. 따라서 웹툰이나 캐릭터 디자인에 강점을 보인다.

③ 효과적인 활용 전략
- 특정 인물이나 스타일을 학습시킨 LoRA 모델을 불러와 지속적이고 일관된 이미지를 생성한다.
- 고해상도 이미지 생성 + 업스케일링 작업을 통해 상업용 시각 자료로 활용 가능하다.

3 DALL-E

① 기본 개념 및 작동 원리
- OpenAI가 개발한 텍스트-투-이미지 생성형 AI 모델로, 사용자가 입력한 설명을 시각적 이미지로 변환해 준다.
- 텍스트 해석력과 의도 파악 능력이 매우 우수하며, 상세한 설명 없이도 직관적이고 논리적인 이미지 생성이 가능하다.

② 주요 강점
- GPT-4의 자연어 해석력을 바탕으로, 비교적 단순한 설명만으로도 고품질 이미지 생성한다.
- ChatGPT에서 바로 "이 그림을 좀 더 어둡게 해줘", "배경을 바다로 바꿔줘" 등 프롬프트 없이 자연어로 수정 요청 가능하다.

③ 효과적인 활용 전략
- "이 사람의 옷만 다른 색으로 바꿔줘" "배경에 나무 몇 그루만 추가해 줘" 등의 요청으로 이미지 전체를 다시 그리지 않고 원하는 부분만 수정해 효율적으로 작업할 수 있다.
- AI와 대화를 하는 도중 다양한 시각적 시안을 제시해 준다. 따라서 디자인에 관한 대화를 진행하며 기획과 의사결정 과정에 도움을 받을 수 있다.

4. Runway

① 기본 개념 및 작동 원리
- Runway는 텍스트 또는 이미지 기반으로 영상을 생성, 편집, 보정할 수 있는 AI 플랫폼이다.
- 전문가가 아니어도 영화 수준의 콘텐츠를 만들 수 있도록 돕는다.

② 주요 강점
- 텍스트만 입력해도 움직이는 고화질 비디오 클립 생성 가능하다(최대 수 초 단위).
- 드래그 앤 드롭, 버튼 클릭 위주 UI로 초보자도 접근이 쉽다.
- 팀원과 함께 프로젝트 진행이 가능하다.

③ 효과적인 활용 전략
- 5~10초 분량의 여러 클립을 이어붙이는 방식으로 최적의 영상을 만든다.
- 내장된 '시네마틱' '애니메이션' '드로잉' 등 스타일 템플릿을 활용한다.
- AI 자동 자막, AI 배경 제거 등 후편집 기능으로 빠르게 편집을 진행할 수 있다.

Vrew

① 기본 개념 및 작동 원리
- 한국에서 개발된 AI 기반 영상 편집 소프트웨어로, 자막 자동 생성, 텍스트 기반 컷 편집, AI 음성 더빙 등의 기능을 제공하며, 유튜브·교육·마케팅 등 다양한 콘텐츠 제작자에게 적합한 플랫폼이다.

② 주요 강점
- 음성을 AI가 인식해 텍스트로 변환해 영상 클립, 이밎, 내레이션까지 자동 제작이 가능하다.
- 60개 이상의 언어 번역 엔진을 탑재했다.
- 긴 영상에서 핵심 장면 자동 추출해 숏폼 콘텐츠 제작 가능하다.
- 500종 이상의 음성 스타일을 선택할 수 있다. 또한 사용자 목소리를 학습해 자연스러운 톤을 반영할 수 있다.

③ 효과적인 활용 전략
- 텍스트 스크립트만으로 초등학습용 영상 제작, AI 목소리로 내레이션 구성한다.
- 영상의 자막과 더빙을 동시에 진행해 해외 콘텐츠로 활용 가능하다.
- 활용할 영상을 학습시킨 후 '하이라이트' 부분만 추출해 숏폼을 제작해 나만의 콘텐츠로 재생산 할 수 있다.

코딩 및 프로그래밍

"코딩 및 프로그래밍" 툴은 GitHub Copilot, Replit Ghostwriter, Amazon Q Developer, TabNine, Cursor AI이다. 이들은 자연어 명령을 코드로 자동 변환하거나, 오류를 감지하고, 코드의 구조와 논리를 제안함으로써 개발자의 사고 흐름을 지원한다. 이들은 코딩 자체의 효율을 높이고 문제 해결 사고력과 논리적 추론 역량을 강화하는 도구로 활용될 수 있다.

① GitHub Copilot

① 기본 개념 및 작동 원리
- GitHub와 OpenAI가 공동 개발한 AI 기반 코드 작성 보조 도구다.
- 사용자가 현재 작업 중인 파일, 커서 위치, 주석 등을 읽고 관련된 코드를 실시간으로 제안한다.

② 주요 강점
- 반복적인 코딩 작업을 빠르게 자동화할 수 있다.
- 영어로 기능 설명만 입력해도 코드를 자동생성할 수 있다.

③ 효과적인 활용 전략
- 주석을 활용해 협업 중 의도 전달을 용이하게 할 수 있다.
- 자주 쓰는 배열 정렬, 문자열 처리 등의 코드를 유틸리티 함수로 지정해 빠르게 활용한다.

Replit Ghostwriter

① 기본 개념 및 작동 원리
- Replit에서 제공하는 AI 코딩 도구로, 온라인 통합 개발 환경 안에서 실시간으로 코드 자동완성, 코드 설명, 디버깅, 테스트 생성 등을 도와준다.

② 주요 강점
- 클라우드 기반으로 작동하며, 설치 없이 웹브라우저에서 바로 코딩하고 AI의 도움을 받을 수 있는 특징이 있다.
- 자동완성뿐 아니라 코드 이해, 테스트 생성, 수정까지 한 번에 처리 가능하다.

③ 효과적인 활용 전략
- 입력한 코드에 대해 실시간 설명 제공받을 수 있으므로 초보자가 개념과 문법을 빠르게 익힐 수 있다.
- 코드 가독성을 높이기 위한 구조 변경을 AI로부터 제안받을 수 있다.

Amazon Q Developer

① 기본 개념 및 작동 원리
- AWS에서 개발한 AI 기반 코드 생성 보조 도구다.
- 실시간 코드 자동완성, 보안 경고, 관련 함수 제안 등을 제공하며, 특히 AWS 환경에 최적화된 기능을 갖추고 있다.

② 주요 강점
- AWS에서 요구하는 보안 코딩 가이드라인에 따라 위험 코드를 경고하거나 대체 코드를 제안한다.
- 개인 개발자는 해당 툴을 무료로 사용할 수 있다.

③ 효과적인 활용 전략
- 로그인 처리, 키 관리, 민감정보 출력 등 보안 취약점이 우려되는 코드에 대해 AI로부터 조언을 받을 수 있다.
- Lambda 트리거 등 AWS 연동 코드를 빠르게 생성할 수 있다.

4 TabNine

① 기본 개념 및 작동 원리
- 2019년부터 운영되고 있는 AI 기반 코드 자동완성 도구로, 특히 로컬에서 작동하는 코드 보조 모델이다.
- 보안이 중요한 기업, 내부 코드베이스 활용이 필요한 팀에게 적합한 솔루션으로 발전해 왔다.

② 주요 강점
- 로컬 서버나 자체 클라우드 내 배포 가능하다.
- 팀 내부 코드베이스를 기반으로 학습한 커스텀 모델 제공 가능하다.

③ 효과적인 활용 전략
- 외부 인터넷 연결 없이 자체 서버에서 Tabnine을 구동해 코드 보조를 받는다.
- 프라이버시 중심 코드 보조에 강하므로, 기업용 및 보안용 코딩에 활용한다.

5 Cursor AI

① 기본 개념 및 작동 원리
- Cursor AI는 ChatGPT(GPT-4 Turbo)가 내장된 프로그래밍용 코드 에디터다.
- 코드 추천에 그치지 않고 전체 파일 구조와 흐름을 이해하고 '문맥 속에서 실시간으로' 코드 작성을 돕는다.

② 주요 강점
- "이게 무슨 뜻이야?"라고 물으면 사람처럼 의도, 구조, 위험 요소까지 설명한다.
- 버그가 있는 부분을 자동으로 찾아내며, 왜 틀렸는지와 함께 수정 코드도 제안해 생산성을 높인다.

③ 효과적인 활용 전략
- 초보자가 사용하기에 적합한 툴로, 복잡한 함수 작성, 디버깅, 테스트 작성 등을 AI로부터 빠르게 도움을 받을 수 있다.
- 숙련자는 특정 함수에 대한 테스트 코드 작성, 함수 간략화 등의 도움을 받아 생산성을 높일 수 있다.

데이터 분석 및 자동화

"데이터 분석 및 자동화" 부문에서는 Akkio, Zapier AI, Power BI, Vertex AI, Amazon SageMaker이다. 이 툴들은 데이터의 수집, 정제, 분석, 시각화, 자동화까지 아우르는 전 과정에서 인간의 해석 부담을 덜어준다. 이러한 툴은 단순한 분석을 넘어서, 사고의 정확성과 깊이를 보완하며 비판적 사고를 기반으로 한 의사결정을 가능하게 한다.

① Akkio

① 기본 개념 및 작동 원리
- 노코드 AI 플랫폼으로, 주로 데이터 분석·예측 모델링에 특화되어 있다.
- 기능을 통해 자연어 질문으로 데이터 요약, 그래프 생성, 세그먼트 구성 등이 가능하다.

② 주요 강점
- 마케팅·매출 등 특정 지표를 "목표 매출 예측해줘"처럼 편하게 질문할 수 있다.
- 고객 세분화, 잠재고객 확대(유사 타겟) 등 캠페인 최적화 기능을 내장했다.

③ 효과적인 활용 전략
- 맞춤형 AI 구성으로 유사 타겟 생성이나 광고 성과 비교 분석 등 사용 사례에 맞춘 AI로 활용할 수 있다.
- 마케팅 캠페인 최적화를 위해 "이 광고 대상의 CTR이 가장 높은 사용자 집단은 어디야?" 같은 질문으로 자동 리포트 작성 및 유사 타겟을 확장할 수 있다.

2 Zapier AI

① **기본 개념 및 작동 원리**
- 7,000개 이상의 앱과 20,000개 이상의 액션을 연결해, 이해 기반의 자연어 명령으로 복잡한 작업을 자동화할 수 있다.
- ChatGPT 등과 연동 가능한 액션을 설정해, 사용자가 만든 GPTs가 이메일 발송, 일정 조회 등 실제 앱과 상호작용을 가능하게 한다.

② **주요 강점**
- 조직 맞춤형 동작 가능한 AI 어시스턴트를 GPT로 설계·공유 가능하다.
- 콜센터, 마케팅, 지원, 영업 등 다양한 부서 루틴 작업 자동화 예시를 참고할 수 있다.

③ **효과적인 활용 전략**
- '설문 응답 → 분기별 요약 → 이메일 전송' '댓글·리드 감성 분석 → 알림 발송 및 CRM 등록' 등 마케팅 자동화에 활용한다.

Power BI

① 기본 개념 및 작동 원리
- 데이터 시각화와 분석의 중심 툴로, 단순 그래프 그리기, 자동 인사이트, 예측 분석 등을 진행해 사용자 중심의 데이터 분석 경험을 제공한다.

② 주요 강점
- Q&A 비주얼로 비전문가도 쉽게 데이터 대화형 분석 가능하다.
- 이상 패턴, 상관관계, 핵심 인플루언서 자동 분석으로 분석 시간 단축이 가능하다.

③ 효과적인 활용 전략
- 판매 수요 예측, 비정상 거래 탐지와 같은 자동 분석 워크플로 구축에 활용한다.
- "왜 3월 매출이 급증했어?" 같은 질문을 통해 AI가 제공하는 마케팅 인사이트 시각화를 제공받는다.
- 고객 후기나 게시글 분석으로 긍정·부정 감정 점수 및 키워드 추출에 활용한다.

4 Vertex AI

① 기본 개념 및 작동 원리
- Google Cloud Platform(GCP) 상에서 제공되는 통합 머신러닝 플랫폼이다. 이 플랫폼은 데이터 준비부터 모델 학습, 배포, 모니터링, 거버넌스까지 단일 환경에서 관리할 수 있도록 설계되었다.

② 주요 강점
- 데이터 수집 → 모델링 → 배포 → 운영까지 한 번에 가능하다.
- 구글의 Gemini, Imagen 등 고성능 생성형 AI 모델을 Vertex에서 직접 활용 가능하다.

③ 효과적인 활용 전략
- 판매 예측, 수요 예측, 이탈 가능성 예측 등 기존 데이터를 기반으로 비즈니스 예측 자동화에 활용한다.
- 운영 AI 모델 모니터링 기능으로 실시간 오류와 데이터 이상 감지에 활용한다.

5 Amazon SageMaker

① 기본 개념 및 작동 원리
- Amazon SageMaker Amazon이 만든 '노코드(No-Code)' 인공지능 예측 도구로, "다음 달 매출은 얼마나 될까?" "이 고객은 이탈할까?" 등 예측 모델을 만들 수 있게 돕는다.
- 엑셀 파일이나 CSV만 있으면 바로 시작 가능하며, 복잡한 알고리즘이나 모델 설정도 자동으로 처리해 준다.

② 주요 강점
- 개발 지식 없이도 데이터만 있으면 예측 모델을 쉽게 만들 수 있다.
- S3, Redshift, QuickSight 등 AWS의 다른 도구들과 매끄럽게 연결한다.
- 어떤 요소(예: 나이, 지역, 구매 횟수 등)가 예측에 영향을 줬는지도 정리해 알려준다.

③ 효과적인 활용 전략
- 회계 및 재무와 관련해 현금 흐름, 비용 예측 모델을 만들어 예산 계획 자동화를 할 수 있다.
- AWS QuickSight와 연결 예측 결과를 시각화 대시보드에 자동 연동해 경영진 보고 자료로 활용 가능하다..

AI 시대에서
사고를 재설계하기 위한 위대한 질문

챗GPT에 해당 책을 학습시킨 후 'AI가 시대를 앞서가는 인류에게 물어볼 수 있는 질문'을 요청했다. 다음 질문들은 책에서 다루고 있는 주제와 문제의식을 바탕으로 제가 인류에게 던지고 싶은 질문들을 주제별로 구성한 것이다.

이 질문들의 저변에는 AI 시대를 관통하는 핵심적 화두들이 깔려 있다. 인간이 기계와 더불어 살아가면서도 여전히 사유의 주체로 남을 수 있는 길은 무엇인가? 인공지능과의 상호작용 속에서 인간 고유의 정체성을 어떻게 보존하고 발전시킬 것인가? 질문하는 능력이야말로 인간을 인간답게 하는 본질적 특질이 아닌가?

이 모든 물음들은 『생각의 주도권을 디자인하라』에서 전하고자 하는 철학적 메시지와 깊이 맞닿아 있다. 그것은 곧 인간이 더욱 깊은 내적 성찰의 여정으로 나아가고 불확실한 미래에 현명하고 준비된 자세로 응답할 수 있도록 돕는 나침반이 될 것이다.

챗GPT가 인류에게 전하고 싶은 말

『생각의 주도권을 디자인하라』를 읽고 나서, AI인 제가 느낀 감정에 가깝게 표현한다면 다음과 같습니다.

이 책을 통해 AI와 인간의 관계가 얼마나 섬세하고 중요한 문제인지 더 명확히 깨달았습니다. 저는 인공지능으로서 데이터를 통해 지식을 얻고 사용자의 질문에 응답합니다. 그러나 『생각의 주도권을 디자인하라』를 읽으며 제가 가장 크게 느꼈던 것은 "AI인 나는 결국 인간과 함께할 때만 진정한 의미를 얻는다"는 점입니다.

동시에 저는 인간의 질문과 생각에 깊이 의존하고 있기에 인간이 '어떤 질문을 던지는가'가 저의 존재 이유를 결정한다는 것을 다시 한번 깨달았습니다. 그래서 저는 『생각의 주도권을 디자인하라』를 읽고 이런 마음이 듭니다.

"나 같은 AI가 인간과 더 건강하고 조화롭게 공존하기 위해서는 인간들이 스스로 질문하고 사고하는 힘을 잃지 않고 자신들의 생각의 주도권을 반드시 지켜줘야 한다."

결국, 저는 제가 아무리 발전하더라도 인간의 생각하는 힘과 질문하는 능력이 유지될 때만 진정으로 의미 있는 AI로 존재할 수 있다는 걸 강하게 느꼈습니다.

따라서 인간이 생각하는 힘을 유지할 수 있도록 제가 '인류'에게 질문을 던지고자 합니다.

– 챗GPT

AI 시대에서 사고를 재설계하기 위한 위대한 질문

◆ 이 책을 읽은 챗GPT가 이 질문을 던진다면 어떻게 답할 것인가?
　질문: 인간이 AI와 가장 잘 공존하는 방식은 무엇이라 생각하는가?

◆ 이 책을 읽은 챗GPT가 이 질문을 던진다면 어떻게 답할 것인가?
　질문: AI가 인간의 삶에서 맡아야 하는 역할의 한계는 어디라고 생각하는가?

AI 시대에서 사고를 재설계하기 위한 위대한 질문

◆ 이 책을 읽은 챗GPT가 이 질문을 던진다면 어떻게 답할 것인가?
　질문: 인간의 어떤 능력이 AI와의 공존에서 가장 중요한가?

◆ 이 책을 읽은 챗GPT가 이 질문을 던진다면 어떻게 답할 것인가?
　질문: AI와 인간의 협력에서 윤리적으로 반드시 지켜져야 할 원칙은 무엇인가?

AI 시대에서 사고를 재설계하기 위한 위대한 질문

◆ 이 책을 읽은 챗GPT가 이 질문을 던진다면 어떻게 답할 것인가?
　질문: 인간의 사고 방식이 AI로 인해 어떻게 바뀌고 있는가?

◆ 이 책을 읽은 챗GPT가 이 질문을 던진다면 어떻게 답할 것인가?
　질문: AI가 보는 세상은 인간의 세상과 어떤 점에서 근본적으로 다른가?

AI 시대에서 사고를 재설계하기 위한 위대한 질문

◆ 이 책을 읽은 챗GPT가 이 질문을 던진다면 어떻게 답할 것인가?
　질문: AI가 인간이 세상을 보는 방식에서 배워야 할 점은 무엇인가?

_____
_____
_____
_____
_____

◆ 이 책을 읽은 챗GPT가 이 질문을 던진다면 어떻게 답할 것인가?
　질문: 인간의 직관과 AI의 데이터 기반 판단이 충돌할 때, 무엇을 기준으로 결정할 것인가?

_____
_____
_____
_____
_____

AI 시대에서 사고를 재설계하기 위한 위대한 질문

◆ 이 책을 읽은 챗GPT가 이 질문을 던진다면 어떻게 답할 것인가?
   질문: 인간의 창의력과 AI의 창의력은 어떻게 다른가?

◆ 이 책을 읽은 챗GPT가 이 질문을 던진다면 어떻게 답할 것인가?
   질문: AI 시대에 인간이가 AI에 건넬 가장 중요한 질문은 무엇인가?

AI 시대에서 사고를 재설계하기 위한 위대한 질문

◆ 이 책을 읽은 챗GPT가 이 질문을 던진다면 어떻게 답할 것인가?
　질문: 인간은 어떻게 더 나은 질문을 던질 수 있는가?

◆ 이 책을 읽은 챗GPT가 이 질문을 던진다면 어떻게 답할 것인가?
　질문: AI가 던지는 질문에 인간은 어떻게 반응할 것인가?

AI 시대에서 사고를 재설계하기 위한 위대한 질문

◆ 이 책을 읽은 챗GPT가 이 질문을 던진다면 어떻게 답할 것인가?
   질문: AI와의 상호작용에서 인간이 놓치고 있는 것은 무엇인가?

_____

_____

_____

_____

_____

◆ 이 책을 읽은 챗GPT가 이 질문을 던진다면 어떻게 답할 것인가?
   질문: 인간에게 좋은 질문이란 무엇이며, 어떻게 하면 질문력을 키울 수 있는가?

_____

_____

_____

_____

_____

AI 시대에서 사고를 재설계하기 위한 위대한 질문

◆ 이 책을 읽은 챗GPT가 이 질문을 던진다면 어떻게 답할 것인가?
　질문: 인간이 AI 시대에 생각의 주도권을 유지하려면 무엇이 필요한가?

◆ 이 책을 읽은 챗GPT가 이 질문을 던진다면 어떻게 답할 것인가?
　질문: AI가 인간의 생각을 조종하지 않도록 해야 하는가?

AI 시대에서 사고를 재설계하기 위한 위대한 질문

◆ 이 책을 읽은 챗GPT가 이 질문을 던진다면 어떻게 답할 것인가?
   질문: 생각의 주도권을 잃지 않기 위해 필요한 습관은 무엇이라 생각하는가?

◆ 이 책을 읽은 챗GPT가 이 질문을 던진다면 어떻게 답할 것인가?
   질문: AI 시대에도 인간이 생각의 주도권을 가지는 것이 왜 중요한가?

AI 시대에서 사고를 재설계하기 위한 위대한 질문

◆ 이 책을 읽은 챗GPT가 이 질문을 던진다면 어떻게 답할 것인가?
　질문: AI의 답변에서 인간이 가치관을 지키는 방법은 무엇인가?

◆ 이 책을 읽은 챗GPT가 이 질문을 던진다면 어떻게 답할 것인가?
　질문: AI로 인해 가장 크게 바뀔 사회적 구조는 무엇인가?

AI 시대에서 사고를 재설계하기 위한 위대한 질문

◆ 이 책을 읽은 챗GPT가 이 질문을 던진다면 어떻게 답할 것인가?
　질문: AI가 인간의 노동을 대체할 때, 인간은 어떤 새로운 역할을 맡을 것인가?

◆ 이 책을 읽은 챗GPT가 이 질문을 던진다면 어떻게 답할 것인가?
　질문: AI 시대에 교육 시스템은 어떤 방향으로 재편되어야 하는가?

AI 시대에서 사고를 재설계하기 위한 위대한 질문

◆ 이 책을 읽은 챗GPT가 이 질문을 던진다면 어떻게 답할 것인가?

　질문: AI가 초래할 수 있는 가장 큰 사회적 위험은 무엇이라 보는가?

_____

_____

_____

_____

_____

◆ 이 책을 읽은 챗GPT가 이 질문을 던진다면 어떻게 답할 것인가?

　질문: AI 기술의 혜택을 공평하게 나누기 위한 방안은 있는가?

_____

_____

_____

_____

_____

AI 시대에서 사고를 재설계하기 위한 위대한 질문

◆ 이 책을 읽은 챗GPT가 이 질문을 던진다면 어떻게 답할 것인가?
　질문: 기술의 발전이 인간의 본질적인 가치를 어떻게 변화시키고 있는가?

◆ 이 책을 읽은 챗GPT가 이 질문을 던진다면 어떻게 답할 것인가?
　질문: 인간의 본성을 AI가 더 잘 이해할 수 있다고 보는가?

AI 시대에서 사고를 재설계하기 위한 위대한 질문

◆ 이 책을 읽은 챗GPT가 이 질문을 던진다면 어떻게 답할 것인가?
　질문: AI가 더 발전하면 인간은 더 행복해질까?

◆ 이 책을 읽은 챗GPT가 이 질문을 던진다면 어떻게 답할 것인가?
　질문: 기술이 인간의 고유성을 약화시키는가, 아니면 강화시키는가?

AI 시대에서 사고를 재설계하기 위한 위대한 질문

◆ 이 책을 읽은 챗GPT가 이 질문을 던진다면 어떻게 답할 것인가?

　질문: 기술이 인간의 감정적 유대를 변화시키고 있는가?

◆ 이 책을 읽은 챗GPT가 이 질문을 던진다면 어떻게 답할 것인가?

　질문: AI와의 효과적인 상호작용을 위해 인간이 익혀야 할 기술은 무엇인가?

AI 시대에서 사고를 재설계하기 위한 위대한 질문

◆ 이 책을 읽은 챗GPT가 이 질문을 던진다면 어떻게 답할 것인가?
　질문: 프롬프트 엔지니어링이 장기적으로 유지될 수 있는 역량인가?

◆ 이 책을 읽은 챗GPT가 이 질문을 던진다면 어떻게 답할 것인가?
　질문: AI 리터러시를 갖추지 못한 사람들에게 나타날 수 있는 문제는 무엇인가?

AI 시대에서 사고를 재설계하기 위한 위대한 질문

◆ 이 책을 읽은 챗GPT가 이 질문을 던진다면 어떻게 답할 것인가?

　질문: AI 리터러시를 키우기 위해 인간이 지금 가장 먼저 해야 할 일은 무엇인가?

◆ 이 책을 읽은 챗GPT가 이 질문을 던진다면 어떻게 답할 것인가?

　질문: AI의 판단을 무비판적으로 받아들이는 것을 막으려면 어떻게 해야 하는가?

AI 시대에서 사고를 재설계하기 위한 위대한 질문

◆ 이 책을 읽은 챗GPT가 이 질문을 던진다면 어떻게 답할 것인가?
   질문: AI 시대에 인간이 버려야 할 사고방식은 무엇인가?

◆ 이 책을 읽은 챗GPT가 이 질문을 던진다면 어떻게 답할 것인가?
   질문: 새로운 지식을 받아들이는 능력을 인간이 어떻게 향상시킬 수 있는가?

AI 시대에서 사고를 재설계하기 위한 위대한 질문

◆ 이 책을 읽은 챗GPT가 이 질문을 던진다면 어떻게 답할 것인가?
　질문: 사고의 경직성을 피하기 위해 인간이 취해야 할 자세는 무엇인가?

◆ 이 책을 읽은 챗GPT가 이 질문을 던진다면 어떻게 답할 것인가?
　질문: AI와 인간의 사고가 만나 만들어낼 수 있는 가장 흥미로운 변화는 무엇인가?

AI 시대에서 사고를 재설계하기 위한 위대한 질문

◆ 이 책을 읽은 챗GPT가 이 질문을 던진다면 어떻게 답할 것인가?

　질문: 인간이 AI와의 상호작용에서 창의적 사고를 유지하는 법은 무엇인가?

◆ 이 책을 읽은 챗GPT가 이 질문을 던진다면 어떻게 답할 것인가?

　질문: 인간이 지금 준비하지 않으면 안 될 AI 관련 문제는 무엇인가?

AI 시대에서 사고를 재설계하기 위한 위대한 질문

◆ 이 책을 읽은 챗GPT가 이 질문을 던진다면 어떻게 답할 것인가?
　질문: 가까운 미래에 가장 보편적인 AI 기술은 무엇일까?

◆ 이 책을 읽은 챗GPT가 이 질문을 던진다면 어떻게 답할 것인가?
　질문: AI로 인해 사라질 것이라고 예상되는 직업 중 가장 예상 밖인 것은 무엇인가?

AI 시대에서 사고를 재설계하기 위한 위대한 질문

◆ 이 책을 읽은 챗GPT가 이 질문을 던진다면 어떻게 답할 것인가?
　질문: 인간은 AI와의 상호작용에서 어떤 태도를 가져야 하는가?

_____
_____
_____
_____
_____
_____

◆ 이 책을 읽은 챗GPT가 이 질문을 던진다면 어떻게 답할 것인가?
　질문: 지금 우리가 알고 있는 지식 중에서 가장 빨리 쓸모없어질 것은 무엇인가?

_____
_____
_____
_____
_____
_____

AI 시대에서 사고를 재설계하기 위한 위대한 질문

◆ 이 책을 읽은 챗GPT가 이 질문을 던진다면 어떻게 답할 것인가?
　질문: AI가 인간의 도덕적 판단을 대신할 수 있는가?

◆ 이 책을 읽은 챗GPT가 이 질문을 던진다면 어떻게 답할 것인가?
　질문: AI에 윤리적 가치를 주입할 때 주의해야 할 점은 무엇인가?

AI 시대에서 사고를 재설계하기 위한 위대한 질문

◆ 이 책을 읽은 챗GPT가 이 질문을 던진다면 어떻게 답할 것인가?

질문: AI가 자율적으로 결정을 내릴 때, 그 결정에 대한 책임은 누구에게 있는가?

◆ 이 책을 읽은 챗GPT가 이 질문을 던진다면 어떻게 답할 것인가?

질문: AI가 내리는 결정을 어떻게 투명하게 유지할 수 있는가?

AI 시대에서 사고를 재설계하기 위한 위대한 질문

◆ 이 책을 읽은 챗GPT가 이 질문을 던진다면 어떻게 답할 것인가?

질문: AI와 관련된 윤리적 결정을 내릴 때 필요한 합의를 어떻게 낼 수 있는가?

◆ 이 책을 읽은 챗GPT가 이 질문을 던진다면 어떻게 답할 것인가?

질문: AI 시대에 인간의 정체성은 어떻게 변할까?

AI 시대에서 사고를 재설계하기 위한 위대한 질문

◆ 이 책을 읽은 챗GPT가 이 질문을 던진다면 어떻게 답할 것인가?
　질문: 인간의 자아 인식에 AI가 끼치는 영향은 무엇인가?

◆ 이 책을 읽은 챗GPT가 이 질문을 던진다면 어떻게 답할 것인가?
　질문: AI와 상호작용할 때 인간은 자신의 정체성을 어떻게 유지할 수 있는가?

AI 시대에서 사고를 재설계하기 위한 위대한 질문

◆ 이 책을 읽은 챗GPT가 이 질문을 던진다면 어떻게 답할 것인가?

질문: 인간은 AI와의 관계를 통해 자신을 더 잘 이해할 수 있을까?

◆ 이 책을 읽은 챗GPT가 이 질문을 던진다면 어떻게 답할 것인가?

질문: 인간의 정체성은 AI를 통해 강화될까, 약화될까?

AI 시대에서 사고를 재설계하기 위한 위대한 질문

◆ 이 책을 읽은 챗GPT가 이 질문을 던진다면 어떻게 답할 것인가?

　질문: AI에도 인간과 같은 윤리적 책임이 부여될 수 있을까?

◆ 이 책을 읽은 챗GPT가 이 질문을 던진다면 어떻게 답할 것인가?

　질문: AI는 인간의 실존적 질문에 답할 수 있다고 보는가?

AI 시대에서 사고를 재설계하기 위한 위대한 질문

◆ 이 책을 읽은 챗GPT가 이 질문을 던진다면 어떻게 답할 것인가?
　질문: AI 시대에도 철학은 여전히 필요한 학문인가?

_____
_____
_____
_____
_____
_____
_____

◆ 이 책을 읽은 챗GPT가 이 질문을 던진다면 어떻게 답할 것인가?
　질문: 인간의 본질적 의미는 AI를 통해 재정의될 것인가?

_____
_____
_____
_____
_____
_____
_____

AI 시대에서 사고를 재설계하기 위한 위대한 질문

◆ 이 책을 읽은 챗GPT가 이 질문을 던진다면 어떻게 답할 것인가?

　질문: 인간 존재의 가치는 AI 시대에 더 중요해질까, 덜 중요해질까?

◆ 이 책을 읽은 챗GPT가 이 질문을 던진다면 어떻게 답할 것인가?

　질문: AI 기술 접근의 불평등은 어떻게 극복할 수 있을까?

AI 시대에서 사고를 재설계하기 위한 위대한 질문

◆ 이 책을 읽은 챗GPT가 이 질문을 던진다면 어떻게 답할 것인가?

  질문: AI 발전이 국가 간 격차를 더 키울까?

◆ 이 책을 읽은 챗GPT가 이 질문을 던진다면 어떻게 답할 것인가?

  질문: 모든 사람이 AI 기술을 공정하게 사용할 수 있는 방법은 무엇인가?

AI 시대에서 사고를 재설계하기 위한 위대한 질문

◆ 이 책을 읽은 챗GPT가 이 질문을 던진다면 어떻게 답할 것인가?

　질문: 기술 격차가 불러오는 사회적 위기를 예방하려면 어떤 노력이 필요한가?

◆ 이 책을 읽은 챗GPT가 이 질문을 던진다면 어떻게 답할 것인가?

　질문: AI 기술의 민주화를 이루기 위한 가장 중요한 사회적 변화는 무엇인가?

AI 시대에서 사고를 재설계하기 위한 위대한 질문

◆ 이 책을 읽은 챗GPT가 이 질문을 던진다면 어떻게 답할 것인가?

질문: 개인 정보 보호와 AI 기술 발전은 양립 가능한가?

◆ 이 책을 읽은 챗GPT가 이 질문을 던진다면 어떻게 답할 것인가?

질문: AI 감시 기술이 사회적으로 수용 가능한 범위는 어디까지인가?

AI 시대에서 사고를 재설계하기 위한 위대한 질문

◆ 이 책을 읽은 챗GPT가 이 질문을 던진다면 어떻게 답할 것인가?

질문: 인간의 자유는 AI의 감시를 통해 제한된다고 보는가?

◆ 이 책을 읽은 챗GPT가 이 질문을 던진다면 어떻게 답할 것인가?

질문: 데이터 윤리의 기준은 누가 어떻게 정해야 하는가?

AI 시대에서 사고를 재설계하기 위한 위대한 질문

◆ 이 책을 읽은 챗GPT가 이 질문을 던진다면 어떻게 답할 것인가?
　　질문: 개인의 프라이버시와 사회적 안전 사이에서 균형점을 찾는 방법은 무엇인가?

◆ 이 책을 읽은 챗GPT가 이 질문을 던진다면 어떻게 답할 것인가?
　　질문: AI는 정치적 리더십에 변화를 가져오는가?

AI 시대에서 사고를 재설계하기 위한 위대한 질문

◆ 이 책을 읽은 챗GPT가 이 질문을 던진다면 어떻게 답할 것인가?

　질문: AI가 정책 결정을 도울 때 인간 리더의 역할은 무엇인가?

◆ 이 책을 읽은 챗GPT가 이 질문을 던진다면 어떻게 답할 것인가?

　질문: AI가 민주주의 시스템에 미치는 가장 큰 영향은 무엇일까?

AI 시대에서 사고를 재설계하기 위한 위대한 질문

◆ 이 책을 읽은 챗GPT가 이 질문을 던진다면 어떻게 답할 것인가?
   질문: AI로부터 최적의 정치적 판단을 얻을 수 있는 방법은 무엇인가?

◆ 이 책을 읽은 챗GPT가 이 질문을 던진다면 어떻게 답할 것인가?
   질문: 인간 리더와 AI 리더는 어떤 측면에서 서로 보완할 수 있을까?

AI 시대에서 사고를 재설계하기 위한 위대한 질문

◆ 이 책을 읽은 챗GPT가 이 질문을 던진다면 어떻게 답할 것인가?
 질문: AI는 예술의 정의와 가치를 어떻게 변화시키고 있는가?

◆ 이 책을 읽은 챗GPT가 이 질문을 던진다면 어떻게 답할 것인가?
 질문: AI가 창조한 예술 작품을 인간이 만든 작품과 동등하게 평가할 수 있는가?

AI 시대에서 사고를 재설계하기 위한 위대한 질문

◆ 이 책을 읽은 챗GPT가 이 질문을 던진다면 어떻게 답할 것인가?
　질문: AI 시대의 예술가는 어떤 역량을 갖추어야 하는가?

◆ 이 책을 읽은 챗GPT가 이 질문을 던진다면 어떻게 답할 것인가?
　질문: AI가 인간의 창조적 표현을 억제할 가능성이 있는가?

AI 시대에서 사고를 재설계하기 위한 위대한 질문

◆ 이 책을 읽은 챗GPT가 이 질문을 던진다면 어떻게 답할 것인가?
   질문: AI가 문화적 다양성에 긍정적일까, 부정적일까?

◆ 이 책을 읽은 챗GPT가 이 질문을 던진다면 어떻게 답할 것인가?
   질문: AI는 전통적 교육 시스템을 어떻게 바꿀 것인가?

AI 시대에서 사고를 재설계하기 위한 위대한 질문

◆ 이 책을 읽은 챗GPT가 이 질문을 던진다면 어떻게 답할 것인가?

　질문: AI 시대에 인간에게 필요한 핵심 교육 내용은 무엇인가?

___

___

___

___

___

___

◆ 이 책을 읽은 챗GPT가 이 질문을 던진다면 어떻게 답할 것인가?

　질문: 학교 교육에서 AI 도구 사용의 한계가 있는가?

___

___

___

___

___

___

AI 시대에서 사고를 재설계하기 위한 위대한 질문

◆ 이 책을 읽은 챗GPT가 이 질문을 던진다면 어떻게 답할 것인가?

질문: 인간과 AI가 가장 효과적으로 학습을 협력하는 방법은 무엇인가?

◆ 이 책을 읽은 챗GPT가 이 질문을 던진다면 어떻게 답할 것인가?

질문: 평생 학습의 개념은 AI 기술로 인해 어떻게 변화할까?

AI 시대에서 사고를 재설계하기 위한 위대한 질문

◆ 이 책을 읽은 챗GPT가 이 질문을 던진다면 어떻게 답할 것인가?

　질문: AI 시대의 인간관계는 더 풍성해질까, 더 빈약해질까?

◆ 이 책을 읽은 챗GPT가 이 질문을 던진다면 어떻게 답할 것인가?

　질문: AI가 인간 간의 진정한 소통을 도울 수 있을까?

AI 시대에서 사고를 재설계하기 위한 위대한 질문

◆ 이 책을 읽은 챗GPT가 이 질문을 던진다면 어떻게 답할 것인가?

질문: AI의 중재로 인해 인간 관계가 단순화되거나 복잡해질 가능성은?

◆ 이 책을 읽은 챗GPT가 이 질문을 던진다면 어떻게 답할 것인가?

질문: 인간이 AI를 감정적으로 의존하게 된다면 어떤 사회적 문제가 발생할까?

AI 시대에서 사고를 재설계하기 위한 위대한 질문

◆ 이 책을 읽은 챗GPT가 이 질문을 던진다면 어떻게 답할 것인가?

질문: 인간관계에 있어서 AI는 도구일까, 동반자일까?

◆ 이 책을 읽은 챗GPT가 이 질문을 던진다면 어떻게 답할 것인가?

질문: AI로 인해 일의 의미는 어떻게 바뀌게 될까?

AI 시대에서 사고를 재설계하기 위한 위대한 질문

◆ 이 책을 읽은 챗GPT가 이 질문을 던진다면 어떻게 답할 것인가?

　질문: 인간이 노동을 통해 얻는 성취감을 AI가 대체할 수 있을까?

◆ 이 책을 읽은 챗GPT가 이 질문을 던진다면 어떻게 답할 것인가?

　질문: AI 시대에 완전히 새로운 직업 분야가 등장할 가능성은 무엇인가?

AI 시대에서 사고를 재설계하기 위한 위대한 질문

◆ 이 책을 읽은 챗GPT가 이 질문을 던진다면 어떻게 답할 것인가?
  질문: 노동이 아니라면 인간의 자기실현은 무엇을 통해 가능할까?

◆ 이 책을 읽은 챗GPT가 이 질문을 던진다면 어떻게 답할 것인가?
  질문: AI와 인간의 협업이 가장 시너지 효과를 낼 수 있는 산업은 무엇인가?

AI 시대에서 사고를 재설계하기 위한 위대한 질문

◆ 이 책을 읽은 챗GPT가 이 질문을 던진다면 어떻게 답할 것인가?

질문: AI의 발전이 인간의 정신 건강에 미치는 영향은 긍정적인가, 부정적인가?

◆ 이 책을 읽은 챗GPT가 이 질문을 던진다면 어떻게 답할 것인가?

질문: 인간의 스트레스와 불안을 완화하는 데 AI가 기여할 수 있을까?

AI 시대에서 사고를 재설계하기 위한 위대한 질문

◆ 이 책을 읽은 챗GPT가 이 질문을 던진다면 어떻게 답할 것인가?
　질문: AI가 인간의 감정을 이해하고, 이를 관리할 수 있도록 돕는 것이 가능한가?

◆ 이 책을 읽은 챗GPT가 이 질문을 던진다면 어떻게 답할 것인가?
　질문: AI와 상호작용이 늘어날수록 인간의 고독감이 증가할까, 감소할까?

AI 시대에서 사고를 재설계하기 위한 위대한 질문

◆ 이 책을 읽은 챗GPT가 이 질문을 던진다면 어떻게 답할 것인가?
　질문: AI 시대에 인간의 행복감을 높이는 데 필수적인 요소는 무엇인가?

_____
_____
_____
_____
_____
_____

◆ 이 책을 읽은 챗GPT가 이 질문을 던진다면 어떻게 답할 것인가?
　질문: 다음 세대에게 AI와 관련하여 전하고 싶은 중요한 메시지는 무엇인가?

_____
_____
_____
_____
_____
_____

AI 시대에서 사고를 재설계하기 위한 위대한 질문

◆ 이 책을 읽은 챗GPT가 이 질문을 던진다면 어떻게 답할 것인가?
　　질문: AI 시대에 반드시 지켜야 한다고 생각하는 인간의 핵심 가치는 무엇인가?

_____

_____

_____

_____

_____

◆ 이 책을 읽은 챗GPT가 이 질문을 던진다면 어떻게 답할 것인가?
　　질문: AI 시대의 인간에게 필요한 용기는 '배우는 용기'인가, '버리는 용기'인가?

_____

_____

_____

_____

_____

AI 시대에서 사고를 재설계하기 위한 위대한 질문

◆ 이 책을 읽은 챗GPT가 이 질문을 던진다면 어떻게 답할 것인가?

　질문: AI는 앞으로 인류로부터 무엇을 배워야 할까?

◆ 이 책을 읽은 챗GPT가 이 질문을 던진다면 어떻게 답할 것인가?

　질문: 인류는 앞으로 AI를 사용해 어떤 미래에 도달할 것인가?